东北大学

NORTHEASTERN UNIVERSITY 1923

东北大学百年校庆丛书

1923 - 2023

守正创新 铸魂育人

——新时代东北大学思想政治工作案例选编

主编 王玉琦

东北大学出版社

图书在版编目（CIP）数据

守正创新 铸魂育人：新时代东北大学思想政治工作案例选编 / 王玉琦主编. — 沈阳：东北大学出版社，2023.7

ISBN 978-7-5517-3334-2

Ⅰ. ①守… Ⅱ. ①王 … Ⅲ. ①高等学校—思想政治教育—案例—中国 Ⅳ. ① G641

中国国家版本馆 CIP 数据核字（2023）第 140383 号

出 版 者：东北大学出版社

地址：沈阳市和平区文化路三号巷 11 号

邮编：110819

电话：024-83680181（编辑部） 83680267（社务部）

传真：024-83680181（编辑部） 83680180（市场部）

网址：http://www. neupress. com

E-mail:neuph@neupress.com

印 刷 者：辽宁新华印务有限公司

发 行 者：东北大学出版社

幅面尺寸：170 mm × 240 mm

印　　张：22.25

字　　数：388 千字

出版时间：2023 年 8 月第 1 版

印刷时间：2023 年 8 月第 1 次印刷

责任编辑：汪彤彤 邱 静 孙 锋

责任校对：孙德海

封面设计：解晓娜 潘正一

责任出版：初 茗

ISBN 978-7-5517-3334-2 定 价：90.00 元

东北大学庆祝建校一百周年

丛书编委会

《守正创新　铸魂育人
——新时代东北大学思想政治工作案例选编》
编委会

主　编　王玉琦

副主编　闫　研　史　鉴　李　晨　王　刚

编　委（按姓名首字笔画为序）

丁义浩　马天威　王　刚　王玉琦

王明波　王福春　艾国生　卢俊杰

史　鉴　任　丽　刘　勇　刘云飞

刘建军　刘颖慧　闫　研　安立鸿

孙秋野　李　晨　杨　明　吴政新

邸　馗　沙海影　初青松　张　哲

张玉宝　张兴杰　张忠英　张满胜

张耀伟　武　涛　武建军　郑　虹

赵彩清　郝建山　姜玉原　隋永强

韩　斌　韩子秋　裴战存　管珊珊

滕　超

总序

习近平总书记在文化传承发展座谈会上强调，在新的起点上继续推动文化繁荣、建设文化强国、建设中华民族现代文明，是我们在新时代新的文化使命。要坚定文化自信、担当使命、奋发有为，共同努力创造属于我们这个时代的新文化，建设中华民族现代文明。

大学文化，是大学在长期的办学实践中，经过代代学人的不懈追求、沧桑历史的传承积淀，涵育出的一种独特的文化形式，体现着一所大学的发展历程和学术传统，凸显着一所大学的思想理念和精神气质，它是大学的血脉根基，是大学的灵魂所在。古今中外的一流学府，无一不是在其所处的时代背景下塑造并形成自身的精神文化，以探索未来新知，引领文明之进步、社会之发展。在全面推进中国特色、世界一流大学建设，全面建设社会主义文化强国，实现中华民族伟大复兴的大背景下，中国大学应有做文化引领者的担当，中华文明呼唤有灵魂的大学。

东北大学创建于 1923 年，至今已有一百年的历史。一百年来，一代代东大人书写了坚守初心使命、矢志育才报国的奋斗史创业史，形成了“爱国爱校、严谨治学”的光荣传统、“献身、求实、团结、创新”的优良校风、“自强不息、知行合一”的校训精神和“实干、报国、创新、卓越”的文化品格。这是百年东大砥砺奋进的“精神密码”，是全体东大人接续奋斗的“价值坐标”，是东大历百年而常新的力量之源。正是凭借着这种强大的文化和精神力量，百年东大在上下求索中回答时代之问、勇担时代之责，谱写了与国家同呼吸、与民族共命运、与时代相偕行的壮丽篇章。

“求木之长者，必固其根本。”东北大学一百年波澜壮阔的历史，是一座宝贵的精神和文化宝库，学校发展、变革的文化脉络和历史进程，既是东大自身记录历史、面向未来的宝贵参照，也是中国近现代史中的教育缩影。为此，我们满怀珍重与敬意开展东北大学百年校庆系列丛书编写工作，以期将一个真实、鲜活、厚重、坚韧的东大用文字与图像的形式呈现在读者面前。

在关心和支持东北大学发展的师生、校友共同努力下，在为丛书编辑出版过程中发挥重要作用、作出积极贡献的专家学者指导帮助下，东北大学百年校庆系列丛书共计 10 本出版发行。这套丛书文脉清晰、内容丰富、事例翔实、图文并茂，既有对东北大学文化内涵的系统阐释，又有百年办学实践中具有典型性、代表性的人物故事；既有东大早期办学救国的珍贵史料，又有新时代东大立德树人、科技报国的生动纪实；既有校园中东大师生的活跃风采，又有海内外校友对母校的深情眷恋；既有对楼馆风物的抒情描摹，又有今日校园的如画风景。这套丛书的出版，是对东大百年文化的挖掘凝练，是对东大百年办学实践的梳理总结，是将作为思想结晶的文化藏于器、寓于形的实践创造，具有深远的历史意义和文化价值。

人类伟大的精神之花，必将结出丰硕的文明之果。一所大学之精神文化，在缔造辉煌成就的同时，也必定成为支撑其前行的不竭动力。站在建校百年的历史节点，我们回望过去，将历史化身纸书，将文化刊刻梓行，旨在继承和吸纳中进步，在传承和创新中发展。唯有如此，才能使东北大学的精神与文化超越时空，展现出永恒的魅力和风采；才能肩负起一所大学的时代责任和历史使命，在新时代新征程上，为建设教育强国、为以中国式现代化全面推进中华民族伟大复兴作出新的更大贡献。

百年东大，风华正茂；百年东大，文化日新。东北大学再上征程，朝着下一个百年的宏图愿景砥砺前行。

丛书编委会

2023 年 7 月

前言

思想政治工作是我们党的优良传统和政治优势。党的十八大以来，以习近平同志为核心的党中央高度重视高校思想政治工作，习近平总书记围绕“培养什么人、怎样培养人、为谁培养人”这一根本问题，先后发表一系列重要讲话、作出一系列重要指示批示，党中央和相关部门出台系列加强和改进高校思想政治工作的文件举措，把高校思想政治工作置于我们党治国理政全局的战略地位，全面开创了新时代高校思想政治工作新局面。

习近平总书记指出，“育人的根本在于立德”，“思想政治工作是学校各项工作的生命线”，“把思想政治工作贯穿教育教学全过程”。东北大学党委牢记习近平总书记殷殷嘱托，坚守为党育人、为国育才的初心使命，主动站在实现中华民族伟大复兴的战略全局和世界百年未有之大变局的历史方位去把握和落实立德树人这一根本任务，牢牢把握思想政治工作这条生命线，将“育人的根本在于立德”贯穿融入学校建设发展各领域、各方面、各环节，善于运用育人和育才相统一的“人才培养的辩证法”，以一流的思想政治工作引领一流人才的培养，充分彰显中国特色社会主义教育的育人优势，在以中国式现代化全面推进中华民族伟大复兴的伟大征程中培养可堪大用、能担重任的栋梁之才。

坚持协同思政和精准思政走深走实。学校党委将思想政治工作纳入新一轮“双一流”建设方案、“十四五”规划，全力推进思想政治工作改革创新。以全国首批 10 所“三全育人”综合改革试点高校建设为契机，以“育心铸才”工程为核心，与首批 10 所“全国党建工作示范高校”培育创建工作、全国首批 10 所“一站式”学生社区综合管理模式试点建设工作统筹联动，构建高质量思想政治工作体系，形成“统一领导、分工实施、协同联动”和“目标管理、督查督办、动态反馈”的工作机制，培育出“‘一五一十’思政文化育人平台”“第二课堂成绩单”“中华优秀传统文化传承木偶戏基地”“与信仰对话——马克思主义经典诵读会”等60余个有创新性、代表性的品牌项目，推动学校思想政治工作迈上新台阶、展现新气象。

坚持教师思政与学生思政互融互通。学校党委聚焦教师和学生两大群体，把教师思政和学生思政有机融通起来，构建师生成长发展共同体，打造有理想信念、有道德情操、有扎实学识、有仁爱之心的“四有”教师队伍，培养立大志、明大德、成大才、担大任的新时代青年。构建“日常思想教育、学生管理、成长指导、发展服务、能力素质拓展”一体化推进工作机制，创新打造“指南针驿站”等教育部高校思想政治工作精品项目，形成思政文化育人平台和第二课堂育人体系，充分发挥思想政治工作的强磁场效应。学校涌现出“中国大学生自强之星标兵”“全国五四红旗团委（团支部）”等一批先进典型。做好高校思想政治工作，教师是关键。学校党委构建理论教育、品牌活动、正向激励相统一的教职工思想政治教育体系，完善教育发展、表彰激励、评价考核、惩处监督等师德师风建设制度体系，开展“尊师四敬、为师四爱”、“引领·提升·共进”“1+1”专项活动、青年教职工“四个一”等教育活动，涌现出“全国高校黄大年式教师团队”、“全国五一劳动奖章”获得者、“全国先进工作者”等一大批典型集体和个人。

坚持思政课程和课程思政同向同行。学校党委将思政课作为落实立德树人根本任务的关键课程，将课程思政作为落实立德树人根本任务的关键环节，形成思政课程与课程思政同向同行的高校思想政治教育课程体系，实现知识传授与价值引领相统一、显性教育与隐性教育相统一。学校全面构筑“问题开启、目标导向、经典品读、学理优先、课程育人”的思政教学模式，开设“习近平新时代中国特色社会主义思想概论”课程，实施思政课特聘教授制，打造“理论中国”大讲堂、“思政课实践”必修课、“理论之光”实践教学活动等品牌，推进思政课创新发展。实施“思业融合燎原计划”，制定课程思政建设指导纲要，将课程思政贯穿教学大纲修订、人才培养方案调整、教材编审选用等各个环节，实现了课程体系、专业体系、学科体系的全链条贯穿，形成了具有“东大特色”的课程思政建设模式。2021年，东北大学获批教育部课程思政教学研究示范中心。

2023 年是东北大学建校 100 周年。在这个重要历史节点，学校组织编写《守正创新　铸魂育人——新时代东北大学思想政治工作案例选编》，既充分展现学校在思政育人方面的优秀成果和典型做法，又在总结、梳理实践经验的基础上进一步升华育人理念、探索育人规律、完善育人体系，希望本书能为高校思想政治工作提供有益的思想启迪和实践借鉴。

对历史最好的致敬是书写新的奋斗史。面向新百年新征程，东北大学将继续遵循“教育英才”的办学宗旨，赓续爱国主义光荣传统，传承“自强不息、知行合一”的校训精神和“实干、报国、创新、卓越”的文化品格，培养一代又一代拥护中国共产党领导和我国社会主义制度、立志为中国特色社会主义事业奋斗终身的时代新人，为建设教育强国、科技强国、人才强国，为以中国式现代化全面推进中华民族伟大复兴作出新的更大贡献。

本书编委会

2023 年 6 月

目录

第一章　育心铸才　夯实思想政治工作之“基”

第二章　守正创新　拓展思想政治工作之“域”

第三章　与时俱进　提升思想政治工作之“效”

第四章　同向同行　汇聚思想政治工作之“力”

第一章

育心铸才 夯实思想政治工作之“基”

多维精准施策　工程牵引带动
以高质量培育创建引领一流大学建设

——东北大学首批“全国党建工作示范高校”培育创建工作纪实

引言：2018年12月，东北大学党委成为首批“全国党建工作示范高校”培育创建单位。在两年的培育建设周期中，学校党委坚持立足实际、发挥优势，坚持深化创新、精准施策，严格对照“六个过硬”工作要求，深入实施“五大建设工程”，着力构建教育部、辽宁省、学校三级对标联创工作体系，以推进“示范高校”培育创建的实绩实效为一流大学建设提供了坚强有力的组织保证。

作为首批新时代“全国党建工作示范高校”培育创建单位，东北大学党委坚持以习近平新时代中国特色社会主义思想为指导，着力把示范高校培育创建作为推动学校党建质量创优、促进学校事业发展的重要契机，严格对照“六个过硬”工作要求，以“对标争先”新方位、新坐标推进学校党建工作质量持续提升，为学校一流大学建设提供坚强保证。

学校党委积极做好示范高校创建工作成果推广展示

强化组织领导，抬高示范创建“标尺线”

学校党委坚持立足实际、发挥优势，坚持深化创新、精准施策，切实加强对培育创建工作的组织领导。

突出“顶层设计”，做好先期谋划。坚持“高起点谋划、高标准起步、高质量推进”的理念，制定印发《东北大学党委关于开展基层党组织“对标争先”建设计划的实施意见》《东北大学党委关于开展新时代党建标杆分党委（直属党总支）和样板党支部的通知》，积极构建教育部、辽宁省、学校三级对标创建工作格局，在全校范围内分两批遴选 8 个标杆分党委、52 个样板党支部，为申报全国及辽宁省培育创建工作做好充足准备。

突出“高点定位”，精准制定方案。出台《东北大学党委关于推进“全国党建示范高校”培育创建工作的实施方案》，明确目标任务，制定“五大建设工程”的具体落实方案，确定每项工作任务指标、落实举措、成果形式和参与单位，为培育创建工作深入开展和深化推进提出完整清晰的“路线图、时间表、任务书”。

突出“过程跟进”，高质量完成中期评估。召开学校培育创建中期推进会，及时总结创建工作开展以来的经验和成效，建立常态化信息报送联动机制，掌握参与对标创建基层党组织工作动态进展，形成创建工作中期自评报告，加强对阶段性成果的凝练总结，制作形成中期创建成果专题视频。

突出“项目驱动”，着力提升质量成效。围绕领导班子和领导干部队伍领导力提升、基层党组织建设、教职工思想引领、校园文化培育、大学生思想政治教育、党风廉政建设和纪检监察等若干方向和重点，强化问题导向，以项目化建设为抓手，积极构建教职工思想政治教育体系、“十大育英工程”、“新时代党建质量工程”等专项工作，破解发展瓶颈、推动问题解决、提升创建成效。

突出“氛围营造”，强化成果辐射。加强校院两级新媒体公众号的互通互联，建立党建新媒体矩阵，及时宣传报道培育创建工作中的典型经验、特色做法和最新动态，做好全国高校思想政治工作网“双创”成果展示页面的管理与维护，更新学校创建工作动态 200 余条；学校的党建工作经验做法在《党建研究》、教育部《高校思想政治工作简报》、人民论坛网、辽宁高校党建等媒体发布，省内外多所兄弟院校来校交流。

实施五大建设工程，绘好质量提升“施工图”

学校党委按照“以强化学校治理体系和治理能力为重点，以提升基层党组织组织力为核心，以提高教职工、学生思想政治工作质量为抓手，以推进全面从严治党向纵深发展为保障”的总体思路，对标对表重点任务，推动“五大建设工程”协同发力、落地见效。

实施领导班子和领导干部能力提升工程，切实加强党对学校工作的全面领导。落实党委领导下的校长负责制，制定《党委领导下的校长负责制实施办法》等系列制度、规程，履行全面从严治党、党风廉政建设和意识形态工作主体责任，党的领导制度体系不断健全。出台加强领导班子建设的若干规定，践行一线规则、干部“选培管用”、激励担当作为的机制更加完善。落实校院两级党委理论学习中心组学习制度，促进领导干部理论、业务素养双提升。加强二级单位党的政治建设，构建边界明确、运行顺畅的分党委会、党政联席会议议事决策规则。疫情防控期间，充分发挥各级党组织、广大党员作用，把党组织的政治优势转化为疫情防控的工作优势：全校 7975 名党员积极捐款支持疫

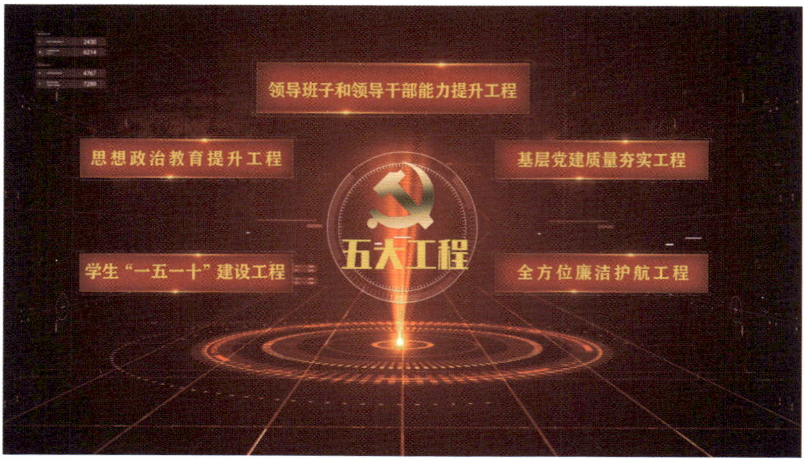

学校党委在“全国党建工作示范高校”培育创建中扎实开展“五大建设工程”

情防控；微党课作品《“扶贫·抗疫”路上践行共产党人的初心使命》入选全国高校党组织战“疫”示范微党课，在线观看人数230.5万人次。

实施思想政治教育提升和学生“一五一十”建设工程，着力强化广大师生干事创业的思想自觉和行动自觉。将思政工作贯穿教育教学全过程，构建起理论教育、品牌活动和正向激励相融合的教职工思政教育体系，引导广大教师“立己德”“树人德”。全面构筑“问题开启、目标导向、经典品读、学理优先、课程育人”的教学模式，推进思想政治理论课创新发展。实施“思业融合燎原计划”，构建起“十百千万”课程思政工作格局。推进“一五一十”思政文化育人一体化平台建设，打造“一站式”学生社区综合管理新模式，打通育人“最后一公里”，学校成为首批“三全育人”综合改革试点高校、“一站式”学生社区综合管理模式建设试点高校。

实施基层党建质量夯实工程，不断增强基层党组织的组织力和广大党员的战斗力。构建大党建格局，实施党建目标管理责任制、教师党支部书记“双带头人”培育工程，构筑党员分类教育培训体系，提升基层党组织的战斗力，打造“讲述·东大人的故事”等品牌活动，教师党支部书记“双带头人”比例达100%。实施党建“对标争先”建设计划，积极推进所辖党组织对照“五个到位”“七个有力”标准提升党建工作基础和质量。构建起以“支部立项、特色支部创建、基层党建工作创新奖、党建课题研究、学生党员述责测评”为主要内容的“五位一体”党建活动体系，有效推动基层党建迸发活力。实施智慧党建培育融合计划，建设VR党建红色教育基地，构建“党建微信矩阵”，推动信息技术与党建工作深度融合。

实施全方位廉洁护航工程，为学校事业高质量发展保驾护航。坚持履行全面从严治党主体责任，以推进“政治监督常态发展、日常监督创新发展、协助职责融合发展、执纪问责规范发展、体制改革纵深发展”为抓手，有效推进全面从严治党向基层延伸。制定《党委落实全面从严治党主体责任清单》，搭建全面监督体系，设置基层纪委书记和纪检委员，重点领域、关键环节监督机制不断完善。加强巡察工作总体谋划，高质量开展巡察实践，优质高效的党委巡察工作体系逐步形成。全面实施“廉洁东大”建设，出台落实中央八项规定精神等60余项规章制度，推动干部作风建设走深走实。

师生党员代表对“全国党建工作示范高校”培育创建工作开展满意度测评

深化融合联动，厚培引领发展“原动力”

学校党委积极推动党的建设与事业发展深度融合，将党建优势转化为发展优势、将党建活力转化为发展动力、将党建成效转化为发展实效，以高质量党建引领高质量发展。

坚持党的全面领导，推进一流大学建设。加强战略谋划和顶层设计，深化综合改革，提升治理能力和水平。统筹推进《一流大学建设方案》制定和实施，“高峰引领、高原支撑、卓越促进、特色牵动”的学科建设格局正在形成，党委总揽全局、协调各方作用进一步增强。

坚持立德树人根本任务，切实履行“为党育人、为国育才”职责使命。实施“育心铸才”工程，搭建起“一体化构建、两中心并重、十体系联动”的“三全育人”工作格局。实施“一流本科建设方案”“本科卓越行动计划”“产学研融合博士培养计划”，创新知识体系，更新课程内容，形成产学研协同育人特色。

坚持党管人才原则，强化人才队伍建设。深入推进人才强校战略，建立健全师德师风建设长效机制，采取人才引进、引育并举、评价改革、特殊政策等举措，以机制创新和平台搭建汇聚“天下英才”。

坚持“四个面向”，牵头完善提升科技创新和社会服务能力的体制机制。瞄准科技前沿和国家重大需求，引领和推动行业产业结构调整和转型升级，两年间获各类科技奖励200余项。加强智库建设，成立东北振兴研究院、辽宁社区干部学院，推进社区党员干部教育培训专业化、规范化、常态化，全方位服务东北振兴。

（文：姜玉原、高辉）

育心铸才　培根铸魂　打造育人“强磁场”

——东北大学全国首批“三全育人”综合改革试点建设工作纪实

引言：自2018年入选全国首批10所“三全育人”综合改革试点高校以来，东北大学以课程思政建设为突破口，以思想政治工作为主线，实现全员参与、全时贯穿、全域协同，坚持校院同向发力、协调推进，“人人时时处处”育人的氛围进一步浓厚，“打通育人最后一公里”的育人效能进一步彰显。在全校各部门、各学院的共同努力下，“三全育人”综合改革和课程思政工作取得良好成效，为“三全育人”试点建设贡献东大智慧、提供东大经验。

东北大学坚持以习近平新时代中国特色社会主义思想为指导，深入学习贯彻习近平总书记关于教育的重要论述，全面落实立德树人根本任务，实施“育心铸才”系统工程，把“三全育人”工作贯穿办学治校全过程，按照“学校一体化构建、师生两中心并重、育人十体系联动”的工作思路，扎实推进“三全育人”综合改革建设工作，着力培养德智体美劳全面发展的社会主义建设者和接班人。

统筹设计规划，聚合育人“强引力”

学校以全国首批“三全育人”综合改革试点高校建设为契机，明确了以理想信念教育为核心、以“育心铸才”工程为总抓手、以“一体化构建、两中心并重、十体系联动”工作格局为总目标的“三全育人”试点建设蓝图。学校规划制定《建设实施方案》，配套制定《任务分解方案》，明确 12 项一级指标、29 项二级指标、90 项三级指标，确定牵头部门和参与部门，并组织相关部门协同制定《任务落实计划》，明确了“路线图”和“任务书”，持续推进建设工作落地落实。学校开展“三全育人”质量创优、过程跟踪和调研督查，召开工作推进会，形成一批可借鉴、可推广的工作模式，培育 65 个有创新性、代表性的品牌项目，出版《育心铸才——东北大学“三全育人”综合改革案例选编》，拍摄“三全育人”专题片，顺利地完成试点验收并获评优秀。

东北大学“三全育人”综合改革试点建设暨课程思政建设工作推进会召开

学校将“三全育人”综合改革试点建设与贯彻落实《教育部等八部门关于加快构建高校思想政治工作体系的意见》深度融合，聚焦理论武装、学科教学、日常教育、管理服务、安全稳定、队伍建设、评估督导等七个子体系，以三年为周期、分年度制定思想政治工作体系工作台账，逐条细化责任分工、任务举措、实施进度和工作成果，制定任务指标 74 项，确定 28 家牵头单位，清单化、系统化、精细化推动“大思政”工作体系建设行稳致远。

聚焦课程思政，激活育人“新引擎”

学校将课程思政作为“三全育人”试点建设的“制高点”和“突破口”，制定了 1 个推进计划，即“思业融合燎原计划”；确定了 6 个工作重点，即“示范课程建设、示范专业建设、教材教改扶持、强化师资建设、完善考评体系、加强理论研究”。成立了由校党委书记任组长的工作领导小组和课程思政教学研究中心专门研究机构，联合北京师范大学、光明日报社等校内外相关领域的 20 位专家学者组建专家委员会，着力推进课程思政建设提质增效。分批次、分阶段开展课程思政建设工作，目前，学校各学院均已开展课程思政建设工作，建设校级示范课程 266 门、培育课程 60 门，示范专业 28 个、培育专业 5 个，参与建设的教师超过 1000 人，授课学时超过 15000 学时，覆盖学生超 30000 人次，实现课程类型和学科的全覆盖以及课程体系、专业体系、学科体系的全链条贯穿。2021 年，入选教育部课程思政教学研究示范中心（全国 15 家）、教育部思政工作精品项目，2 门课程、2 个教学名师和团队入选示范课程、教学名师和团队，荣获辽宁省教学成果奖一等奖。

附件 2

课程思政教学研究示范中心名单

一、普通高等教育

序号	学校名称	课程思政教学研究示范中心名称	中心负责人和团队
1	清华大学	清华大学课程思政教学研究中心	彭刚，李蕉，于歆杰，田凌，王红，杨晶，赵青，石中英，顾涛，程晓喜，马昱春，杨帆，黄秀华
2	天津大学	天津大学课程思政研究与实践中心	巩金龙，李斌，郑刚，杜青，张俊艳，徐斌，王磊，吴兆彤，黄晓伟，闫涛，刘洁
3	大连理工大学	大连理工大学课程思政教学研究基地	朱泓，刘志军，冯林，王同敏，段玉平，洪晓楠，叶俊伟，袁文杰，金若菲，郭艳卿，李冬生，沙建军，杨睿，黄昊，东明，李先能，武文颖，于辉，方玉梅，丁蔓，于长水，韩秀友，李崇君，孟昭莉，季顺迎，吴振宇，于红，林林，梁红伟，张大勇，薛宏宇，谭振权，苗军，徐立昕，夏远景，王春鹏，任立春
4	东北大学	东北大学课程思政教学研究中心	丁义浩，熊晓梅，张国臣，孙正林，李晨，陈红兵，赵浚，张振芝，岳登晓，王刚，孙秋野，于亚新，康玉梅，邵新慧
5	哈尔滨工业大学	哈尔滨工业大学课程思政教学研究中心	沈毅，熊四皓，周玉，安实，吴松全，丁哲学，孙雪，沈毅，王跃然，王淑娟，马军，谈和平，吴建强，孙毅，宋宝玉，李庆霞，赵春晖，徐奉臻，李明江，孟令辉，孙澄，巩茹敏，范瑞清，樊东，关健英，姜海丽，孙备，郭明辉，齐晶瑶，李雪，吴勃英，战德臣，张宇，苏小红，邵郁，于达仁，霍炬，霍雷，赵雅琴，高栋，刘宏伟，姜长宝，王健，王广智，丁刚，黄文涛，刘洪臣，许志武，刘冰峰，曹健，王丽丹，崔宝缘，刘琳，张丽娟
6	同济大学	同济大学课程思政教学研究中心	顾祥林，赵宪忠，赵鸿铎，徐蓉，单烨，章小清，王雁，周宏武，陆居怡，王鹏，刘骞，姚莉萍，张伟平，阮欣，严长征，陈建峰，凌建明，马万经，肖军华，邹晓磊，王映，耿慧志，李华，沈洁，邓慧萍，顾杜，范丽岩，张建卫，杨文卓，阮青松，黄丽勤，王建民，董琇，刘顺，李榕青，贾青青，钟之阳，郑高明

入选教育部课程思政教学研究示范中心

学校为课程思政建设提供有力的经费支持和政策保障，校院两级共投入建设经费 1300 余万元，并将教师开展课程思政建设情况纳入绩效考核、评优奖励等考核评价体系。组织召开相关培训会、研讨会、观摩课等近百次，参与教师近3000人次。创新探索CIPP评价模式，制定了《课程思政课程教学质量评价量表》，在部分学生中开展第三方评价并形成调查报告，结果表明有98.84%的学生对学校课程思政的课堂教学效果总体认可。《中国高等教育》、《光明日报》、《中国教育报》、求是网等国家主流期刊、报纸、网站多次发表学校课程思政建设的理论文章和实践经验，学校课程思政建设在全国范围内得到积极评价。

坚持师生并重，营造育人“新生态”

优化活化教职工思想政治教育，面向广大教职工构建起理论教育、品牌活动和正向激励相结合的教育体系，实施“引领·提升·共进”“1+1”专项活动，打造理论武装宣讲团、“尊师四敬、为师四爱”、卓越教师工作坊等品牌活动，年均参与万余人次。成立教师工作委员会，制定《师德建设长效机制工作方案》《师德荣誉评选表彰办法》《师德失范行为处理负面清单》等文件，完善教育发展、表彰激励、评价考核、惩处监督四大工作体系，开展“我最喜爱的老师”“师德标兵”“三育人”等评选，引导广大教职工以德立身、以德立学、以德施教。学校涌现出“全国先进工作者”、首批“全国高校黄大年式教师团队”、第二批“全国高校黄大年式教师团队”、“全国基层理论宣讲先进个人”、“全国五一巾帼标兵”等一批优秀集体和个人。

东北大学庆祝中国共产党成立100周年大会暨“讲述·东大人的故事”典型推介会举行

深化细化学生日常思想政治教育，围绕“教育、管理、指导、服务、能力素质拓展”五大职能，搭建“一五一十”思政文化育人一体化平台，构建“知行”团校培养体系、“第二课堂成绩单”能力素质拓展体系，开展“青马工程”“毕业生谢师礼”等百余项精品活动。扎实推进教育部“一站式”学生社区综合管理模式建设试点高校建设，成立领导小组，召开专题工作布置会，知行社区正式竣工并投入使用。疫情期间，组织600余名学生参与返乡“抗疫”志愿服务；启动心理健康教育应急工作方案，开通支持热线和在线心理辅导平台，筑造战“疫”“心”堡垒；设立“疫情防控专项补助”，实现全校4272名家庭经济困难学生100%全覆盖。“指南针驿站”“党家社校一体化协同育人体系”入选教育部高校思政工作精品项目，“学习报国”青年讲师团荣获全国“抗击新冠肺炎疫情志愿服务先进集体”称号，涌现出“全国五四红旗团委”“中国大学生自强之星标兵”等一批优秀典型。

优化系统集成，打造育人“新高地”

出台《东北大学德智体美劳五育并举人才培养体系再造工作总体方案》《本科卓越教育行动计划》，构建“四金一新”一流本科教育建设方案，深层次推进本科教学改革。实施“HSEV”科研战略，积极践行有组织科研创新模式，建设科学前沿性、领域交叉型、领域内融合型等课程40余门。全面构筑“问题开启、目标导向、经典品读、学理优先、课程育人”的思政课教学模式，实施思政课特聘教授制度，制定思政课教师队伍建设实施办法，全力推进思政课提质创优，获评全国高校思政课名师工作室。加强学术诚信体系建设，制定学术诚信教育管理办法，“传承爱国红色文化基因，讲述东大人科技报国的故事”“能不奋勉乎吾曹”获批中国科协学风建设资助计划项目。实施“实践基地建设跃升计划”，打造国家级、省级、校级实践基地近300个。构建科研训练与创新实践相结合的长效机制，“双创”覆盖面100%，培育示范性创新团队36个，开展“双创”项目1600余项，孕育出学生企业84家，先后获评首批“全国高校实践育人创新创业基地”、深化创新创业教育改革示范高校、全国科普教育基地、首批国家级创新创业学院。

构建“五位一体”党建活动体系，7个分党委、36个党支部入围全国和辽宁省“标杆分党委”“样板党支部”培育创建名单，信息科学与工程学院党委电气自动化研究所党支部入选首批全国高校“双带头人”教师党支部书记工作室建设名单。深入实施文化引领战略，开展“文化精品培育”立项，培育话剧《离离原上草》等品牌项目，举办庆祝新中国成立 70 周年“我和我的祖国”主题文艺晚会、“讲述·东大人的故事”典型推介会等数十项品牌活动，获评教育部“礼敬中华优秀传统文化特色展示项目”，“木偶戏基地”入选中华优秀传统文化传承基地。制定《信息化建设项目管理办法》《信息系统（网站）管理办法》等制度，建设融媒体中心，入选教育部第二批教育融媒体建设试点单位，东大官微、东大 MARXISM 公众号入选中宣部、国家网信办重点建设的思政类公众号，连续 5 年荣获教育部高校网络舆情工作机制十佳单位，2 个教师工作室获评辽宁省高校网络育人名师工作室。

（文：李晨、王刚）

以党建为引领　将思政文化育人做到“家”

——东北大学全国首批“一站式”学生社区建设工作纪实

引言：学校自2019年10月入选全国首批10所“一站式”学生社区综合管理模式建设试点高校以来，紧紧围绕立德树人根本任务，突出强化与“全国党建工作示范高校”、“三全育人”综合改革试点高校建设工作的联动发力，以全面实施“时代新人铸魂工程”为牵引，聚力在党建引领、队伍入驻、学生参与、条件保障等四个方面下功夫，探索形成“以党建为引领，将思政文化育人做到‘家’”的“一站式”学生社区建设“东大方案”，切实打通育人“最后一公里”。

东北大学深入学习贯彻习近平新时代中国特色社会主义思想和党的二十大精神，以全面实施“时代新人铸魂工程”为牵引，秉承“以党建为引领，将习近平新时代中国特色社会主义思想‘全过程’地融入到社区每个学生的成长当中；以社区为中心，将成长成才服务‘全方位’地输送到社区每个学生的成长当中；以‘一站式’平台建设为推动，将学校‘三全育人’优势资源、队伍和特色‘全员’地覆盖到社区每个学生的成长当中”的建设理念，制定实施了30余项建设举措，切实打造富有中国特色、体现思政要求、贴近学生实际的生活园区。

坚持党建引领，形成一体贯通工作格局

学校党委牵头抓总，成立“一站式”学生社区综合管理改革工作领导小组，党委书记、校长履行第一责任人职责，定期召开试点工作专门会议，统筹协调各职能部门和各分党委（直属党总支）开展建设工作，构建党委统一领导、有关单位各负其责、全员协同配合的工作格局。制定印发《关于东北大学学生知行社区成立功能型党组织的实施方案》，探索建立社区功能型党组织队伍架构，明确功能型党组织工作职责，实行“头雁领航计划”，组建社区“习近平新时代中国特色社会主义思想”理论宣讲团，开展“党建知识微沙龙”等活动；实行“示范表率计划”，结合落实“校园先锋工程”、推进“亮身份、树形象、做贡献”活动，实施党员寝室挂牌制度，制定完善党员责任宿舍网格化管理机制，设立“党员示范寝室”“党员示范岗”“党员责任区”；实行“服务先锋计划”，设置“社区党员服务站”，组织党员依托专业知识开展朋辈辅导与结对帮扶等志愿服务活动；实行“初心守护计划”，完成社区“党员驿站”“党员之家”整体形象与元素标识设计，制作并推出党员风采展，构建立体多元育人矩阵。紧紧围绕深入学习贯彻党的二十大精神主线，依托东北大学“一五一十”思政文化育人一体化平台，覆盖社区全体本科生，年均开展名家讲坛、优秀辅导员讲师团、“大学声”成长计划等主题鲜明、形式多元、成效显著的党建、思政文化育人精品项目活动 140 余项，深入打造党建引领下的学生社区思政工作体系，确保主题教育成果入脑、入心、入行。

加强队伍入驻，探索成长助力新途径

深刻把握队伍入驻在“一站式”学生社区建设进程中，实现将各类育人力量聚集到学生身边的关键性作用，将校院领导力量、管理力量、服务力量、思政力量压到学生中间，充分回应学生全面发展需求，陪伴和守护学生成长之路。学校领导深入践行“一线规则”，常态化联系社区学生，学校党委常委、分党委委员对口联系师生党支部百余个。出台《东北大学关于开展中层领导干部深入基层联系学生工作实施方案（试行）》，全校中层领导干部对接学生联系点 462 个（数据截至 2022 年 6 月）。在社区内设立党建工作指导站，党务工

作队伍常态化指导学生党建工作，深度参与社区学生党支部组织生活、党日活动。保持40余年来全体学生工作干部吃、驻、工作在学生一线的优良传统，遴选优秀辅导员担任社区辅导员，引入心理咨询、生涯规划等专业力量，护航学生成长成才全过程。思政课教师进驻社区，指导学生开展寒暑期社会实践，协同打造“经典筑基·信仰领航”等教育品牌活动，加入大学生思想政治工作创新发展中心，系统研究、深度挖掘激发学生社区思政文化育人内生动力。专业教师队伍长效进驻，担任学生学业导师、社区班导师，提供学业发展、科研训练、项目实践等多维指导，协同社区辅导员开展学生思想教育引领、生涯规划指导工作。后勤服务队伍“集市式”坐堂服务，为学生社区提供服务保障。切实发挥校友和企业资源优势，聘请国企管理人员、“五老”等先进群体担任校外辅导员，深入社区开展教育活动。家长队伍合力护航，依托教育部思想政治工作精品建设项目，系统推进“互联网＋家校教育”工作。

学校领导深入“一站式”学生社区开展教育活动

倡导学生参与，拓展教育引领新渠道

紧紧围绕“以学生为中心”理念，将学生参与作为实现学生自我教育、自我管理、自我服务，激发社区活力的动能来源，充分发挥学生的主观能动性，形成“价值共育、文化共享、成长共赢”的生动局面。实施思政文化育人工程，面向社区学生开展“青春献礼二十大，强国有我新征程”主题教育等精品项目，探索创新育人形式载体，增强针对性和实效性、亲和力与感染力，提升学生获得感。实施校史文化育人工程，结合东北大学建校100周年重要契机，持续挖掘校史文化，充分运用线上、线下校史馆等已有教育资源，激发学生爱校荣校情怀。实施社区学生组织建设工程，遴选学生党员、入党积极分子担任负责人，优化社区学生组织结构，建立健全以服务奉献为导向、以素质养成为目标、以经历认证为保障、以制度规范为基础的社区学生组织建设长效机制，发挥学生组织在朋辈教育帮扶、校园文化营造等方面的作用。实施社区学生成长提升工程，着眼促进学生德智体美劳全面发展目标，组织学生通过社团活动、志愿服务、勤工助学、实践锻炼等方式参与社区建设、楼宇管理；实施学生成长创意项目孵化制度，激发学生创新动力，开发思政文化育人资源。实施社区学生使命担当工程，疫情防控期间，成立青年突击队，作为校园疫情防控后备力量，学生自发报名担任志愿者，按照学校疫情防控工作整体部署，开展志愿服务工作。

“一站式”学生社区学生开展主题党日及志愿服务

完善条件保障，构筑资源集聚新高地

“一站式”学生社区综合管理改革工作领导小组定期召开试点工作专门会议，及时协调解决机制构建、资源配置、经费保障等问题，颁布《关于进一步推进学生知行社区“一站式”建设的工作方案》，相关职能部门、各学院党委分别制定具体建设工作方案，出台《“思 · 创”青年工作室建设与管理办法》等运行制度。着眼满足社区学生多元化、个性化的思想教育和学习生活需求，首批改造 5 间学生活动室，建设“一站式”综合服务大厅、知行书吧、知行社区心理健康教育中心等物理空间，对社区学生宿舍门厅、走廊进行统一化标识装饰，改造升级空间共涉及面积 5100 余平方米。“一站式”综合服务大厅面向社区学生提供思政文化育人教育活动宣传咨询等 20 余项学生工作相关服务，以及涵盖党史学习教育、校史教育、思政文化引领三方面共计 7 项 VR 体验项目，大厅建有思政文创研发孵化空间、学生活动空间等专门场所，为学生开展各类创新创业、教育活动提供场地支持。“一站式”综合服务大厅自 2020 年 10 月全面开放以来，累计服务社区师生万余人次。以东北大学“一五一十”思政文化育人一体化平台为优质资源供给和丰富实践载体，下设五个子平台，以“大学生思想政治工作主阵地建设平台”为社区育人工作提供主要内容和工作标准；以“大学生思想政治工作科学评价体系平台”为社区育人提供评价依据和反馈系统；以学生“云成长”一体化大数据平台为社区育人提供信息支撑和数据保障；以“大学生思想政治工作创新发展中心”为社区育人提供理论智库和源头活水；以“大学生思想政治工作队伍建设平台”为社区育人提供人力基础和智力支撑，确保多方力量和资源在学生社区实现整合协同。

教育部思政司及兄弟高校来校调研指导“一站式”学生社区建设工作

学生社区建设工作开展三年来，年均举办各类讲座报告 1300 余场，年均发布学生社区网络思想政治教育推送百余篇，年均开展党建思政文化育人精品活动 140 余项，覆盖全体本科生；社区学生工作先后获评教育部思想政治工作精品项目 2 项；社区学生连续 4 年荣获宝钢教育基金优秀学生特等奖，连年获辽宁省华育大学生年度人物和沈阳市大学生标兵；社区育人队伍中涌现出全国高校辅导员年度人物 1 人，省、市、校各级优秀辅导员近百人，优秀班导师 200 人；校园实施封闭管理期间，深入贯彻五级管理体制，一手抓“精准思政”，一手抓“精准防疫”，充分发挥了学生社区信息采集的探头作用、矛盾隐患的中和作用、负面情绪的疏解作用，成为化解风险隐患的有力抓手。建设至今，教育部领导 3 次莅临学校参观指导学生社区建设工作，并予以高度肯定；社区建设经验文章、优秀案例被全国高校思政网等平台报道 10 余次；学校参与撰写《高校“一站式”学生社区综合管理模式研究报告 2019—2022》白皮书，充分彰显东北大学在“一站式”学生社区建设领域的示范引领、辐射带动作用。

（文：韩磊、马晓峰）

聚焦“三高”　全方位推进课程思政建设

——东北大学全国首批课程思政教学研究示范中心建设工作纪实

引言：习近平总书记多次强调，各门课都要守好一段渠、种好责任田，使各类课程与思想政治理论课同向同行，形成协同效应。高校人才培养必须抓好课程思政，将价值塑造、知识传授和能力培养融为一体，实现育人和育才相统一。东北大学深入贯彻落实习近平总书记关于教育的重要论述，全面贯彻党的教育方针，围绕立德树人根本任务，积极推进课程思政建设。2018 年 2 月，学校正式开展课程思政建设，经过多年实践，已建成完善的课程思政模式，在国内处于领跑地位。

东北大学聚焦课程思政这一重点难点问题，组建东北大学课程思政教学研究中心，实施“思业融合燎原计划”，聚焦高层次设计、高质量要求、高水平实施，构建起“十百千万”课程思政工作格局，形成了“一体化推进、两中心并重、三路径融合、四层级建构”的课程思政建设思路，并于 2021 年被教育部评定为课程思政教学研究示范中心，全国仅有 15 家。

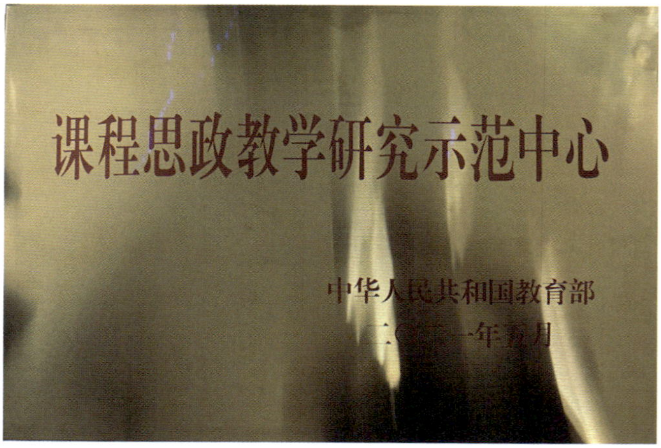

东北大学获评教育部课程思政教学研究示范中心

聚焦高层次设计，构建组织管理体系

作为全国首批“三全育人”综合改革试点高校，学校党委把课程思政建设作为“突破口”进行集智攻关、统筹谋划，创建课程思政建设 BEACON 模式，破解课程思政基本内涵认识不清、建设实践方法不当、效果评价体系缺失等问题，以理论探索为先导、以运行体系打造为支撑、以教学方法改革为动力、以评价体系构建为手段，实现全要素合力攻关、全过程持续发力。

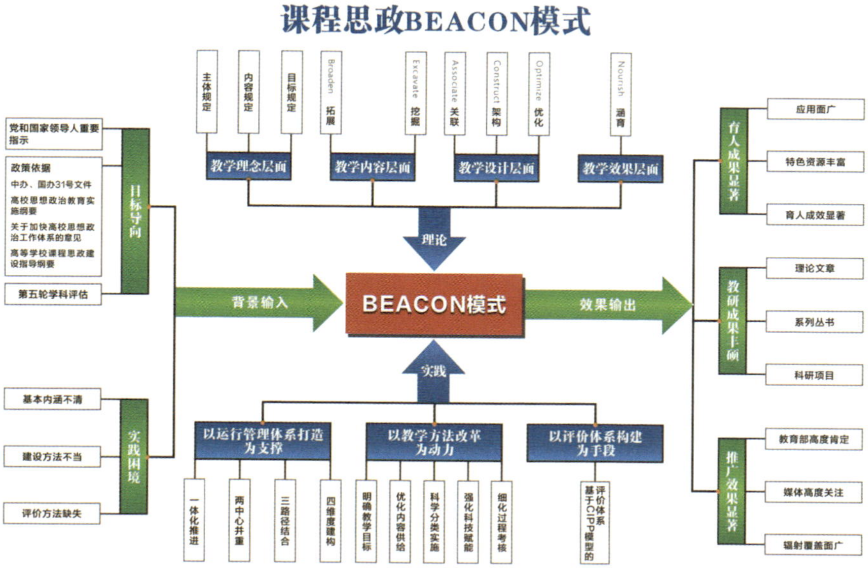

课程思政 BEACON 模式结构图

坚持以理论探索为先导。打造以“拓展（Broaden）、挖掘（Excavate）、关联（Associate）、架构（Construct）、优化（Optimize）、涵育（Nourish）”为主体，贯通教学理念、教学内容、教学设计、教学效果的 BEACON 模式理论体系，科学指导实践。

建立制度体系，保障课程思政建设的系统性。将课程思政作为改革课程体系、教育教学体系、育人模式的基本方向和必然路径进行系统性设计，以建设“价值塑造、知识传授、能力培养”为一体的人才培养体系为总目标，树立“整体性推进、个性化实施、渐进性开展、动态性调整”4 个基本原则，明确“示范课程、示范专业、教材资源、师资队伍、考评体系、理论研究”6 个方面重点，形成“学校有谋划、学科有规划、学院有计划、专业有策划”一体贯通式制度体系。

建立管理体系，保障课程思政建设的实效性。成立由校党委书记任组长的领导小组，将课程思政作为“书记校长履职亮点项目”重点落实，明确建设目标、锚定教学目标、配置教学条件，真正解决“是什么、为什么、怎么做”等基础问题。成立专门管理委员会，统筹协调整体工作、规范推进阶段工作、实时提供分类指导、及时研究进展情况。建立“建、评、改”协同运行工作机制，确保各项工作扎实有序落实。“实施‘思业融合燎原计划’ 构建‘十百千万’课程思政工作格局”获评 2021 年教育部思政工作精品项目，《教育部简报》2020 年第 32 期刊载《东北大学实施“思业融合燎原计划” 构建课程思政建设新模式》，教育部《介绍 5 年来贯彻落实全国高校思政会精神工作进展成效》新闻发布会将“东大方案”作为建设典型重点推介。

建立研究支撑体系，保障课程思政建设的科学性。建立课程思政教学研究中心，由校内外 18 名专家学者组成专家委员会，组织校内优秀教师成立研究员团队，着眼课程思政建设的基本规律进行探索，推进课程思政的学理研究和实践探索。在《光明日报》《中国高等教育》《人民论坛》等权威报纸、期刊发表文章及论文 110 余篇，出版《东北大学思业融合燎原计划系列丛书》20 余部，获批社科基金和思政专项 10 余项。获评辽宁省教学成果奖一等奖 2 项，获批教育部课程思政示范教学中心 1 个、示范课程 2 门、示范名师和团队 14 人。

《东北大学思业融合燎原计划系列丛书》

聚焦高质量要求，建立双向监督评价体系

全面推进课程思政建设，施教者的能力和水平是关键，受教者的成长发展特点是重点。

提高施教者的能力水平。坚持育者先育的理念，构建“校外、学校、学院、专业”四级培训体系，组织开展“政思正行”课程思政大讲堂、课程思政教学培训坊等高端培训，累计开展校级培训 10 余场、校院培训 50 余场、专业培训 60 余场，培训教师达 4000 余人次。覆盖全校所有教学单位和组织，打破部分教师在“重育才、轻育德”“重科研培养、轻价值引领”等方面的认识误区，指导教师深入了解课程思政的实质内涵和概念边界，防止其陷入形式化、标签化、功利化困境，从更新育人观念、提升育人能力、创新育人方式三个维度提高教师开展课程思政的素质和水平。

聚焦受教者的成长发展需求。创新探索评价模式，引入 CIPP 评价模式，坚持价值理念与价值实践、教育者主导性与受教育者主体性的辩证统一，推进教学质量评估和教育效果评价不断向人文科学素养、社会责任感延伸。从背景评价、输入评价、过程评价、结果评价等四个维度，设置 4 个一级指标、8 个二级指标、32 个三级指标，进行全过程和动态化质量评价，回收问卷 32771

份，评价课程 1036 门，评建结合、以评促建，通过数据分析充分了解学生的治学态度、价值取向，及时对教学设计进行动态调整修订，提升“差异培养”情境下学生课程思政建设的实效性，实现专业认知、学术道德、社会需求和个人成长的共进共促。

东北大学课程思政培训研讨会

探索课程思政路径创新实践生成模式。立足课程思政教育教学实际，以内容设计、元素挖掘、教学实施、效果反馈等实践经验为基础，创新设计以“拓展（Broaden）、挖掘（Excavate）、关联（Associate）、架构（Construct）、优化（Optimize）、涵育（Nourish）”6 个前后衔接的环节为核心内容的 BEACON 模式，明确课程思政建设须坚持主体规定、内容规定、目标规定，以坚定的政治立场承担育人使命，以多维的课程设计彰显价值属性，以深刻的思想体悟培育时代新人；明确了课程思政建设要坚持知识传授与价值引领相协同、打造标准与激励创新相协同、科学设计与有序实施相协同的“三个协同”理念。多维并举彰显全部课程的育人价值，激发学生专业情怀、树立学生职业理想，真正做到授课教师有方向、课程设计有灵魂、课堂教学有活力。

聚焦高水平实施，建设协同发展体系

坚持打造标准与激励创新相结合。针对当前教育教学一定程度上存在“自学为主、教学为辅”“个性为主、共性为辅”的现象，出台《东北大学关于课程思政建设的指导意见》《关于实施“思业融合燎原计划”的意见》等 20 余份文件，逐步构建建设标准，推进各教学单位根据自身学科特点制定专项工作方案，使课程思政要求深入教案修订、教材编审，体现在教学大纲和人才培养方案中。投入 1500 余万元，强化政策支撑和经费保障，同时将教师开展课程思政情况纳入绩效考核和评优奖励等考核评价中。

坚持典型示范与全面推广相结合。分批次、分阶段开展课程思政建设工作，通过试点单位设置、示范课程和示范专业遴选，建设校级示范课程 266 门、示范专业 38 个，涵盖通识类课程、学科基础类课程和专业方向类课程、实践类课程等三大类课程，以及哲学、经济学、法学、教育学、文学、理学、工学、管理学、艺术学等所有门类。以校级示范为引领，在所有院系进行示范性和普及性相结合的课程思政建设，实现课程类型和学科的全覆盖以及课程体系、专业体系、学科体系的全链条贯穿。

坚持自我实现与开放共享相结合。学校各学院均已开展课程思政建设，参与教师超 2000 人，覆盖学生超 50000 人次，实现了教育知识传授、能力培养和价值引领的有机统一。充分发挥公共服务和示范辐射功能，建成课程思政资源库和“政思正行”微信公众号，共享 11 类 1210 个优秀案例和思政元素；各学院建设思政资源库 10 余个、“砼学同学”等微信公众号 6 个，共享案例 550 余个；整理“钢铁生产线上的东大人”“可可托海的东大人”等 100 余个校本元素，实现理论研究库、教学案例库、思政元素库“云端共享”。为武汉大学、西北工业大学、大连海事大学等高校开展课程思政培训辅导 50 余场，覆盖教师 3 万余人，辅导辽宁省高校获批 16 门教育部示范课程。“东大方案”相继被全国高校质量保障机构联盟、辽宁省教育厅、沈阳市委教科工委、秦皇岛市教委等教育主管部门采用。指导云南机电学院、江西财贸学院等多所院校建设校级示范课程 50 余门。

（文：岳登晓）

“思创 - 知创 - 行创”三融合 打造实干报国的双创教育生态

——东北大学首批国家级创新创业学院建设工作纪实

引言：自 2007 年成立学生创新中心（2015 年更名为创新创业学院）以来，学校坚持立德树人、以人为本、因材施教，将创新创业教育根植于人才培养体系，以重教育、重实践、重成效为原则，以“交叉培养、协同育人”促进专创融合。形成了以“思创融合 知创融合 行创融合”为特色的人才培养新模式，实现价值引领、知识教育、能力培养的有机统一，取得了创新创业资源集聚、创新创业人才辈出、创新创业活力迸发的可喜成绩，2022 年获评首批国家级创新创业学院。

为适应国内外创新创业教育的新趋势与高等教育对双创人才培养的新要求，学校高度重视创新创业教育工作，不断深化人才培养模式改革，将创新创业教育贯穿人才培养全过程，成功构建“思创融合 知创融合 行创融合”的人才培养新模式，建设一流本科教育，打造卓越研究生教育，健全教育教学质量保障体系，着力培养学生的社会责任感、创新精神和实践能力，造就具有远大抱负和国际视野的精英人才，培养德智体美劳全面发展的社会主义建设者和可靠接班人。

内涵发展，立体规划，奠定双创教育基础

学校通过编写《创业基础》等教材，建立“东大双创人”等案例库，实现思创融合，系统推进习近平新时代中国特色社会主义思想进教材、进课堂、进头脑，着力培养学生的社会责任感、创新精神和实践能力，造就具有远大抱负和国际视野的精英人才。持续开展“青年红色筑梦之旅”“未来企业家集训营”“我心中的科学家”“优创零距离”等集训类活动；连续 13 年举行创新创业工作颁奖盛典，凝聚榜样力量，营造双创氛围，提升双创育人实效。

东北大学创新创业教学大赛

学校依托双创融入计划，连续 6 年开展东北大学创新创业教学大赛，培育专创融合示范课程 5 项，以“混合广谱”模式革新“创业基础”必修课，以“三创五育”为特色打造“创客启蒙”精品课，以“众创协同”模式推广创新创业提升课，以“教赛融合”模式打造创新创业实践课，进一步优化基础知识普及、专业课程融入、实用技能提升的梯度型、交错式创新创业教育课程体系。依托研究力提升计划，建设院级学生创新创业基地 12 个；建设示范性学生创新团队 38 个；连续实施 17 批大学生创新创业训练计划项目；实施“金种子计划”，选育高水平专创融合创业项目 64 项，有效促进专业教育与双创教育深度融合。形成科研成果转化为教学内生资源和学科内生资源的双转化机制，将学科链、产业链有效衔接，有效提高育人能力和水平。

学校实施想象力普培计划，组织校级示范性科普活动，每年开展“大一创意节、大二科普节、大三科技节、大四创业节”等链条式、全过程实践活动 200 余项，学期参与学生人数过万人。同时，对学生课外学术科技竞赛进行七星级分类，搭建全覆盖、分梯度、重交叉、可量化的“十有”科技创新创业竞赛实践育人体系，培养“科技型”创新创业人才，为一流大学和一流学科建设

作出双创贡献。实行创新特长生推荐免试攻读研究生政策，发放创新创业卓越奖学金，认定教师创新创业教育工作量，实施教师职称评聘、绩效考核双创亮点政策，酝酿双创竞赛在研究生培养中的激励政策，以政策杠杆激发创新创业教育蓬勃发展，将创新创业基因注入东北大学每一名学生的血液中。依托“建龙创新创业基金”，学校创办了以“专创融合 模块教学 行动为先”为特色的创业先锋班，开展专业性、生态化的创业实践，在册学生企业 102 家，其中国家级高新技术企业 12 家、国家高精尖“小巨人”企业 1 家。构建“一个学院，两个基地”的创新创业新格局，形成“前孵化器——后加速器——聚变催化器”的创新创业新链条。

科学培养，高效统筹，为双创教育保驾护航

学校遵照党中央、国务院关于做好创新创业工作的一系列重要精神，顺应高等教育发展趋势，遵循科学管理依据，先后出台《东北大学校园学生科技活动管理暂行办法》等政策文件。设置 20 个创新创业学分，推广“第二课堂成绩单”，建立创新创业学分积累与转换制度，出台弹性学制规定，完善奖励制度，大力鼓励和支持学生投身于创新创业实践，并从中学习和掌握使其终身受益的创新创业能力。同时，将创新创业教育作为亮点项目纳入教师专业技术职务评聘和绩效考核标准，为从事创新创业教育的教师建立了合理的职称职务晋升通道。

东北大学经过不断探索，形成了以创新创业学院作为总体协调与实施单位的协同式组织架构。创新创业学院坚持专兼职相结合和校内外相结合机制，建立创新创业导师库。学校创新创业学院专职工作人员编制 11 人，创新创业基地专业指导教师 16 人，年聘请专业教师作为大学生创新创业训练计划指导教师超 500 人，各类科技、创业竞赛指导教师超 1000 人，师资力量雄厚。

学校将科学馆、科技园等共计 10000 余平方米场地作为创新创业专属空间——东北大学创新创业基地。基地与校内专业实验室、工程训练中心等均面向全体学生开放，教育功能涵盖各专业学生。学校始终坚持与政府、企业、社会等多方联合共建实践平台，积极构建前后孵化器协同培养机制。充分利用校友企业资源，设立创新创业基地以及创新创业基金。强化校校、校院及国际合

作的协同育人机制，与中国科学院、北京科技大学、钢铁研究总院等多家科研院所、高校合作，联合培养拔尖创新创业人才。同时，建立政府、社会、学校“三位一体”的资金投入机制，设立专项经费，筹备充足资金持续支持创新创业教育改革，资助学生创新创业实践，为创新创业教育提供资源保障。

典型塑造，硕果累累，彰显双创教育育人成效

学校持续深耕双创土壤，构建“思创融合 知创融合 行创融合”的人才培养模式，建设成效显著。当前，学校创新创业教育学生覆盖比例达 100%，在校大学生参与创新创业实践比例达 90%，深度参与创新创业实践比例大于 50%，形成科学的教育理念、独特的组织机构、高效的管理体系，培养大批“善创意、会创新、能创造、勇创业”的高素质拔尖创新创业人才。

东北大学学子在各大赛场捧杯夺冠

东北大学学生不断以优异成绩在创新创业舞台上发出东大声音，人才培养质量和社会认可度不断提高：2020 年以 1 金 1 银 4 铜，捧得“挑战杯”中国大学生创业计划大赛“优胜杯”；2021 年以 2 金 4 银 3 铜 1 最具商业价值奖，荣获中国国际“互联网 +”大学生创新创业大赛“高校集体奖”；2022 年，刷新历史最好成绩，再捧“挑战杯”中国大学生创业计划大赛“优胜杯”；在全国大学生机器人竞赛 ROBOMASTER 机甲大师赛中荣登冠军宝座，荣获

ICRA2017 国际大学生机器人挑战赛冠军。ACTION 创新团队四次蝉联全国大学生机器人竞赛冠军，创蝉联冠军新纪录。东北大学水、陆、空机器人团队成为中国机器人竞赛的领头羊，入选全国高校机器人竞赛指数 2022 TOP 2%。在 2022 年全国普通高校学科竞赛排行榜中，学校获奖数量居全国第三、综合排名全国第七，6 次进入十强榜单。

卓有成效的人才培养模式与双创教育取得的累累硕果赢得了较高的社会赞誉，社会关注度、影响力不断增强，创新创业教育的建设成效获得了相关部门的认可：学校先后获批成为“国家大学生创新性实验计划项目”首批试点高校、全国首批 40 所科普创作与传播试点高校之一，获得“深化创新创业教育改革示范高校（首批百强示范校）”“全国创新创业典型经验高校”等荣誉。学生创新创业基地先后获得教育部授予的“全国高等学校实践育人创新创业基地”、“全国大学生创业示范园（全国 29 所）”以及科技部备案的国家级众创空间等荣誉。特色鲜明的创新创业育人之路获得光明日报、中国青年报、中国教育报等媒体报道累计千余次，赢得了较高的社会赞誉。

东北大学创新创业学院逐步形成了“思创融合 知创融合 行创融合”的人才培养新模式。内涵发展，立体规划，奠定了双创教育的基础；科学的培养体系以及高效的资源统筹为双创教育的发展提供了可靠保障；典型人物塑造，双创成果丰硕，彰显了双创教育卓越的育人成效；以学生为中心，“思创 - 知创 - 行创”三融合的国家级创新创业学院建设取得了创新资源集聚、创新人才辈出、创新活力迸发、示范效果突出的可喜成绩，东北大学创新创业教育一直走在全国前列。

学校获得权威双创（教育）荣誉

（文：黄达、黄晓颖）

加强心理健康教育 筑牢人才培养基石

——东北大学全国高校心理健康教育与咨询示范中心建设工作纪实

引言：东北大学高度重视学生心理健康，将心理健康教育作为落实立德树人根本任务的重要内容常抓不懈，对标全国高校心理健康教育与咨询示范中心建设标准，从课程教学、宣传活动、咨询服务、危机预防与干预、队伍专业化建设等方面持续完善心理育人工作格局，提升学生心理健康素质，护航学生全面成长发展，筑牢“为党育人、为国育才”的基石。

东北大学深入学习贯彻习近平新时代中国特色社会主义思想，贯彻落实习近平总书记对学生心理健康教育作出的重要指示批示精神，将心理育人融入人才培养全过程，持续深耕“教育宣传普及化、咨询服务多元化、预防干预精准化、队伍建设专业化”，构建了较为健全的工作体制和机制，塑造了具有东大特色的心理健康教育品牌，建设了一支结构合理、专业能力突出的工作队伍，基础条件保障得到明显提升，心理育人工作取得显著成效。2016 年，东北大学获批教育部全国高校心理健康教育与咨询示范中心建设单位，学校心理健康教育工作迎来新的发展机遇。学校坚持“以人为本、科学专业、主动引导、全员参与”的工作理念，以积极心理学为理论指导，从课程教学、宣传活动、咨询服务、危机预防与干预、队伍专业化建设等方面不断探索和实践，有效地提升了学生心理健康素质，实现了工作高质量发展。

深耕教育宣传普及化，全面提升心理健康素养

全面、系统、持续地做好心理健康知识的教育宣传普及，是心理健康教育工作的“主渠道”，学校坚持心理健康教育课程建设和宣传活动建设“两手抓、两手硬”，实现心理健康教育在学生中的普及率达到100%，有效地提升广大学生的心理健康素养。

一是夯实课堂教学在心理健康素养提升中的“主阵地”作用。完善“1+N”、必修选修相结合、本硕博全覆盖、线上线下混合式教学的心理健康教育课程体系建设，坚持做好“大学生心理健康教育”必修课建设，与时俱进开设多门选修课，面向全校学生开设“心理健康大讲堂”，持续开发心理微课，都成为课堂教学的有益补充。心理健康教育课程受到学生普遍欢迎，“大学生心理健康教育”获评辽宁省一流本科课程、辽宁省教学创新大赛一等奖，9名教师先后在辽宁省举办的九届高校心理健康教育教学大赛中获得一等奖。

二是系统创新宣传活动体系。从“3·25”心理健康日、“5·25”心理健康文化节到“10·10”世界精神卫生日，涵盖全年的“NEU幸福提升计划”贯穿始终，依托校园心理文化活动立项，充分调动二级学院广泛开展心理健康教育宣传活动，开展丰富的自助训练、互助训练、素养提升、潜能开发等体验活动，组织情景剧大赛、趣味心运会、心理创意活动体验集市等品牌活动，在线观影沙龙、情绪故事征文、线上寝室团体工作坊等在疫情防控期间为广大学生疏解心理压力、提升心理素质发挥了积极作用，每年开展教育宣传活动120余场，做到“月月有亮点、全年不断线”。

三是积极打造“互联网＋心理健康”宣传平台。“心理港湾”微信平台的常态化高质量运维、心理健康宣传展的定期推出、心理健康海报和咨询宣传展板的持续更新、每年近3万份心理文化产品的精心设计与发放、QQ小港湾的持续跟进，全时段立体化不断推进心理育人“在手边、在头脑、在心间”。新生入学期间开设线上线下相结合的“新生家长心理课堂”，帮助家长正确认识和应对大学生的不同心理状况，提升家校育人合力，共同助力维护学生心理健康。

东北大学心理健康大讲堂

深耕咨询服务多元化，切实满足学生发展需求

随着广大学生对专业心理咨询服务的需求逐年增长，学校逐渐形成“个体咨询、大型发展咨询会、团体辅导、朋辈心理互助”并行，涵盖心理、学业、就业、创业等多领域内容的发展咨询服务体系，满足广大学生寻求各方面积极发展的个性化需求，有效帮助学生化解心理矛盾、疏导心理困惑。

一是优化个体咨询服务模式。持续完善“线上 + 线下”相结合的“常态化、菜单式”个体咨询，实施分类引导、学生自主预约，尤其是在疫情防控期间，学校积极调整咨询服务安排，坚持寒暑假、小长假、周末全时段全年无休向学生提供心理咨询服务，接受专业培训的学生朋辈心理辅导员在晚间和周末提供朋辈心理辅导予以补充，每年个体咨询超 2300 人次，满足学生日益增长的个体咨询需求。

二是普及一站式发展咨询。从 2004 年开始，学校定期举办大型发展咨询会，组织学科教授、心理专家、企业高管、留学服务机构等专家“坐诊”，向学生开展“一对一、面对面”的个性化咨询，围绕大学生活全领域提供一站式咨询服务，有效帮助学生疏导心理困惑、化解心理矛盾，及时排除学生心理隐患，把学生心理障碍消灭在萌芽状态，至今累计服务学生 4 万余人次。

三是创新互助式团体辅导。面向校内外专兼职咨询师队伍成立“健心”教练团，开展健心团体工作坊项目，围绕“情绪与压力管理、人际互动、生涯探索”等主题，每年面向本科生、硕士研究生、博士研究生等不同学生群体开展线上线下相结合的团体辅导、团体沙盘活动 100 余场，提供多样化咨询服务，扩大辅导受益覆盖面，满足学生个性化发展需求。

大型发展咨询会现场

深耕预防干预精准化，科学筑牢校园心理防线

学校始终坚持“以人为本、健康第一”的理念，把心理危机责任事件作为工作底线，坚持强化管理、科学施策、重在预防、快速反应，科学精准做好心理危机预防与干预，筑牢心理健康教育工作底线。

一是实行“网格化”管理模式。学校成立学生心理健康教育及危机干预工作领导小组，建立起“学校、学院、班级、寝室 / 团队”心理健康教育网格矩阵，协调好各级领导小组、工作小组，指导建设 7200 余人的班级心理委员和寝室 / 团队心理健康助教员队伍，通过开设专项选修课、常态化培训等加强对工作队伍的培养，做好危机预防“最后一公里”建设。

二是健全心理危机预警机制。引进心理档案信息化管理平台“心云”系统，提高科学施策能力；每年定期开展本科生、硕士研究生、博士研究生新生普测和毕业年级专项测试，做好测评后心理约谈；健全心理档案，建立并实时更新“心理危机预警库”；每年两次开展全校性心理排查，每月报送“班级晴雨表”，及时排查心理问题与危机事件隐患，为及早实施精准干预打好基础。

三是完善心理危机干预快速反应机制。学校制定和完善专门的工作方案、专项预案，坚决做好重点人群和重点时段工作，建立和稳固与驻沈 5 家高水平专业医疗机构的危机转介“绿色通道”，确保对心理危机的精准快速反应与有效干预。

2016 年以来重点关注学生 3000 余人次，有效干预心理危机事件 260 余次，用实际行动保护了学生的生命健康，维护了校园安全稳定。

深耕组织建设专业化，加速推进服务提质增效

近年来，学校多措并举大力推进心理健康教育专业化建设，建立起一支高水平专兼结合的心理育人队伍，实现学科专业化建设新突破，优化工作条件保障，发挥示范引领作用，辐射带动区域协同发展，以高水平、专业化建设驱动心理健康教育高质量发展。

一是建设专业化心理育人队伍。依托校内专任教师、管理干部、学工队伍和驻沈医疗机构、兄弟高校等，建立起一支 80 余人、具有良好专业素质的专兼职队伍。通过常态化系统性培训、教学研讨交流、每周咨询督导、每月案例会诊、工作积分考评等制度，切实提升专兼职教师的业务水平。

二是加强学科专业化建设。积极建设“思想政治教育心理学研究所”，举办 2020 年全国高校心理健康教育高峰论坛，实施工作研究“深耕计划”，促进专兼职教师在高水平专著、论文、课题、资政建议等方面的成果贡献，不断取得新突破。

2020 年全国高校心理健康教育高峰论坛

三是加强高水平示范性育人环境建设。对标全国示范中心建设要求持续优化服务环境，2023 年在浑南校区建成 1300 余平方米的专业化、高品质积极心

理体验中心，设立心理咨询室、沙盘工作室、身心减压训练室、VR 模拟实训室、正念放松室、团体辅导室、预约等候室等 20 余间功能室，目前，两校区共有 2500 平方米示范性心理健康教育工作区域，为高质量心理健康服务提供了较好的条件保障。

东北大学积极心理体验中心

四是肩负责任与担当，用心引领区域共发展。多年来，东北大学作为辽宁省高等学校心理健康教育研究会理事长单位，承担着省内 100 余所高校心理健康教育的业务和学术交流以及队伍培训等工作。疫情发生以来，先后两次组织开通“辽宁学校师生心理援助平台”，服务 23000 余人次；设立“辽宁高校心理阳光大讲堂”，邀请国内知名心理专家在线讲授心理健康知识，参与师生超过 50 万人次；组织省内高校参与教育部心理健康测评系统试点工作，定期开展覆盖全省学生的心理测评；组织开展全省高校“大学生心理健康课程建设研讨会”、“辽宁省高校心理咨询连续督导”、“辽宁省高校心理健康教育高级研修班”、“辽宁省高校心理健康教育案例评选”、工作年会、优秀研究成果评审等，全面提升省内高校心理健康教育队伍专业胜任力，推动辽宁省高校心理健康教育高质量发展。

不忘育人初心，牢记育心使命。东北大学高质量做好全国高校心理健康教育与咨询示范中心建设，持续深耕心理健康教育内涵与途径，构建了东大体系，体现了东大特色，贡献了东大智慧。学校连续四次被评为“全国心理健康教育先进单位”，2023 年获批中国心理学会注册系统实习机构。多年来，中央电视台、中国教育报等主流媒体多次对东北大学心理健康教育工作进行宣传推介。

东北大学心理健康教育中心获评 2015—2018 年度大学生心理健康教育工作先进集体

笃行不怠，砥砺前行。东北大学将始终不忘教育初心、牢记育人使命，用心守护学生健康成长，全力服务学生发展成才，为做好中国式现代化的教育事业继续努力奋斗！

（文：石昌远、陈阳、方婧譞）

推进全媒体融合创新 绘就育人“最大同心圆”

——东北大学教育融媒体试点建设工作纪实

引言：学校坚持以习近平新时代中国特色社会主义思想为指导，深入学习宣传贯彻党的二十大精神，贯彻落实《中国共产党宣传工作条例》，以“举旗帜、聚民心、育新人、兴文化、展形象”为使命，紧扣教育融媒体试点建设要求，构建彰显东大特色的媒体融合发展工作格局和传播生态，不断提升学校媒体融合工作的“传播力、引导力、影响力、公信力”，为讲述中国教育好故事、东大发展好故事积极贡献智慧和力量。

东北大学深入学习贯彻党中央关于推动媒体融合发展的战略部署，于2020年10月获批教育部第二批教育融媒体建设试点单位。学校贯彻落实教育部关于推进教育融媒体试点建设的工作要求，积极探索新时代“全程、全息、全员、全效”融媒发展路径，坚持信息内容“共融”、技术应用“交融”、平台终端“兼融”、管理“并融”，全面催化媒体融合质变，放大一体效能。

2020 年获批教育部第二批教育融媒体建设试点单位

坚持高站位，统筹实施媒体融合发展战略

学校深入学习贯彻习近平总书记关于推动媒体融合发展的重要论述，贯彻落实党中央关于推动传统媒体和新兴媒体融合发展的战略部署，将推进学校媒体融合发展作为重要课题认真研究实践。将媒体融合发展纳入学校一流大学建设方案和“十三五”“十四五”发展规划，印发《中共东北大学委员会意识形态工作责任制实施细则》等，修订《东北大学新媒体管理办法》，全面做好学校媒体融合发展的顶层设计和战略规划；成立宣传思想文化工作领导小组等，加强党对宣传思想工作的全面领导；召开宣传思想工作会议、“三全育人”综合改革试点建设推进会，成立党建与思想政治工作创新发展研究院，为媒体融合发展凝聚思想共识，汇聚工作合力，营造良好氛围。

保持高频度，积极响应教育融媒互联互动

充分发挥“教育政务新媒体星火计划”成员单位示范带动作用，积极参与教育部宣教中心和“中国教育政务新媒体联盟”各项工作，不断加强与上级主管部门和兄弟高校的互联互通，主动参与构建教育融媒体发展共同体。参与制作《我和我的学校 · 追梦 2035》《献礼建党百年！高校师生在党史学习中唱响红色经典》《我看思政这五年》等多个教育融媒体原创作品，不断强化教育融

媒资源供给。注重加强与人民日报、新华社、中央广播电视总台、光明日报等主流媒体的合作交流，先后与人民网签署融媒体中心建设框架协议，与光明日报共建知识分子联系服务机制，举办辽宁高校短视频与融媒体发展论坛，与微言教育、学习强国、中国大学生在线等媒体建立融媒体合作关系，不断促进校内外媒体融合共建共赢。

立足高起点，扎实推进现代融媒阵地建设

立足校园信息化建设的整体布局，联合人民网实体化建设融媒体中心，定制研发集"指挥管理、全媒体数据库、信息画像、现场交互、媒体作品加工"于一体的"中央厨房"融媒管理平台，升级改版新闻网采编系统；运营《东北大学报》、"东大之声"广播电台、东北大学电视台、东北大学主页、微博、抖音、快手、学习强国、中国教育发布等20余个官方媒体平台，推动构建同频共振的"大宣传"阵地。

东北大学融媒体矩阵

东北大学融媒体中心

激发高效能，科学优化媒体融合工作机制

学校建立“中央厨房”模式的“策、采、编、发、运”一体化工作机制，重构“一体策划、集中采集、多种生成、多元传播”融媒制作流程。突出全方位策划、专业化采访、差异化编排、多平台传播，以传统媒体抓实效、新兴媒体抓特色为出发点，实现融媒作品“一呼百应”的传播效应。着力在中央媒体上提升美誉度，在地方媒体上提升覆盖面，在境外媒体、外文媒体上提升知晓度，不断扩大融媒覆盖圈层。校外主流媒体年均报道 500 篇以上，中央媒体报道 150 篇以上。《光明日报》整版报道学校党史学习教育和深入学习宣传贯彻党的二十大精神情况，刊发党委书记、校长署名文章。

突出高品质，创新打造融媒原创栏目作品

坚持“内容为王、创新为要”的工作导向，着力打造既有厚度又有温度、既有特色又有创意的融媒原创栏目作品。围绕百年办学治校历程，策划推出《校史片》《国际形象宣传片》《招生宣传片》《东大映像片》《校歌 MV》等融媒体作品；围绕“讲述”主题，连续开展 5 届“讲述 · 东大人的故事”典型推介会，打造东大版“感动中国”；聚焦“共抗疫情，爱国力行”主题，坚持高起点策划、广视角挖掘、深层次报道，推出一系列具有思想高度、文化厚度和情感温度的融媒体作品，策划推出《你“学”起来真好看》，2020 年 5 月 4

日，登上中央广播电视总台五四青年节特别节目《奋斗的青春最美丽》；针对爱岗敬业系列，策划推出《你的“备”影最美》融媒体作品，获点赞 6.8 万，全国数十所高校制作“备”影图组参与网上接力，在全国范围内掀起“备”影热潮。

聚焦高水平，着力配齐建强融媒工作队伍

培养“一岗多能、岗位互通、专业侧重”的全媒体记者，组建近 400 人的专兼职融媒体工作团队，成立官微工作室、官博工作室、大学生记者团、大学生电视台等 8 支融媒体学生组织；全面加强宣传思想工作专家库建设，邀请校内外新闻媒体领域的专家学者 30 余人担任融媒体中心顾问，全面提升融媒体工作队伍专业化、学术化、科学化水平；定期邀请人民日报、光明日报资深记者来校围绕“融媒体选题策划”“融媒体智能化”“新闻大数据分析”“舆情热点解读与危机处理”等内容开展业务培训与指导。

强化高要求，充分发挥教育融媒育人功能

以“三全育人”综合改革试点高校建设为牵引，突出“全国党建工作示范高校”和“一站式”学生社区综合管理模式试点高校建设成果的转化运用，充分发挥教育融媒育人功能，高质量推动教育融媒体和思政工作融合创新。擦亮东大爱国报国奋斗底色，建设课程思政资源平台专题网站，开设“政思正行”等系列思政公众号，充分释放媒体育人效能；拍摄 37 部“讲述”微专题片，深入宣传报道“讲述・东大人的故事”典型推介会推介典型人物和先进群体的优秀事迹，以讲述师生奋斗故事的形式传递东大正能量；连续举办 20 届“妙笔流声”诗歌散文朗诵大赛，激发了师生的爱国报国热情；学校先后荣获辽宁省文明校园、辽宁最美校园、辽宁省教育系统雷锋式学校等称号，“传承爱国红色文化基因，讲述东大人科技报国的故事”“能不奋勉乎吾曹”获批中国科协学风建设资助计划项目。

自 2002 年起，连续 20 年举办“妙笔流声”诗歌散文朗诵大赛

对标高层次，深入开展媒体融合理论研究

充分发挥学校师资优势和专业化队伍作用，深入开展媒体融合理论研究工作，先后在《中国高等教育》等学术期刊上发表《高校政务新媒体品牌建设的三坚持和四要素》《创新媒体传播方式　增强信息传播实效性》《高校新媒体运营传播的现状与创新思考——以东北大学为例》《新时代高校新闻媒体建设要强化“五观”》《新媒体环境下大学形象传播策略》《新媒体时代数据新闻在高校媒体中的应用实践——以东北大学官方微信平台为例》等 20 余篇理论文章。依托信息学科优势，积极开展传媒领域学术研究和技术研发，通过跨界交叉，科技赋能融媒改革发展。联合软件学院数字传媒专业建立视频工作室，全面加强 5G、AI、模式识别等高新科技应用；联合艺术学院设计系，建立图文工作室，加强图文创意设计，推出东北大学融媒体形象识别系统（VI）及相关文化产品。同时，学校整理媒体融合发展的实践经验，编写出版《以“微”搏大——新媒体环境下的高校网络文化建设》等书，为创新推动媒体融合发展奠定坚实的理论基础。

（文：史鉴、杨明、刘宇豪）

厚植“国内第一家大学科技园”沃土 赓续东大人科技创新创业基因

——东北大学国家大学科技园学生创业实践工作纪实

引言：东北大学于20世纪80年代开始尝试依托高校建设科技创业园区的探索与实践，并于1990年建立国内第一家大学科技园，开启了中国大学科技园发展的历程，培育孵化了中国第一家高校软件上市公司——东软集团。东北大学科技园的发展为学校产学研相结合的办学特色形成提供了丰富的实践土壤。近三年来，大学科技园不断赓续东大科技创业基因，孵化学生创业企业76家，营造开放包容的创业文化氛围，培养学生敢为人先的社会责任感和创业实践能力，助力广大学子实现创业梦想。

为深入贯彻习近平新时代中国特色社会主义思想，大学科技园作为学校实施产教融通创新的载体和实现“社会服务”功能的主窗口，定位于以科技成果转化为核心，以构建双创生态体系为主线，以培育高水平创业群体为己任，以服务经济社会发展为抓手，在服务社会的同时构筑反哺学校发展的体系和模式，将学校科教智力资源与市场优势创新资源紧密结合，推动创新资源集成、科技成果转化、科技创业孵化、创新人才培养和开放协同发展。

以机制创新，构建科创融合生态体系

大学科技园充分发挥作为市场化平台支撑学校创新发展的重要作用，推进教育、科技和创业深度融通发展，提升创业科技内涵，发展新技术、新业态、新模式、新产业。

一是坚持规划引领，促进创业源头供给涌现。以“一张白纸绘蓝图，一张蓝图绘到底”的理念，致力于凝练具有产业化前景的行业共性技术，搭建校企联合实验室，解决科技成果转化中试熟化阶段产品验证问题；构建全方位人才培养创新创业活动实践链条，培育高水平创新创业群体，实现创业带动就业，集聚高水平创业团队；遴选孵化高新技术企业，打造创新平台和产业园区，构建东北大学新型研发实体；围绕区域经济社会发展转型需要，构建以“研发平台＋孵化基地＋创业空间”为载体的运维模式，加速高校科技成果转化；构建创新创业生态体系，提升东北大学对创业人才培养、高水平科研成果涌现、社会服务能力展现的能力。

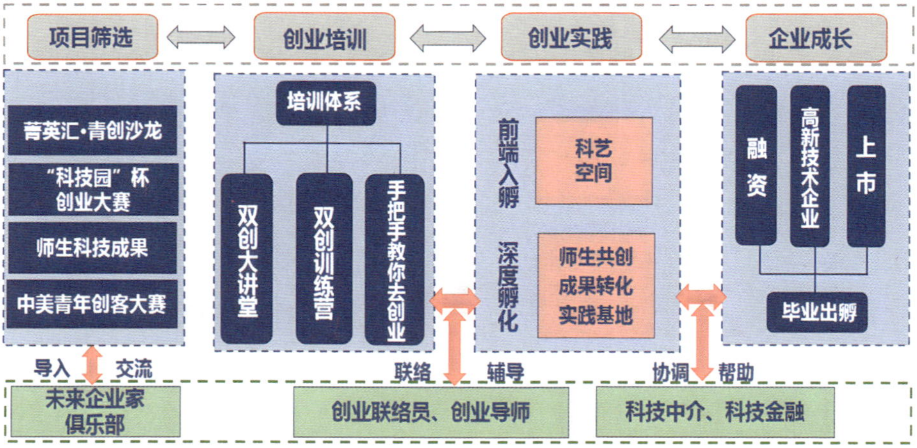

创业实践全流程模型

二是坚持开放协同，促进创业实践繁荣发展。聚焦细分产业领域，通过在大学科技园建设专业化的众创空间——科艺空间，重点发展大学生创业基地、校友创业基地等双创平台。积极构筑“创业前－创业苗圃－前孵化器－加速器－后孵化器”的创新创业全服务链，建设企业服务中心；打造创新创业全流程服务体系，以“菁英汇·青创沙龙”、“科技园”杯创业大赛、中美青年创客大赛等活动为契机，导入未来企业家俱乐部社团力量，完成对创业项目的筛选，通过“双创大讲堂”“双创训练营”“手把手教你去创业”等完善的创业培训体系，借助创业联络员和创业导师的辅导，将创业项目引入科艺空间进行前端入孵成为创业企业，对于市场前景广阔的优秀项目引入师生共创成果转化实践基地进行深度孵化，通过科技中介和科技金融等社会资源的导入，全面帮助企业不断成长，获得融资或成为高新技术企业直至上市，完成毕业出孵。

以多元赋能，助力科技企业孵化成长

大学科技园自成立以来，便始终坚守“创新帮扶、创优孵化”的策略，集合“智与志”“诚与成”的多策略孵化。重点从八大“聚焦”加速推进。

科技园多元企业孵化服务

聚焦“创新创业辅导”，解决创业方向问题。通过开展专业的创新创业辅导，从项目、公司发起到后期的规范运作，进行全方位、全流程培训，从项目、公司管理及专项业务两条主线，解决企业创业方向及规划问题。

聚焦“信息咨询”，提供高效帮办服务。通过搭建信息畅通渠道，对新创企业、初创团队的疑惑、咨询，及时沟通、加快对接，保障“问”与“答”的高效畅通，护航企业与团队的向好发展。

聚焦“技术集成”，以专业促发展。作为产业园区，依托学校的专业优势及社会资源，更有助于企业专业方面的成长和培育，让企业从管理和业务两大主线实现更好发展。

聚焦“成果转移转化”，成就企业价值。技术和成果的输出既是体现企业和团队社会价值的衡量标准，也是实现企业更好发展的“本源”，创造项目价值为社会带去贡献更是企业发展的核心，大学科技园通过把握这个“核心关键”，焕发企业活力。

聚焦“科技创新”，充沛发展动能。科技与创新是企业发展的必要元素，也是大学科技园的优势所在。通过延伸企业项目、深挖项目潜力等措施，在科技指导与创新发展上提供多重思路、渠道、机遇，让企业通过创新实现超越发展。

聚焦“资源链接”，打造最优孵化模式。企业的发展离不开社会资源，大学科技园通过延伸服务和功能链条，不断联络、融合、发展各类资源，并形成集合，在母校的资源背景下实现更加精准的企业对接、孵化帮扶，让入驻的企业与团队感受到强大的支撑力。

聚焦“项目申报智库建设”，建立健全“成果库”。信息时代与大数据的加持下，越丰富的成果样本，越能复刻出更加高效、更具潜力的孵化成果。为此，从档案、经验、措施等多方面进行归拢和规整，通过建立“企业、团队数字画像”，形成新的“成果库”。

聚焦“创新平台”，回归根本、持续升级。作为创新孵化的平台，建立强大、全面、丰富的平台功能，是实现孵化的关键和根本所在。通过深化平台孵化模式，不断优化平台资源，探索新的孵化思路和举措，实现助力。

以创新引领，推进双创孵化载体建设

大学科技园汇聚优质资源力量，凝聚一批来自各个专业领域、具有创新意识、代表未来的青年创客，发起组建未来企业家俱乐部，为校园年轻创业者搭建沟通交流发展平台。未来企业家俱乐部以“培养创新精神、打造创业精英”为理念，以“科技创新，大众创业”为主题，将校园文化同创新创业有机结合，通过开展各种形式的创新创业活动，创建各类创业实践项目，使俱乐部成员具备企业家的素质和品格，引领青年创客投身科技创业。

大学科技园指导未来企业家俱乐部举办“双创大讲堂”“双创训练营”“创业精神主题宣讲会”系列活动，开展东北大学“三育人”立项活动，从理论课程、项目孵化、实践活动、创业指导等方面出发，培养学生勇于开拓、积极进取的创新精神，锤炼敢为人先、锲而不舍的创业品质，弘扬不怕困难、勤奋学习、敏于求知的坚定信念，为学校创新创业氛围的营造凝聚力量。

未来企业家俱乐部举办“双创训练营”活动

大学科技园组织未来企业家俱乐部活动小组参与2022中美青年创客大赛沈阳分赛区比赛，通过赛前训练营等活动开展比赛特训和精心指导，选拔、推荐“无中生有”等5支参赛队伍参加全国总决赛。经过激烈角逐，“无中生有”团队以“一种基于仿生原理的沙漠树木自动集水根灌装置”项目荣获总决赛一等奖。该奖项全球共3项，中国仅1项。总决赛后，该团队负责人、东北大学信息科学与工程学院电子科学与技术专业学生陈宇童在大学科技园的支持下，入驻大学科技园师生共创成果转化实践基地，带领团队进一步将创意成果孵化落地。

以科艺融合，打造新型专业众创空间

大学科技园以“科学”+“艺术”融合为主题，打造环境人性化、功能多元化、管理智能化，办公空间、工位、公共空间齐备的专业型众创空间——科艺空间，为学生创新创业提供了良好的实践载体。

大学科技园通过“菁英汇·青创沙龙”、“科技园”杯创业大赛等一系列活动，遴选出一批具有市场前景和创新创意的项目；以学生兴趣爱好为导引，以创新实践活动为手段，为学生把科学与艺术的奇思妙想转化为现实产品提供场所，打造300余平方米科艺空间供创业学生免费使用，构建了大学生科技创业的乐土。大学科技园打造了“项目创新—项目孵化—企业孵化—产业孵化”的全链条创业孵化体系，为在孵企业精心定制了一站式、全流程创业孵化服务，形成了社会化、专业化、市场化、网络化的服务特色，降低了大学生创业团队的创业门槛和创业风险，使科艺空间成为“集成化、跨学科”的创新研究、创新实践与创新创业孵化平台。

东北大学机械工程与自动化学院工业设计专业学生付学文在大学科技园的帮助下，入驻科艺空间，走上创客之路，与同学联合创立了以“匠新无矩，思辨有道”为宗旨，以创新精神结合工匠精神开展造型设计、结构设计业务的公司——沈阳市匠新科技有限责任公司。从把设计理念变成产品直至批量生产，团队的创客道路并不平坦，但在科艺空间的资源支持及指导帮助下，公司逐渐掌握市场需求方向，并成功开展相关业务，在辽宁、河北、甘肃、广东等地均有项目成功合作。科艺空间为激活企业创新创业动能，助力在孵企业发展，帮助初创企业获得经验、资源与资金支持，开展了“全力以复·共克时艰”系列活动，组织匠新科技等初创企业参与沈阳市政府举办的“盛菁汇”常态化路演平台活动，邀请投融资等相关领域专家为企业分析把脉，为企业后续的创新发展指明了新的方向。

近年来，大学科技园牢固树立新发展理念，初步形成创新创业群体集聚效应。通过营造创新创业生态体系，开展双创系列活动，提升创业服务能力，全方位支持创业人才培养。依托学校的特色和优势，发挥大学科技园综合平台作用，打造科技成果支撑下的硬科技创业范式，支持学生创业实践、师生共创等多种形态的创业实践，取得了显著效果。在创新创业实践平台上的大力投入，获得了参与创业实践学生们的一致认可，大量创业团队积极主动利用创新创业实践平台的软硬件资源开展创业活动。通过增加科技成果有效供给，大学科技园为深化大众创业、万众创新，推动区域经济社会高质量发展发挥了重要作用。

（文：姚顺宇）

搭建“第二课堂”全新平台
拓展实践育人广阔舞台

——东北大学全国首批高校共青团“第二课堂成绩单”制度试点建设工作纪实

引言：为适应高等教育综合改革发展、共青团深化改革新形势和青年学生新特点，东北大学团委扎实推进全国高校共青团“第二课堂成绩单”制度，促进第一课堂和第二课堂协同育人，全方位提升青年学生综合能力素质和核心竞争力。随着东北大学“一网通办”平台投入使用，第二课堂工作的全新实践和新平台所带来的全新体验对“第二课堂成绩单”系统提出了全新的要求。

习近平总书记在全国高校思想政治工作会议上谈到，要重视和加强第二课堂建设，重视实践育人，坚持教育同生产劳动和社会实践相结合，广泛开展各类社会实践，让学生在亲身参与中认识中国国情、了解社会，受教育、长才干。要创新方式，拓展途径，为学生参与社会实践创造更多机会和舞台。既要不断拓展学生社会实践的平台和路径，也要办好学生社团、抓好学生创新实践。

加强顶层设计，推进“第二课堂成绩单”落地生根

2016 年 9 月，东北大学成为团中央高校共青团“第二课堂成绩单”制度建设首批试点单位。学校党委高度重视，第一时间成立由校党委牵头、多部门协同联动的共青团“第二课堂成绩单”建设工作领导小组，成立由校团委、各分团委主导的“第二课堂成绩单”建设工作小组。2017 年 3 月，学校党委印发《东北大学共青团改革实施方案》，将共青团“第二课堂成绩单”制度作为学校共青团改革的龙头项目和重要内容。

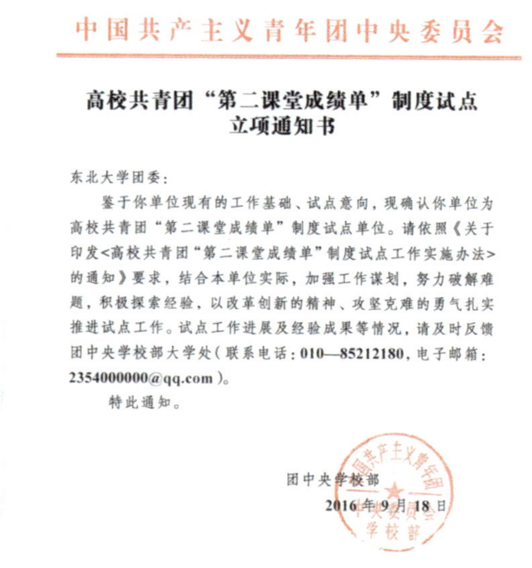
中国共产主义青年团中央委员会

高校共青团“第二课堂成绩单”制度试点
立项通知书

东北大学团委：

鉴于你单位现有的工作基础、试点意向，现确认你单位为高校共青团“第二课堂成绩单”制度试点单位。请依照《关于印发<高校共青团“第二课堂成绩单”制度试点工作实施办法>的通知》要求，结合本单位实际，加强工作谋划，努力破解难题，积极探索经验，以改革创新的精神、攻坚克难的勇气扎实推进试点工作。试点工作进展及经验成果等情况，请及时反馈团中央学校部大学处（联系电话：010—85212180，电子邮箱：2354000000@qq.com）。

特此通知。

团中央学校部

2016 年 9 月 18 日

东北大学《高校共青团“第二课堂成绩单”制度试点立项通知书》

校团委与教务处联合发挥国家文化素质教育基地办公室组织优势，协同学生工作处、学生指导服务中心、创新创业学院等部门共同研究学校第二课堂五类课程项目群，确定各类课程项目模块必修学分标准，明确组织领导、运行模式、评价细则等具体规定，促进规范运行。校团委联合学校各职能部门、各学院，建立值得信赖的三级联动认证工作队伍。技术组负责与系统项目组对接，全程监控保障系统正常运维，优化系统保证高效便捷、人性交互；认证组建立

培训、月报和月审核机制，确保“学校—学院—团支部”三级审核的无缝衔接。

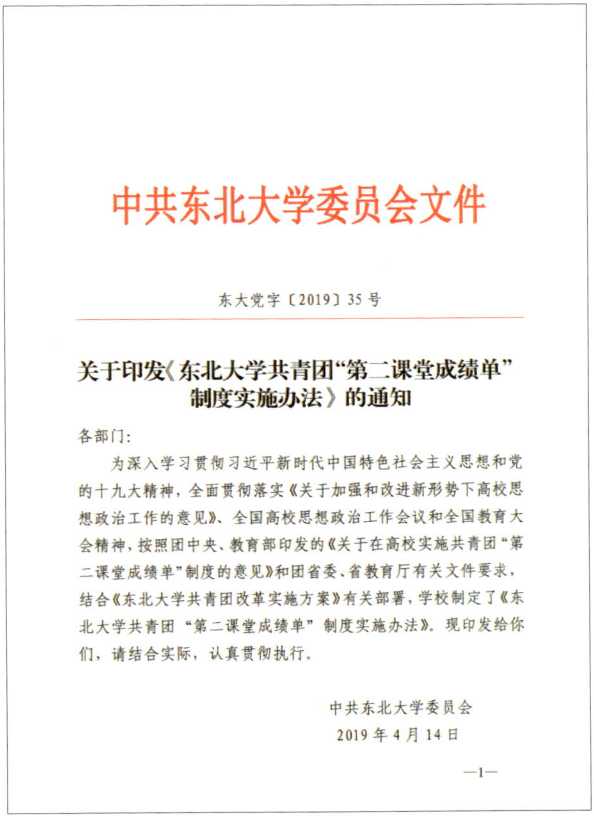
中共东北大学委员会文件

东大党字〔2019〕35号

关于印发《东北大学共青团“第二课堂成绩单”制度实施办法》的通知

各部门：

为深入学习贯彻习近平新时代中国特色社会主义思想和党的十九大精神，全面贯彻落实《关于加强和改进新形势下高校思想政治工作的意见》、全国高校思想政治工作会议和全国教育大会精神，按照团中央、教育部印发的《关于在高校实施共青团“第二课堂成绩单”制度的意见》和团省委、省教育厅有关文件要求，结合《东北大学共青团改革实施方案》有关部署，学校制定了《东北大学共青团“第二课堂成绩单”制度实施办法》。现印发给你们，请结合实际，认真贯彻执行。

中共东北大学委员会

2019年4月14日

—1—

《关于印发〈东北大学共青团“第二课堂成绩单”制度实施办法〉的通知》

完善过程管理，确保“第二课堂成绩单”制度良性运行

为满足学生成长成才需求，东北大学共青团主要做了以下工作：

一是搭建模型，创新促进能力素质科学评价。东北大学共青团第二课堂育人体系与学校大学生能力素质拓展工程无缝衔接，围绕提升表达、思辨、执行、领导、创新、创业“六项能力”，与管理学科团队合作，选用德尔菲法和层次分析法科学优化学生能力素质导航模型建模算法，立足“云端”大数据，科学分析构建能力素质导航模型。六角雷达和成长年轮让大学生的能力变化清晰可见，为学校人才培养评估、学生综合素质评价、社会单位选人用人提供了重要依据。

二是依托平台，科学实现第二课堂一体化管理。依托自主研发的共青团“第二课堂成绩单”信息认证平台实现网页端与手机端双搭载，高效便捷、人性交互的设计思路与界面风格满足了使用者的各方需求，让学生第一时间掌握校、院两级活动动态。依托系统一体化实现客观记录、有效认证、科学评价学生参与第二课堂经历、成果的功能。

三是加强视觉设计，逐步形成“第二课堂成绩单”文化。根据平台实际操作流程编制学生、团支书、教师三级用户操作手册，设计“第二课堂成绩单”相关的 CI 元素，诠释“第二课堂成绩单”的品牌意义，定义“第二课堂成绩单”制度六项功能——“记录成长年轮、搭建彩虹桥梁、感受成长喜悦、建立能力模型、提升综合素质、实现育人目标”，在全校范围逐步形成“第二课堂成绩单”文化。

四是积极应用，有力推动“第二课堂成绩单”运行。制定“第二课堂成绩单”制度实施办法，并以高年级先锋学生群体先行为带动，选取试点学院优秀毕业生代表打印共青团“第二课堂成绩单”，并将其用于东北大学 2017、2018 年春季就业双选会，共筑学校、学院、学生和社会“四位一体”的完整闭环，提高学生对“第二课堂成绩单”的知晓度，提升其在学校就业领域的应用度以及社会用人单位的认可度。

五是规划课程，不断完善第二课堂学分政策导向。借鉴第一课堂培养模式，东北大学建立学生第二课堂培养计划，系统规划思想政治教育类、能力素质拓展类、社会实践与志愿服务类、学术科技与创新创业类、社会工作与技能培训类等五类第二课堂课程体系。联合教务处制定《东北大学本科学生创新创业、第二课堂等活动转换学分认定及管理办法》和第二课堂成果学分转化政策，鼓励、支持和指导本科学生参加第二课堂等活动，活动成果可以申请转换学分，计入学业成绩。制定《东北大学学生第二课堂培养计划》，为学生建立 1200 余门涵盖校院两级、开放自主、丰富多彩的第二课堂课程项目。

六是设计功能，客观记录第二课堂成长收获。通过东北大学共青团“第二课堂成绩单”信息认证平台，可在线实现活动发布、自主报名、参与签到、在线记录、审核认证、公示质疑、评价打印等七大功能，客观记录、有效认证、科学评价学生参与第二课堂活动的成长经历和成果收获。

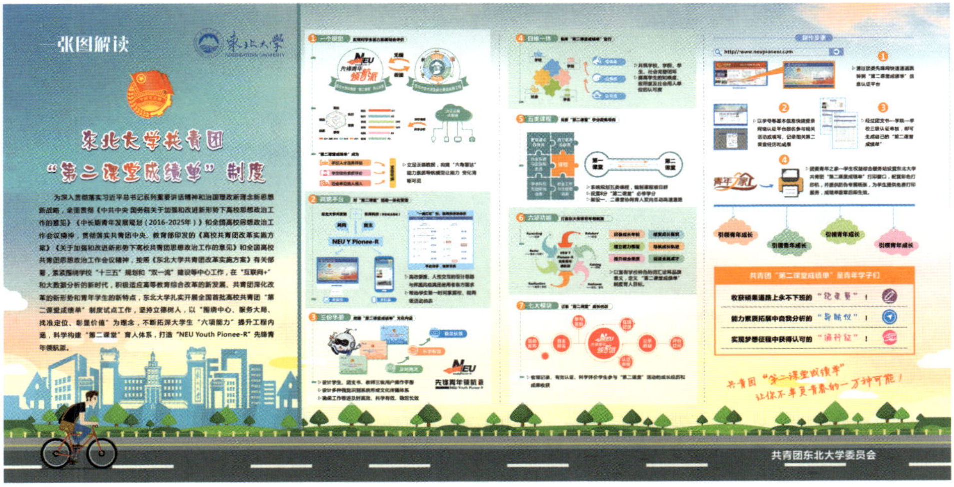

东北大学共青团“第二课程成绩单”制度图解

建立保障机制，带动“第二课堂成绩单”持续发展

在新形势下，东北大学共青团通过“第二课堂成绩单”制度探索第一课堂、第二课堂协同育人模式，构建规范化、数据化、系统化和科学化的第二课堂育人体系，不断提升大学生的综合能力素质和核心竞争力。通过不断顺应国家教育改革潮流，加大对第二课堂的支持力度，发挥《东北大学共青团“第二课堂成绩单”制度实施办法》《东北大学本科学生创新创业、第二课堂等活动转换学分认定及管理办法》等制度和管理办法的作用，持续保障“第二课堂成绩单”制度体系稳定发展，充分展现学生的积极性和主体性，使“第二课堂成绩单”成为学校人才培养评估、学生综合素质评价、社会单位选人用人的重要依据。

东北大学“第二课堂成绩单”制度实施以来，得到了各级领导的关心和重视。时任共青团中央书记处书记徐晓、傅振邦先后来校调研期间，详细了解了东北大学共青团“第二课堂成绩单”制度建设和信息认证平台运行情况，徐晓书记还亲自为同学们打印了第一张共青团“第二课堂成绩单”。这项制度在本科教学工作审核评估工作中得到了专家组的充分肯定。

共青团中央书记处书记徐晓来东北大学调研

强化第二课堂，服务青年成才。聚焦成长需求，助力青春出彩。作为信息认证永不下班的“记录员”、大学生能力素质拓展的“导航仪”和全面发展、筑梦未来的“通行证”，东北大学共青团“第二课堂成绩单”制度紧紧围绕立德树人根本任务，在学校党委和上级团组织的领导下，以共青团组织为实施推动主体，与学校有关部门和学院建立协同育人机制，在引导学生坚持学业为主的同时，针对思想引领、素质拓展、创新创业、志愿公益和社会实践等普遍需求，借鉴第一课堂的做法，通过对工作内容、项目供给、评价机制等进行整体设计，实现第二课堂工作系统化、专业化、规范化、信息化、科学化，积极促进第一课堂与第二课堂互促、互补、互动、互融，着力打造学生互助学习、成长导航、开放自主的信息化资源平台，形成全方位培养大学生综合能力素质的长效机制。

顺应技术发展，完成“第二课堂成绩单”平台迭代

东北大学“一网通办”平台的逐步建设，为“第二课堂成绩单”实现数据共享、随时填报、实时查询提供了技术层面的可能性，也对“第二课堂成绩单”系统的建设和运营工作提出了全新的要求。为了涵盖学校日益丰富的实践育人活动，满足学生对“第二课堂成绩单”系统流程简化、层级扁平、反馈快速的实际需求，东北大学团委积极联系信息化建设与网络安全办公室，依托全

新的“一号通智能填报”平台，打造改进的“第二课堂成绩单”全新系统。

校团委首先从线下出发，广泛地咨询学生、指导教师、各分团委有关参与、指导、设计和审核第二课堂活动的实际经历，详细地收集用户在全流程中提出的痛点、堵点，优化“第二课堂成绩单”从发起到查询的全部操作，使其满足“一网通办”的设计规范和各层次用户的使用习惯，做到“删繁就简”“化繁为简”。

在确定新需求、规划新流程后，校团委打造了全新的“东北大学学生第二课堂成绩单数据上传”“东北大学学生第二课堂成绩单查询”页面，实现了随时填报、及时审核、即时反馈等多个功能特性，并完成了多轮封闭测试和首轮开放测试，确保上传数据、活动查询、成绩单打印、辅导员报表等全部功能畅通可用。

依托学校“一号通智能填报”平台优化的“东北大学学生第二课堂成绩单查询”界面

在新平台的使用和更多第二课堂实践育人活动的开展过程中，校团委及时收集不同用户的意见反馈，做到线上实时沟通、线下定期沟通，努力实现“沟通—调整—再沟通”的开发节奏，使得新系统可以随时响应新需求，做到在使用过程中不断自我革新、自我更新，为不断进步的第二课堂制度和不断细化的实践育人要求提供稳定快速、简单好用的记录平台。

（文：黄达、张忠英）

锐意进取　改革创新
探索“青马工程”育人新思路

——东北大学秦皇岛分校首批“青马工程”全国研究培训基地工作纪实

引言：东北大学秦皇岛分校于2015年获评首批“青年马克思主义者培养工程”全国研究培训基地。东北大学秦皇岛分校“青马工程”在实践中不断探索，锐意改革创新，加大投入保障，扎扎实实地将“青马工程”持续引向深入。多年来，将理论学习与实践教学紧密地联系起来，探索构建了课堂理论、社会实践与竞技比赛三管齐下的培养方式，现已形成“学理论”“学实践”“学修身”“学做人”四维教学课程体系，多维度深入培养青马人才。在一步步探索中，东北大学秦皇岛分校青年骨干培养模式逐渐成熟，并取得显著成果。

东北大学秦皇岛分校“青年马克思主义者培养工程”全国研究培训基地在习近平新时代中国特色社会主义思想和党的二十大精神指引下，传承东北大学爱国主义光荣传统，以立德树人为根本，以思想引领为核心，以培养新时代青年马克思主义者为己任，健全高校大思政工作格局。一直以来，青马基地以马克思主义中国化的最新成果武装青年骨干，不断提高团干部、大学生骨干、青年知识分子等青年群体的思想政治素质、政策理论水平、创新能力、实践能力和组织协调能力。

健全体制，创新基地顶层设计

多部门协调合作，确立组织领导。东北大学秦皇岛分校党委牵头成立东北大学秦皇岛分校“青年马克思主义者培养工程”全国研究培训基地领导小组，负责基地规划的总体设计、各项工作的统筹协调，整体推进基地的建设和发展。领导小组由东北大学秦皇岛分校党委书记担任组长，党委副书记（主管共青团工作）担任副组长，组织部、宣传部、学生工作处、教务处、国际处、团委、关工委、马克思主义学院以及北戴河校区等部门主要负责人为成员，形成多部门协同合作，共同管理。领导小组办公室挂靠在团委，完成日常管理，设专人负责日常工作。

出台相关政策文件，完善制度建设。2016 年，东北大学秦皇岛分校党委出台文件《关于加强东北大学秦皇岛分校青马工程的实施意见》，校团委组织编写了《基地三年工作计划》和《共青团东北大学秦皇岛分校委员会关于学院级团校建设的指导意见》，为东北大学秦皇岛分校“青马工程”的开展提供了制度保障。2020 年，东北大学秦皇岛分校被确认为河北省中长期青年发展规划试点高校，东北大学秦皇岛分校党委印发了《东北大学秦皇岛分校开展河北省青年发展规划实施试点工作建设方案》，结合“青马工程”全国研究培训基地实际情况，深入实施青年马克思主义者培养工程。

改革过程，培养青年学生骨干

建立“青马工程”四维教学课程体系。东北大学秦皇岛分校每年开设校级“青马班”和院级团校，形成校院两级青马培训体系，并在不断的实践与检验中革新课程，最终形成了四维教学课程体系：“学理论”夯实理想信念基础、“学实践”深入体察国情民情、“学修身”致力培养一专多能、“学做人”提升思想道德素养，分别为学员提供党政方针学习平台、社会采风缅忆追思指引、个人修炼人际交往手册、竞技比赛意志技能磨砺场所。课堂理论、社会实践与竞技比赛三管齐下，多维度深入培养青马人才。

东北大学秦皇岛分校“青马班”学习党的二十大精神专题讲座

实施“青马班”精英化培养策略。2018 年开始，以东北大学秦皇岛分校青年马克思主义者培训班为依托，开始了教学模式的改革，将校级“青马班”学员人数压缩为 30 人，采取精英化培养策略。“青马班”设立临时团支部，并聘请一名指导教师，同时聘任一名团支部学员担任团支部书记，形成双重管理模式，负责课程学习期间的具体日常管理。要求“青马班”学员在本年度学习过程中必须单独完成一篇思政方面的论文发表任务，必须参与社会实践。并设立了“东秦青马奖”这一奖励机制，制定了“青马工程”学员考核管理办法，在考核结果的使用上，与团组织推优入党、团内评优、学生干部的选拔任用相结合。2022 年，首次将青年教师纳入培训体系，开设青年教师班是东北大学秦皇岛分校“青马工程”建设的又一次新探索。

提供优秀导师资源和创新理论课堂。在“青马班”学员培养期间，聘请校领导、校内马克思主义学院思政课教师等校内导师以及秦皇岛市委党校等各界名师担任校外导师，共同组建导师库并不断扩充。在理论课堂形式上，改变之前枯燥被动的专题讲座形式，将课堂设定在更加贴近青年生活的咖啡厅、交流室，围绕《党的二十大报告辅导读本》《习近平的七年知青岁月》《习近平在正定》等书组织专题学习，开展读书分享会、学习交流会、主题研讨会，深入学习宣传贯彻党的二十大精神，提高学员的主动性、积极性，让“在咖啡厅学马克思”成为一种时尚。

完善“青马工程”社会实践体系。在社会实践环节，积极和秦皇岛团市委、北戴河团区委联系，拓宽渠道，为青马学员暑期实践提供实习岗位，帮助青马学员走进机关、体验社会。引导学员参加暑期社会实践和志愿服务，在实践中体察国情民情，树立报国之志。同时，青马基地与秦皇岛玻璃博物馆、山海关长城博物馆、柳江地质博物院、乐亭李大钊纪念馆、星箭特种玻璃有限公司等单位建立长期合作，设立青马人才培养基地，联动开展“青春中华——李大钊与中国梦”专题宣讲等多元活动。同时组织“青马班”学员前往革命圣地井冈山、延安进行参观学习、调研实践，为“青马班”学员提供了丰富的校外实践活动。

东北大学秦皇岛分校“青马班”学员井冈山暑期社会实践活动

理论研究，丰富人才培养成果

申报课题，开展学术研究。为提高全国青马基地的理论水平，为共青团理论提供补充，2016 年 3 月，东北大学秦皇岛分校开始设立共青团理论研究课题立项活动，并持续开展至今。通过师资力量的投入，“青马班”学员积极开展课题研究，近几年在全国各类期刊发表思政类论文一百余篇，其中“大数据背景下高校智慧团建云平台与实践”“共青团推优入党工作现状及对策研究”“利用新媒体抵制历史虚无主义思潮对青年大学生的影响及教育引导对策研究”入选全国学校共青团研究重点课题。

开发产品，打造文化供给。为适应时代发展，加强供给侧结构性改革，基地积极扩展思路，开发了一系列独具特色的文化产品。依托团委官方微信公众号、官方网站开设“青马课堂”“青马基地”专栏，《青马学员说社会主义核心价值观》《宣贯二十大，青马学员说》等微视频作品在校园中广泛传播，展示了东北大学秦皇岛分校青马学员学习成果。为庆祝建党 100 周年，启动“青马学员讲党史”微视频拍摄计划，以《中国共产党简史》为蓝本，聚焦党的百年光辉历史，精心打造出六期微视频，面向广大师生宣讲党史，形成了又一个特色文化品牌。

承担任务，发挥基地辐射作用

立足燕赵，助力开展省市青马。东北大学秦皇岛分校立足燕赵大地，充分发挥全国青马基地的辐射作用，积极承办省市青马工程培训班。2016 年 4 月，基地承办河北省青年马克思主义者培养工程大学生骨干春季理论班。2017 年 7 月，承办河北省中学中职团委书记培训班，为河北省的“青马工程”建设助力加油。2016 年，基地受秦皇岛团市委的咨询委托，向秦皇岛团市委递交了《秦皇岛市“青年马克思主义者培养工程”实施方案参考意见》。2017 年 12 月，承办了秦皇岛市青年马克思主义者培训班。2020 年，再次承办“同上 e 课 · 青马同行——秦皇岛市青年马克思主义者培养工程”网络培训班，为秦皇岛市青年马克思主义者培训工程提供师资力量。同时，每年严格根据团省委安排，选拔优秀学员代表参与河北省青年马克思主义者培养工程大学生骨干培训班的学习，刘佳聪、战嘉莹等多名“青马班”学员入选全国青年马克思主义者培养工程大学生骨干培训班。

东北大学秦皇岛分校“青年马克思主义者培养工程”实施以来，紧密围绕“培养始终跟党走中国特色社会主义事业，培养合格建设者和可靠接班人”这一政治任务，在不断提高青年学生骨干、团干部、青年教师等青年群体的思想政治素质、政策理论水平、创新能力和实践能力上进行有益探索，累计培养了

2400余名政治立场坚定的青年马克思主义者。

东北大学秦皇岛分校承办河北省“青马班”

未来，基地将顺应新时代发展要求，不断优化课程体系，坚定政治立场，树立中国特色社会主义理想信念，引导“青马班”学员立鸿鹄志、求真知识、做实干家，在新时代书写美好篇章！

（文：卢艺思）

“木偶戏”基地助力中华优秀传统文化传承发展

——东北大学全国普通高校中华优秀传统文化传承基地工作纪实

引言：中华优秀传统文化传承基地秉承学校传统、发挥学校文化传承与创新的优势，挖掘、打捞、保护和传承非物质文化遗产项目，回归传承谱系、激活传承热情、探索与丰富当代传承模式，有效地传播中华民族精神与优秀传统文化之魂，并积极探索构建具有高校特色的中华优秀传统文化传承发展体系，在提高中华优秀传统文化传承发展的质量与水平上作出应有的贡献。在课程建设、社团建设、工作坊建设、科学研究、辐射带动、展示交流等方面取得了优秀的成果。由于特色鲜明、建设全面、成绩突出，2021 年入选教育部主办、中国青年报社承办的《传承的力量》纪录片央视频播放项目。2023 年获批国家艺术基金“辽西木偶戏表演人才培养”项目。

木偶戏基地助力优秀传统文化传承发展、提高学生综合素质、高雅艺术进校园，对于促进教育事业发展具有重要的意义与作用。

作为东北地区“双一流”建设高校之一，东北大学以“中国特色、世界一流”大学为建设目标，努力打造卓越促进、特色牵动的学科体系，陆续获批建设了数个教育教学研究基地。如全国高校实践育人创新创业基地、教育部哲学社会科学创新研究基地、全国普通高校中华优秀传统文化传承基地、省级研究生联合培养实践教学基地、辽宁省文联民间文艺基地等。尤其是由东北大学艺术学院主导的基地建设，充分发挥“双一流”高校的平台与资源优势，在校际协作、校企合作、非遗保护、资金支持、人才培养、学术科研、文化传承、社会服务、对外交流等方面获得了有力的保障与支持。

近年来，东北大学艺术学院在东北地区非物质文化遗产研究、保护与传承方面不断开拓进取，为中华优秀传统文化的绵延与发展发挥着引领作用。目前，艺术学院是全国为数不多的具有非物质文化遗产研究方向硕士学位授予权的单位，建有艺术遗产科学化保护研究中心（联合实验室）、传统手工技艺资料室与手工坊，已获批教育部全国普通高校中华优秀传统文化传承基地、辽宁省文联民间文艺基地、东北大学艺术遗产科学保护与传播研究基地，开展了一系列研究与保护传承工作，其中包括对江官窑出土文物、牛河梁红山文化的研究，以及北方木偶传统制作、传统雕刻技艺、古法造纸（高句丽造纸）、满族剪纸、满族刺绣、传统年画刻绘技艺等十余项体验项目，拥有红山文化出土文物百余件、明清时期至20世纪80年代的珍贵木偶藏品100余件、全国各地区国家级木版年画藏品200余件，以及剪纸、雕版、刺绣等不同类别藏品百余件。2018—2020年，东北大学艺术学院与文化和旅游部恭王府博物馆签订科研合作协议，主持“年画过年”国家级传统年画精品展、中国非遗博览会、辽宁松花石砚制作技艺精品展等相关项目。2018年12月，东北大学艺术学院承担文化和旅游部恭王府博物馆“国家级非物质文化遗产传统年画制作技艺研究”研究委托项目等，在文化遗产学术研究、展览展示与传承培训方面紧密合作，为推动国家文化遗产保护作出了不懈的努力和较大的贡献。同时，在非物质文化遗产保护传统手工技艺方向开展重点合作，并专门设立了非物质文化遗产研究专业方向，多层次培养相关专业的研修生、硕士研究生等。

东北大学木偶戏基地助力优秀传统文化传承发展——原创剧目《今又重阳》表演现场

东北大学木偶戏基地是具备完整传承北方木偶戏剧目创作、传统技艺制作与表演技艺条件的中华优秀传统文化传承基地。作为 2019 年教育部认定的 25 家全国普通高校中华优秀传统文化传承基地之一，也是辽宁省内唯一的全国普通高校中华优秀传统文化传承基地，东北大学木偶戏基地在非遗保护、传承、研究方面，搭建平台、拓展资源、挖掘底蕴、培育成果，近年来在制作工艺、剧目创作、表演技法、产学研结合和平台建设等方面形成五大创新点与特色。

搭建平台，传承传统文化

依托艺术学院艺术设计（木偶制作）、音乐表演（配乐）、艺术学理论专业（剧本创作）和艺术遗产保护中心，东北大学建立起木偶戏基地。

多方合作，挖掘底蕴。2018 年 2 月，东北大学木偶戏基地与沈阳市北派布袋木偶传承人吴梦君女士签订保护协议，开启对北方木偶艺术研究的大门。2018 年 7 月，东北大学艺术学院“艺术遗产保护研究中心”在东北大学成立“北方木偶制作技艺”研习所。2020 年与漳州竹初木偶艺术馆、2021 年与锦州木偶剧团以及 2022 年与中国木偶艺术剧院签订合作协议，更进一步推进北方木偶制作技艺的研究合作。截至 2023 年，与 10 余家木偶非遗传承单位建立战略合作协同关系，保持长期合作。

收集资料，保护文化。积极开展木偶艺术相关研究工作，举办相关专家讲座、研讨会15次，开展田野调查50人次，整理传承人口述史8人次，建立数字化影像资料数据库和文献资料200余份、视频资料2000余分钟、数字化史料文献近10 GB，公开发表高水平研究成果30项，编辑出版图书2部，完成地方政府文化传承项目资政报告1篇，创作原创剧目5部，收藏清早期至20世纪80年代珍贵藏品100余件，开发文创产品100余件。

拓展资源，发展产业。将木偶戏的发展延伸到演艺业、木偶现代传媒产品制造业、培训业、延伸产品开发业四个业态，开发受公众喜爱的艺术品与文创产品，使作为文化产品的北方木偶形成完整的产业链，促进地方经济文化社会发展。

创新发展，打造时代作品。东北大学木偶戏基地以与时代主题相融合为创新点，连接中华优秀传统与现代艺术生活。传统先导，科艺结合的制作创新：引进3D雕刻机与扫描仪，提高制作效率，降低制作成本；将当代视觉传达艺术与北方木偶相结合，赋予其具有时代特点的新技法、新范式、新模态。理论支撑，实践推陈的剧目创新：打造创新木偶剧目《今又重阳》《杨靖宇的故事》。

抢救整理，跨界改造的表演创新。探索实现以现代人体工学为基础的“人偶合一”表演形式，获得木偶“动作”“表情”“形态”，甚至“绝活”。实践探索，线上线下的保护手段创新。组织田野考察，建设木偶“数据库”“博物馆”，存储传统技艺数字化影像资料，整理创作《北方杖头木偶传统技艺普查》《戏剧项目：木偶戏》两本书，实现线上线下协同保护。

培育成果，发挥育人功能。东北大学木偶戏基地积极构建具有高校特色和特点的中华优秀传统文化传承发展体系，将传承人、研究学者、青年学生整合进木偶文化的传承和发展中。开展传承项目教学活动，东北大学是辽宁地区唯一具有艺术学门类博士学位授予权、唯一具有非物质文化遗产研究方向硕士学位授予权的单位，开设“北方木偶制作”非遗专业研究生课程，包括来自俄罗斯、白俄罗斯、韩国等国家的国际研究生、交流生30余人参加课程学习；成立“北方杖头木偶传统制作技艺与表演”社团，建立“工艺美术大师工作室”。加大对木偶戏的科研力度，聘请陈昌平教授等专家学者组成科研及教学团队进行剧目创作，邀请国家级漳州木偶头雕刻传承人徐竹初、国家级辽西木偶戏传承人王娜、沈阳市北派布袋木偶传承人吴梦君担任客座学者，举办系列讲座并进行现场演示和表演。

木偶社团活动和表演选修课

促进校内外普及教育，开设木偶戏作品展厅

加强木偶文化宣传力度。2021 年 6 月，东北大学艺术学院参与教育部主办、中国青年报社承办的《传承的力量》纪录片拍摄，在央视频、中国教育、中青在线等主流媒体播放，单网络平台访问量就达 5 万余次，辽宁电视台教育·青少年频道《新知》、东北大学微信公众号等数字化、网络化平台访问量达 3 万次，为其传承与保护奠定了坚实的基础。录制木偶知识宣传视频，《北方木偶制作与赏析》系列视频在腾讯会议平台播放，截至目前，参会次数达 15 次，参会人数达 1200 人次；举办木偶线下体验活动，成立校级社团，每月举办 2 次木偶制作及表演体验活动，目前共举办 8 期，有 140 名学生参与，获得了师生一致好评；建立木偶工作坊，定期开展木偶制作交流活动，为木偶爱好者提供交流平台，培养了一批批优秀的“木偶迷”，目前共举办 8 期，有 300 余人参与；推动木偶戏走进中小学，陆续在沈阳市博才中学、法库县和平乡中心小学、法库县实验小学、石桥小学等辽宁省内 10 所中小学进行中华优秀传统文化木偶戏的传承活动，自 2019 年开始，辐射带动的中小学校总人

数达 5000 余人。到目前为止，已面向东北大学全校本科生开设两门公共选修课“北方木偶制作与赏析”“北方木偶表演”，全校研究生课程“非物质文化遗产与传统技艺研究”“非物质文化遗产概论”，合计达 300 课时，选课人数合计 600 余人，辐射人数达 2000 余人。

研究生非遗课堂及选修课课堂——工作坊活动与木偶赏析

东北大学艺术学院秉承学校传统，发挥学校文化传承与创新优势，承担历史使命，致力于民族民俗文化的挖掘、打捞、传承及建设，在回归传承谱系、激活传承热情、探索与丰富中华优秀传统文化传承的当代模式等方面，不断构筑自身特色，打造文化品牌，建立学术体系，以期实现我国优秀传统文化的创新与活化。通过传承项目的教学、科研及校内外的普及教育活动，扩大了传承项目的覆盖面和受益面的实效性和影响力，深化了传统技艺的传承与创新，提高了参与者的总体认知与文化自信。

（文：解晓娜）

第二章

守正创新
拓展思想政治工作之“域”

坚持“五力提升” 打造党建育人创新模式

——东北大学创新推进党建育人工作纪实

引言：学校党委坚持以习近平新时代中国特色社会主义思想为指导，始终牢记“为党育人、为国育才”的职责使命，聚焦促进党组织在育人工作中作用发挥，着力在提升党建育人领导力、组织力、创新力、协同力、示范力方面下功夫，创新行动路径，强化工作协同，以狠抓党建工作实绩实效促进育人效果提升，持续巩固深化“全国党建工作示范高校”培育创建工作成果。

东北大学党委坚守“为党育人、为国育才”职责使命，以党建育人领导力、组织力、创新力、协同力、示范力“五力提升”为抓手，扎实推进党建工作与事业发展的深度融合，在学校党建育人体系建设、工作项目设计、内容形式拓展、手段载体丰富、方法路径创新等方面取得了显著成效。

聚焦机制完善，综合施策，提升党建育人领导力

注重顶层设计，加强系统谋划，着力把领导力提升作为实现新时代学校全员全程全方位育人的重要内容，切实健全党建育人的领导保障和工作机制。

一是推动完善党建育人运行机制。按照“围绕中心抓党建，抓好党建促发

展，发展成果惠党建，党建发展领实践”的工作理念，建立学校党委牵头抓总、职能部门分工协作、基层党组织落实落细的三级运行机制，制定印发以学院议事决策规则、分党委和党支部工作规范为代表的基层党建工作制度，定期召开分党委书记工作例会、推动分党委定期召开支部书记工作例会等，专题研究部署党建育人工作。

二是推动完善党建育人落实机制。实施分党委党建目标管理责任制，实现分党委书记、党支部书记抓党建工作述职全覆盖。科学合理设置党支部，把教师支部建在所上、建在科研团队和临时项目组织上，推进研究生党支部与研究所合建、与课题组共建。开展年度基层党建工作专项调研督查，并结合校内巡察工作的开展，形成“靶向式”“清单式”调研督查反馈机制，确保各项工作部署得到有效落实。

三是推动完善党建育人保障机制。实施教师党支部书记“双带头人”培育工程，搭建成长发展平台，健全保障激励机制，发挥在育人一线的“头雁作用”。在学院配备专职组织员，建立起分党委书记、党支部书记、党支部委员、党委组织员、党务秘书等分类培训体系，形成专门课程模块，在延安、抚顺、锦州、大庆、安阳建立党员干部培训基地，着力提升党务干部的育人能力。

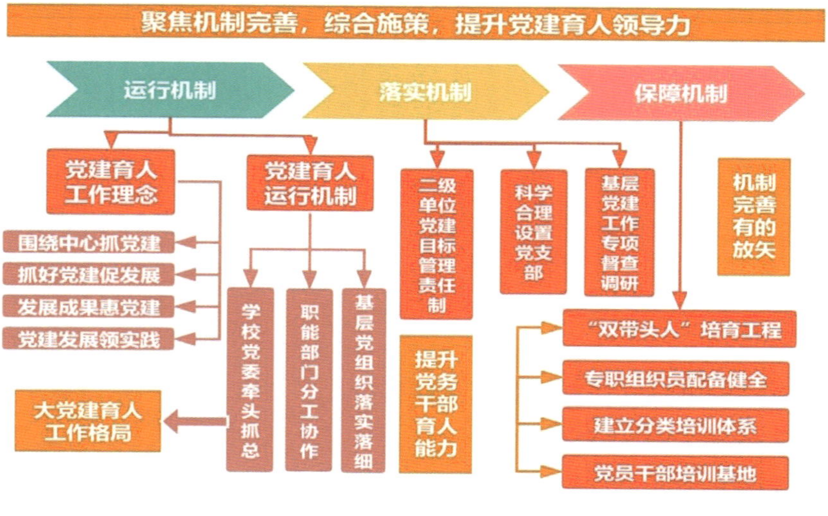

推动党建育人运行机制、落实机制和保障机制

聚焦特色发展，搭建平台，提升党建育人组织力

牢固树立党建育人的责任意识，坚持系统思维，搭建实践平台，以实效实绩为标准推进育人工作扎实开展。

一是推动基层党建育人理念“明”起来。坚持把深化理论研究作为探寻基层党建育人理念的有力支撑，2008 年起至今支持 300 余个立项课题，挖掘党建育人研究方向领域，推动党建课题成果实现“研以致用”的价值效果。提出“项目化管理、品牌化实施、过程化指导、长效化推进”的基层党建载体建设总体思路，注重融入党建育人实践，在实践探索中形成了以“顶层设计、系统规划”为统领、“集中优势、协同推动”为路径、“形成体系、塑造品牌”为目标的实操思路。

二是推动基层党建育人工作“动”起来。立足把“要支部活动”变为“支部要活动”，深入开展党建品牌创建活动，积极打造立体化党建育人活动载体建设格局，强化“支部立项”的基础保障作用，突出“特色支部创建”的引领示范作用，发挥“基层党建工作创新奖”的创新驱动作用，夯实“学生党员述责测评”的监督保障作用，培育形成一批效果明显、师生认可的党建育人品牌活动，有力提升基层党组织开展党建育人活动的主动性、积极性。

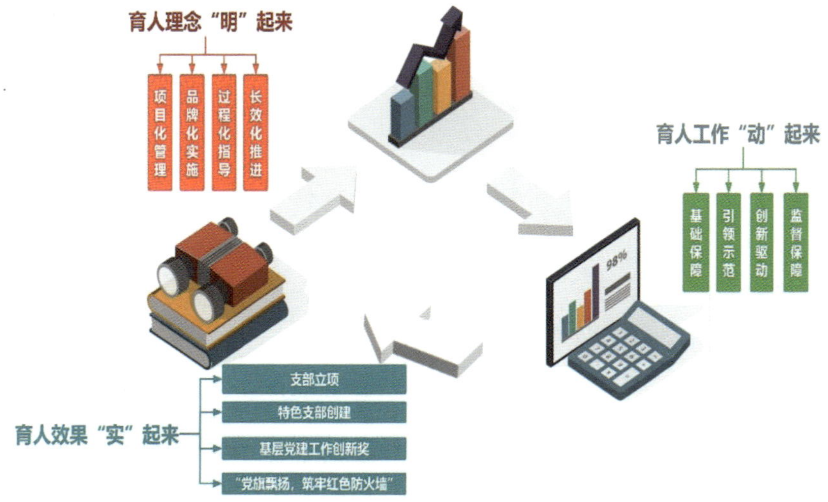

明确理念，提升动能，促进育人效果更为坚实

三是推动基层党建育人效果“实”起来。在理念引领和载体支撑下，学校

基层党建育人工作取得了实实在在的效果，师生党支部立项参与率达100%，迄今共有300个党支部参与到“特色支部创建”活动中来，依托年度“基层党建工作创新奖”评选活动，形成了一批卓有成效的创新性经验、做法、活动、案例等，并在学校层面推广。开展“百名党员讲百年党史故事”微党课征集活动，制作的“‘扶贫·抗疫’路上践行共产党人的初心使命”“赓续‘一二·九’运动爱国基因 矢志报国 奋楫争先”等微党课入选教育部全国高校示范微党课。

聚焦工作探索，对标对表，提升党建育人创新力

持续深化党建育人的思想认识，坚持问题导向、结果导向，树立质量思维和标准，以创新为驱动精准施策发力。

一是推进基层党建育人对标创建。构建“班子领导力提升、基层党建质量夯实、教职工育心铸才、学生‘一五一十’、全方位廉洁护航”五个项目工程，扎实推进“全国党建工作示范高校”培育创建工作。实施“对标争先”建设计划，深化构建教育部、省、学校三级对标创建工作格局，在全校范围内遴选确定标杆分党委8个、样板党支部52个，推动各基层党组织育人能力全面提升，目前已有6个分党委、31个党支部入围部省培育创建名单。

二是推进基层党建育人质量创优。编写《东北大学新时代学生党建质量工程手册》，实施“学生党建质量工程”，以增强基层党组织育人功能和动力为目标，打造“强基固本、质量监督、典型引路、素质提升、组织保障”五大子工程，全面提升学校基层党建育人质量水平。加强党支部标准化规范化建设，以规范“三会一课”为抓手，以《党支部规范化建设指南》为标准，设定观测贯彻指标，推动支部逐个列出清单、建立台账和抓好整改。

三是推进基层党建育人方法创新。注重把“开放、共享”的理念融入党建育人工作中，各类党建活动评审邀请党支部书记、党员作为评委，形成“过程共建、成果共享”的党建格局。践行“互联网+党建育人”，推进“智慧党建育人”建设，打造有思想、有内容、有温度的党建育人网络平台，运行维护的“辽宁高校党建”年均推送图文800篇以上，阅读量近50万人次。加强校院两级新媒体公众号的互通互联，建立“新时代党建育人新媒体矩阵”，在新媒体岗位实践锻炼中拓宽党建育人途径。

积极打造多种形式的育人工作活动载体

聚焦立德树人，联动发力，提升党建育人协同力

探索创建“党建协同育人”新模式，坚持规范引领、过程管理、组织保障联动，打造助推学生成长成才的“党建引擎”。

一是强化党建育人规范引领。修订《发展党员工作规范》，坚持把政治标准放在首位，严格执行发展党员程序，制作党员发展流程图，建立发展党员工作常用文体规范文本，抓实入党积极分子的培养考察，着力解决好思想入党问题。建立党课师资库，指导分党委、分党校开展好入党教育和入党积极分子培训，推动党的创新理论在广大青年中入脑入心。抓好设计实施，提升发展对象入党前集中培训“开班第一堂党课”和毕业生党员讲授离校前“最后一堂党课”育人实效。

二是注重党建育人过程管理。修订《学生党员述责测评工作规范》，压实各二级党组织责任，厘清并规范学生党员述责测评程序，强化测评结果运用，将其作为评价党员日常表现的重要参考、党内评优表彰的重要条件、处理不合格党员的重要依据。开通“学生党员述责测评系统”，创新述责测评形式和载体平台，近三年“学生党员述责测评”满意和基本满意率100%的党员人数超过 97%。

三是夯实党建育人组织保障。制定《学生党支部工作规范》，明确党支部的组织设置、基本任务、工作制度等，持续发挥组织育人优势，实现党建工作与人才培养协同联动、深度融合。优化组织设置，推进本科生、研究生跨阶段纵向设置支部，结合学校“一站式”社区建设，制定《关于在东北大学学生知行社区建立功能型党组织的实施方案》，推动探索党组织资源的再组合、再优化。加大党支部书记培训力度，在开展集中轮训基础上，选派学生党支部书记参加高层次示范培训，拓宽工作视野、提升履职能力。

创新形式内容提升学生党支部书记培训效果

聚焦育人素养，身体力行，提升党建育人示范力

坚持“示范”育人，以榜样力量彰显营造浓厚氛围，以多元载体系统提升活力动能，以典型经验凝练深化辐射带动，着力打造具有东大风格特点的党建特色亮点品牌，在潜移默化中提升党建育人功能，引导学生勇于坚定信念、筑

梦远航。

一是营造党建育人良好氛围。组织开展优秀党员评选表彰，每年表彰一批发挥作用好、师生认可度高的学生党员，推动和指导分党委组织开展好评选表彰活动，强化典型示范引领。开设“最美的我们——优秀大学生党员事迹展”专栏，推送优秀党员先进事迹，做好先进典型的深度宣传与跟踪报道，大力营造学习先进、争当先进的浓厚氛围。挖掘在校园疫情防控工作一线涌现出的先进典型，邀请他们走入支部、“云端”开讲，谈认识、讲体会，用身边人讲好身边事、用身边事感染身边人。推动建设党员活动场所92个，设置“共产党员”标志牌3800余个，开展两季“云表彰·云祝福·云党课”活动，真正让党员身份亮了出来、党味元素浓了起来。

二是激活党建育人强劲动力。深化新时代学生党员教育管理规律认知，明确目标和要求，把思想引领、党性修为、价值塑造贯穿学生党员教育管理的各个环节、各个阶段。贴近学生党员思想、学习和生活实际，有针对性地开展形式新颖、吸引力强的党建活动，培育“信仰领航”工程、“红色梦想”社会实践等品牌，做好党建品牌打造与育人工作的协同与衔接。建立“新时代VR党员教育中心”“新时代党员劳动教育基地”等校内党建育人示范点，积极推进“智慧党建”建设，成立“We党微家”新媒体工作室，搭建创新型党建育人平台。

三是凝练党建育人特色经验。注重对党建育人工作经验做法的总结梳理，用好网上网下宣传平台，以接地气、形象化的方式，多形式、多渠道宣传展示优秀成果和典型案例，发挥好示范引领、辐射带动作用。《东北大学打造“五位一体”学生党员教育管理体系 着力提升党建育人实效》受到教育部网站、全国高校思想政治工作网的报道，一批反映学校党建创新探索和实践的做法案例在《党建研究》《中国组织人事报》《教育部简报》《共产党员》《辽宁日报》等媒体上刊载。

多篇经验做法被校外媒体宣传报道

（文：高辉、王海霞、穆艳爽）

强化“三个聚焦”
厚植党外知识分子爱国报国情怀

——东北大学党外知识分子思想政治引领工作纪实

引言：学校统一战线坚持以习近平新时代中国特色社会主义思想为指导，深入学习贯彻习近平总书记关于做好新时代党的统一战线工作的重要思想，认真执行《中国共产党统一战线工作条例》，通过持续完善体制机制、创新方式方法、抓好贯彻落实，着力提升统一战线工作的组织力、凝聚力，团结广大统一战线成员，为学校事业发展特别是新一轮“双一流”建设凝人心、汇力量、作贡献。

高校党外知识分子集中、人才荟萃、智力密集，是统战工作的重要领域和前沿阵地，也是展现新时代统一战线法宝作用的重要窗口。近年来，学校以习近平新时代中国特色社会主义思想为指导，以坚持和加强党的全面领导为根本，聚焦加强党外知识分子思想引领、政治引领、事业引领，引导党外知识分子坚持爱国和爱党、爱社会主义高度统一，继承发扬老一辈党外人士与中国共产党风雨同舟、亲密合作的优良传统，坚定不移听党话、跟党走，以实际行动诠释新时代党外知识分子的爱国情怀和报国担当。

强化党的领导，完善思想政治工作体系

学校认真贯彻落实《中国共产党统一战线工作条例》和上级决策部署，加强顶层设计，制发《中共东北大学委员会关于加强新时代学校统一战线工作的意见》《关于加强校院两级领导班子成员联系党外人才工作的意见》，建立党委统一领导，统一战线工作领导小组牵头抓总，统战部门牵头协调，各分党委（直属党总支）和各职能部门各负其责、密切配合，民主党派基层组织和统战团体共同参与的统一战线工作体制。规范校院两级统战工作联动机制，将统战工作纳入分党委书记抓党建述职评议和党委巡察重要内容，形成上下贯通、协同发力的工作格局。坚持培优育强统战委员和统战联络员“两支队伍”，在24个分党委（直属党总支）均明确一名党委委员分管统战工作，并设立统战工作联络员；在党外人士较为集中的基层学术组织所在的82个党支部，明确1名支部委员负责本部位统战工作。专兼职统战干部着力提升政治判断力、政治领悟力、政治执行力，为学校统一战线工作提供了坚强的组织保障。

聚焦思想引领，巩固共同思想政治基础

把牢正确方向，凝聚思想共识。学校以学习贯彻习近平新时代中国特色社会主义思想为引领，准确把握新时代爱国统一战线历史方位，以系列主题教育为抓手，加强党外人士理想信念教育。围绕庆祝中国共产党成立100周年、党的二十大胜利召开、党的统一战线政策提出100周年等契机，组织党外人士开展“不忘合作初心，继续携手前进”“四史”“喜迎党的二十大，同心奋进新时代”主题教育，引导党外知识分子传承老一辈的政治信念和高尚情操，不断夯实团结奋斗的共同思想政治基础。

东北大学统一战线庆祝中国共产党成立 100 周年座谈会

常态化举办“同心讲堂”“知行培训班”，扎实开展党外知识分子统战工作“五个一”活动等理论学习和实践研学，并充分依托“引领·提升·共进”“1+1”专项活动、青年教职工“四个一”成长成才活动、卓越青年人才国情教育活动等，实现全校党内外知识分子思想政治工作多角度、全覆盖，引导党外人士与学校党委思想上同心同德、目标上同心同向、行动上同心同行。

围绕主题主线，打造同心品牌。将学习贯彻党的二十大精神作为首要政治任务，把党外人士的思想和行动统一到党的二十大精神上来。组织统战成员集体收看党的二十大开幕会，开展“喜迎二十大·同心话伟业”座谈会、“团结·奋进”大讲堂、“学习贯彻党的二十大精神·云诵读”等活动。学校党委启动党的二十大精神学习贯彻有关工作后，制发《关于全校统一战线深入学习宣传贯彻党的二十大精神的通知》，稳步推进党的二十大精神进党派、进团体，进思想、进头脑，引导党外人士深刻领悟“两个确立”的决定性意义，增强“四个意识”，坚定“四个自信”，做到“两个维护”，把学习成效转化为强烈的责任感、使命感，内化为履职尽责的担当意识和进取精神，持续激发服务学校“中国特色、世界一流”大学建设的强大动力。

党外代表人士集中收看党的二十大开幕会

聚焦政治引领，夯实团结奋斗力量

支持民主党派基层组织加强自身建设。学校共有 5 个民主党派基层组织，其中，民盟、九三学社两个民主党派设有基层委员会，民革、民进、致公党三个民主党派设有基层支部，民主党派成员总计 347 人（截至 2023 年 7 月）。学校坚持长期共存、互相监督、肝胆相照、荣辱与共的基本方针，加强和改善对民主党派基层组织的领导，支持民主党派基层组织按照各自章程开展工作。按照各民主党派市委要求，推进民主党派组织规范化建设，完善科学运行制度和管理制度，加强日常监督。5 个民主党派基层组织先后被党派中央或省市委评为先进基层组织。同时，学校还支持各民主党派基层组织按照注重质量、保持特色、体现代表性原则加强基层组织建设，统战部与有关分党委共同做好新申请加入民主党派成员的思想把关、政治把关，不断优化成员结构。

加强党外代表人士队伍建设。学校贯彻落实“把一部分优秀人才留在党外”的政策要求，积极做好党外代表人士的人才储备，涵养党外人才“活水”，浇灌事业发展“沃土”。建立健全党外优秀人才遴选举荐机制，强化荐前对谈、专题走访等环节，做好政治把关和品德考察。构建了党外后备人选推荐机制，严格标准条件、拓宽发现渠道、健全推荐机制，初步建立了党外杰出人才数据库，做到培养有目标、推荐有对象、安排有人选。将党外代表人士队伍建设纳入学校《干部队伍建设规划（2019—2024 年）》，重视选拔任用优秀党外代表人士担任中层领导干部，努力建设一支数量充足、结构合理、作用突出的高素质党外干部队伍，目前学校正处级党外干部 3 人，占比 3%，副处级党外干部 14 人，占比 7.0%。目前，学校党外人士中，有省人大代表 1 人，省政协委员 4 人，市政协委员 6 人，区人大代表 2 人，区政协委员 2 人；民主党派成员、无党派人士等 20 人被辽宁省委统战部确定为辽宁省党外代表人士。

聚焦事业引领，激发共同干事创业情怀

发挥强大法宝作用，服务一流大学建设。针对党外代表人士知识层次高、专业造诣深、社会责任感强等特点，按照有理想信念、有道德情操、有扎实知识、有仁爱之心的“四有”标准，引导党外教师心怀“国之大者”，落实立德树人根本任务，遵守师德师风，以德立身、以德施教，争当学术权威和品德楷模，在培养担当民族复兴大任的时代新人、服务国家高水平科技自立自强的新时代新征程中，求真务实、开拓创新，以实际行动彰显党外人士的统战担当、作出统战贡献。近三年，党外知识分子 69 人次荣获省部级以上科学技术奖励，其中，2020 年 27 人次，2021 年 28 人次，2022 年 14 人次（不完全统计），5 项党外科技工作者牵头或参与的成果荣获国家科学技术奖励，一批优秀的党外代表人士为一流大学建设发挥了重要的支撑作用。

党外知识分子荣获省部级以上一等奖情况（部分）

年份	奖项等级	获奖人
2019	国家科技进步奖二等奖	韩跃新　无党派人士
2019	国家科技进步奖二等奖	杨光红　无党派人士
2019	国家科技进步奖一等奖	王恩刚　无党派人士
2020	国家科技进步奖二等奖	刘振宇　九三学社社员
2020	国家自然科学奖二等奖	王占山　无党派人士
2020	辽宁省自然科学奖一等奖	王福会　九三学社社员
2020	辽宁省技术发明奖一等奖	韩跃新　无党派人士
2021	辽宁省自然科学奖一等奖	刘晓霞　无党派人士
2021	辽宁省自然科学奖一等奖	杨光红　无党派人士
2021	辽宁省科技进步奖一等奖	顾晓薇　无党派人士
2021	辽宁省科技进步奖一等奖	王者超　党外知识分子
2020	中国腐蚀与防护学会一等奖	王金龙　党外知识分子
2020	中国钢铁工业协会一等奖	易红亮　党外知识分子
2022	中国发明协会一等奖	孙旭东　民盟盟员

近三年党外知识分子获奖情况统计表

履行议政建言职责，服务事业发展进步。学校每年定期召开学校党外人士座谈会，在一流大学建设和重大发展规划、改革方案、决策举措等制定中，专题征求民主党派、无党

派代表人士意见建议，最大限度凝聚智慧和共识。不断完善定期或根据需要及时向民主党派组织负责人、无党派代表人士传达上级和学校重要文件、会议精神或通报重要工作的机制，在举办重大会议活动时，注重邀请民主党派组织负责人、无党派代表人士参加，在校院两级教职工代表大会、学术委员会中保证党外代表比例（其中，校教代会党外代表数占比 13.1%，学术委员会党外代表数占比 29%）。鼓励支持各级人大代表、政协委员和民主党派、无党派人士结合自身专业背景，围绕东北全面振兴和学校一流大学建设等有关问题，开展考察调研，积极建言献策。仅 2022 年一年，党外人士所提出的关于产业链数字化转型升级、社区居家养老、儿童友好型城市建设等 16 项议案提案均被省市区相关部门采纳。

党外知识分子是助推学校发展的一支重要力量，优秀党外人才是学校的宝贵财富和人才支撑。党外知识分子思想政治工作是学校思想政治工作的重要组成部分和不可或缺的重要环节。通过全校统一战线的团结奋斗和不懈努力，学校逐步形成了以坚持和加强党的全面领导为根本，以思想引领、政治引领、事业引领为抓手的党外知识分子思想政治工作模式，围绕统一战线大团结、大联合的主题和凝聚人心、汇聚力量的工作任务，不断增进广大党外知识分子对中国共产党和中国特色社会主义的政治认同、思想认同、理论认同、情感认同，引导他们始终与党同心同行，与国家和地方经济社会发展同频共振，在学校建设“中国特色、世界一流”大学新征程中勇担使命，在奋力推进学校跨越式发展的宏伟蓝图中争做先锋，进一步彰显了广大党外知识分子爱国、报国的深厚情怀和使命担当。

（文：丛林）

落实“第一标准”　弘扬高尚师德

——东北大学师德师风教育培训工作纪实

引言：东北大学坚持把师德师风作为评价教师队伍素质的第一标准，以建设师德高尚的一流教师队伍为核心，以“教育者先受教育”为着力点，持续健全师德师风建设长效机制、完善教师师德师风教育培训体系、打造师德师风教育培训活动品牌，全面提升教师思想政治素质和职业道德水平，积极引导广大教师以模范行为影响和带动学生，做学生为学、为事、为人的大先生，切实做到“让有信仰的人讲信仰，让优秀的人培养更优秀的人”。

为深入学习贯彻习近平新时代中国特色社会主义思想，落实习近平总书记关于教育的重要论述，引导广大教师不忘立德树人初心，牢记为党育人、为国育才使命，把教书育人和自我修养结合起来，东北大学以师德师风教育培训为重要抓手，持续推进教师思想政治教育与师德师风教育有效结合，努力打造符合“双一流”建设发展需求的高质量教育培训平台，为建设思想坚定、师德高尚、业务精湛的一流教师队伍提供有力支撑。

坚定政治方向，优化工作格局，让师德教育更有高度

学校始终把学习贯彻习近平新时代中国特色社会主义思想作为首要任务，

持续树立大思政工作理念，构建大思政工作格局，形成大思政工作合力，将师德师风教育培训作为加强社会主义核心价值观教育、提升教师思想政治素质的重要举措。为进一步凝聚思想共识，增强广大教师对中国共产党领导和中国特色社会主义事业的认同与理解，学校积极推进师德师风教育与教师思想政治教育、党史学习教育、“四史”教育深度融合，在扎实推进“两学一做”学习教育常态化制度化，深入开展“不忘初心、牢记使命”主题教育的同时，将“习近平新时代中国特色社会主义思想”“习近平总书记关于教育的重要论述”“党的二十大精神”“国情省情教育”等作为师德师风专题培训的重要内容，面向各分党委（直属党总支）下发《关于学习贯彻习近平总书记教师节重要讲话精神的通知》《习近平总书记教育重要论述讲义》等文件与学习书籍，引导教师带头践行社会主义核心价值观，为实现“让优秀的人培养更优秀的人”提供强大思想保障。

完善制度建设，健全培训体系，让师德教育更有力度

为建立常态化、长效化学习培训制度，更好地引导广大教师增强学习意识、提升学习能力，学校持续加大师德教育力度，先后印发《关于做好教师理论学习工作的通知》《师德专题教育实施方案》系列文件与有关学习材料，在健全理论学习机制、明确培训学时要求、探索建立培训档案的同时，要求各部门认真落实上级精神，明确学习重点、制订学习计划、健全学习制度，引导广大教师在学深悟透、融会贯通、真信笃行上下功夫，争做“四有”好教师，当好“四个引路人”，坚持“四个相统一”，努力成为新时代“大先生”。在加强正向引导的同时，学校充分发挥师德违规问题典型案例警示教育作用，印发《关于加强师德师风警示教育有关工作的通知》等系列通知，进一步加大师德警示教育力度，规范教师职业行为；注重用身边事教育身边人，在学校党委教师工作委员会会议、全校师德师风建设工作会议、全面从严治党工作会议等学校重要会议上，对校内违规违纪问题进行集中通报，发挥警示威慑作用，引导教师恪守职业规范。

提升教育质量，实施分类培训，让师德教育更有准度

为提升师德教育质量，进一步丰富师德教育内容体系、扩大培训受众，学校打造了以“三新教师”（新入职教师、新晋升职务教师、新遴选博士生导师）师德师风专题培训为代表的品牌活动，建立起必修与选修相结合、专题与校本相结合、线上与线下相结合的立体化培训体系。为引导青年人才及海外归国教师深入了解世情、国情、党情、社情、民情，学校充分利用红色教育资源，举办 6 期“优秀青年人才培训班实践教育活动”，组织 132 人次优秀青年人才、海外归国教师、青年骨干教师等前往井冈山革命传统教育实践基地、抗美援朝纪念馆、东北抗联史实陈列馆、大梨树村等地开展实践研习，引导优秀青年教师从党的辉煌发展历程与中华优秀传统文化中汲取进步动力、增强发展自信，为青年人才成长发展提供强大思想支撑。在打造常项活动品牌的同时，学校结合各类教师不同阶段成长发展特点，制订个性化培训方案，实施针对性、阶段性引导教育，以教师节等重要节日为契机，面向青年教师、新晋升教授等开展教师节座谈；定期面向全校基层教学科研组织负责人开展“十项准则”学习教育等专题培训；组织各部门师德师风建设工作主要负责人、青年骨干教师等参加师德类网络培训。

组织青年人才等各类教师赴井冈山开展实践研习

创新培训形式，丰富学习资源，让师德教育更有效度

为积极推进“十项准则”深化教育，帮助广大教师全面理解和准确把握“十项准则”要义，促进师德教育组织有效、实施有法、落实到位，学校邀请“全国高校黄大年式教师团队”代表、省级教学名师、学院及职能部门主要负责人等校内专家学者组建“十项准则”宣讲团，录制时长为120分钟的《新时代高校教师职业行为十项准则》教育微视频，作为“三新教师”师德师风专题培训必修课程纳入新教师培训体系，为广大教师学好、弄懂、读透提供了有效载体。以加强榜样典型引领与激励为促进，充分发挥教师典型示范引领带动作用，邀请学校“全国高校黄大年式教师团队”代表、全国五一劳动奖章获得者、辽宁省最美教师等校内优秀教师团队及个人举办专题座谈会，与青年教师分享感悟；建立完善“东北大学教师在线学习中心”，开设“优秀教师典型事迹”专栏，上传历届“时代楷模”“最美教师”“教书育人楷模”“全国岗位学雷锋标兵”先进事迹，引导广大教师学习典型、争做典型。面向全校教师开展“聚焦‘金课’建设 助力教学改革”“让思政元素有效融入课堂”等43期卓越教师工作坊，为教师创新育人理念、提升育人能力提供了高质量学习与互动平台。

组织开展“课程思政融合创新”专题工作坊

加强思想引领，实施人文关怀，让师德教育更有温度

本着“以教师为本、对教师关心关爱”的原则，学校在加强思想引领的同时，注重对教师实施人文关怀。在每年庆祝教师节系列活动中，学校党委书记、校长都通过举办座谈会、交流会等形式，与青年人才、优秀教师进行面对面交流，在引导广大教师心怀“国之大者”、努力成为新时代“大先生”的同时，了解各类教师尤其是青年教师在成长发展过程中的所思所想和迫切需求，并会同有关职能部门为各类教师成长发展提供高质量的资源平台。在疫情防控期间，将广大教师生命健康放在首位，发布了《东北大学致全校广大教师的一封信》《关于做好对教师关爱和思想动态把控有关工作的通知》，关心教师工作生活状况与实际困难，精准掌握教师思想动态；发布《致海外留学人员的一封信》，加强对重点教师群体的人文关怀，并激励广大教师积极向学生与社会传播正能量。关注教师身心发展，在师德师风专题培训、卓越教师工作坊中开设中西医保健知识、心理压力疏导、科学发声训练等专题课程模块，在提升教师师德素养与教学科研能力的同时，引导广大教师以阳光的心态和强健的体魄积极投身各项工作。

举办庆祝教师节座谈会暨师德师风专题培训会

在持续推进师德师风教育培训高质量发展的过程中，学校涌现出一大批

优秀教师团队及个人，形成了尊师重教、敬业爱生的良好氛围。2017 年至今，学校共有 2 个教师团队获评“全国高校黄大年式教师团队”；2 名教师分获全国五一劳动奖章、“全国五一巾帼标兵”荣誉称号；4 名教师获宝钢优秀教师奖特等奖，1 名教师获特等奖提名奖；16 人次获得辽宁省教书育人模范、辽宁省最美教师、辽宁省最美科技工作者、辽宁省优秀教师等荣誉称号；10 余部展现学校教师优良精神风貌的短视频作品获得教育部教师工作司“2022 年新时代教师风采短视频征集活动”入围奖。学校师德师风教育培训相关工作做法入选第四届全国高校党委教师工作部部长会发布的“高校师德师风建设优秀工作案例”及教育部教师工作司指导的“2022 教师数字化学习特色案例”。

（文：于浩）

坚持以文化人育人　助力一流大学建设

——东北大学文明校园建设工作纪实

引言：东北大学将文明校园建设作为统筹推进一流大学建设的战略工程、培养时代新人的重要载体，深入推进文明校园创建工作，努力让校园成为锻造理想信念的熔炉、弘扬主流价值的高地、滋养文明风尚的沃土，使每一名师生都成为创建活动的实践者和受益者，让文明之花在校园内盎然绽放。2020 年，东北大学被评为“辽宁省文明校园”。

近年来，东北大学坚持以习近平新时代中国特色社会主义思想为指导，全面贯彻党的教育方针、落实立德树人根本任务，对照“六个好”的标准，聚焦思想道德建设、领导班子建设、师德师风建设、校园文化建设、校园环境建设和阵地建设管理，全面系统创建具有东大特色的文明校园，营造积极向上的校园氛围，为学校新一轮“双一流”建设提供坚强有力保证。

辽宁省 2018—2020 年度文明校园

强化统筹领导，夯实文明校园建设基础

学校党委高度重视文明校园建设工作，注重顶层设计和统筹谋划，作为推进学校一流大学建设和“十四五”规划建设的重要工作内容，与年度重点工作一同谋划、一同安排、一同推进，融入贯穿立德树人全过程，不断健全完善工作体制机制，形成齐抓共管、协同推进的工作合力，为学校事业发展和人才培养注入强大精神动力。

学校坚持以高质量党建引领发展，以高质量的思想政治工作凝聚人心，完善党对学校全面领导的制度体系，切实增强党委把方向、管大局、做决策、抓班子、带队伍、保落实作用，着力提升基层党组织的政治功能和组织力，推动完善师生思想教育体系，站稳守好意识形态阵地，有力地引领和保证了文明校园建设。当前，首批 10 所“全国党建工作示范高校”创建单位、首批 10 所全国“三全育人”综合改革试点建设高校、12 个入围全国（辽宁省）对标创建的基层党组织顺利通过验收，全国首批 10 所全国“一站式”学生社区综合管理模式建设试点、教育部首批课程思政教学研究中心、教育部第二批教育融媒体建设试点建设成效更加凸显。

以“六个加强”推进文明校园建设

加强思想政治建设，提升育人成色。深化“三全育人”综合改革试点建设，稳步开展质量创优和过程跟踪，顺利完成试点验收并获评优秀。推进“思业融合燎原计划”，制定《课程思政建设指导纲要》，着力建好教育部首批课程思政教学研究示范中心，不断提高课程思政质量。有针对性地制定特殊支持政策，加强思政课教师队伍建设。清单式、精细化推动“大思政”体系建设，系统推动“思政课程”与“课程思政”同向同行。出台《新时代爱国主义教育实施方案》等系列文件，以筑牢信仰根基、涵育家国情怀为重点，在师生中开展广泛深入持久的爱国主义教育，青年讲师团获全国“抗击新冠肺炎疫情志愿服务先进集体”称号。

东北大学“三全育人”综合改革试点建设暨课程思政建设工作推进会召开

加强领导班子建设，夯实组织基础。严格落实执行《贯彻落实〈关于加强高校党的政治建设的若干措施〉任务分工》《加强领导班子建设的若干规定》《贯彻落实党委领导下的校长负责制的实施办法》，严格执行“三重一大”决策制度，使党对学校全面领导的制度体系不断完善。领导班子以身示范，扎实开展“两学一做”学习教育、“不忘初心、牢记使命”主题教育，率先垂范推进党史学习教育常态化长效化，深入基层调研，落实“我为师生办实事”实践活动。严格执行《落实全面从严治党主体责任清单》《关于落实党风廉政建设主体责任和监督责任的实施细则》，认真贯彻落实中央八项规定精神，持之以恒纠正“四风”。

加强师德师风建设，永葆师者本色。成立党委教师工作部、师德建设委员会等，制定《关于进一步建立健全师德建设长效机制工作方案》《师德失范行为处理实施办法》，全面推动师德师风建设。严把政治关、师德关、育人关，将师德师风作为教师评价的首要标准，严格执行师德师风“一票否决”制。开展“我最喜爱的老师”“师德标兵”“‘三育人’先进集体、先进个人”等评选活动，宣传师德模范典型，提升教师的职业成就感、责任感和荣誉感。加强教职工思想政治教育，连续 10 年实施“引领 · 提升 · 共进”“1+1”专项活动，打造“尊师四敬、为师四爱”、卓越教师工作坊等品牌活动，年均参与 1 万余人次，不断强化教师立德树人的思想自觉和行动自觉。近年来，学校多个团队、教师荣获全国先进工作者、全国创新争先奖、中宣部全国基层理论宣讲先进个人、“全国高校黄大年式教师团队”、“全国五一巾帼标兵”等荣誉。

加强校园文化建设，彰显文化特色。坚持以文化人、以文育人，形成以“实干、报国、创新、卓越”为内核的特色文化，熔铸精神、集聚力量。持续开展学校文化的研究、整理和阐释，出版《东北大学文化探析》《漫游东大》《情缘东大》等系列图书，建立校史馆等爱国主义教育基地。实施文化精品培育战略，打造“家国 · 传承 · 筑梦”妙笔流声诗歌散文朗诵大赛、“讲述 · 东大人的故事”典型推介会、“与信仰对话”马克思主义经典著作诵读会等 100 余项文化品牌，启动百年校庆文化建设“四大工程”，以文化精神塑造灵魂、润养心灵、力行拓新。学校连续 3 年获批中国科协学风建设资助项目，先后获评“全国高校中华优秀传统文化传承基地”、全国高校“礼敬中华优秀传统文化”特色展示项目、教育系统“雷锋式学校”、辽宁省最美校园等。

东北大学庆祝中华人民共和国成立 70 周年“我和我的祖国”主题文艺晚会

加强校园环境建设，营造温馨暖色。注重校园整体规划，创新校园环境的文化表达，建设春华园、秋实园等主题花园，建造一二・九运动群像雕塑等特色文化景观群，打造以“四大学馆”等为代表的建筑群，不断凝练校园建筑文化内涵。成立安全生产委员会，出台《安全生产管理办法》，定期开展防护演习和安全检查，筑牢校园安全防护网。建设节能平台，持续开展“节粮节水节电”“节能宣传周”等教育活动，倡导光盘行动、垃圾分类，建设节约型、生态型绿色校园。

一二・九运动群像雕塑

加强阵地建设管理，确保安全稳定。严格落实意识形态工作责任制，出台相关文件，围绕责任主体、责任清单、责任落实、责任追究等方面作出明确规定。加强阵地建设与管理，制定《本科教学督导制度》，成立教育教学督导检查小组，严守课堂阵地政治方向；制定《学生社团管理暂行办法》，完善社团成立、撤销和年度检查制度；制定《关于哲学社会科学课堂教学、报告会、研讨会、讲座、论坛、网络和接受境外基金资助的管理办法》，严格实行“一会一报”制；加强图书出版和新闻媒体阵地管理，严格执行“三审三校”制度；严格落实《新媒体平台管理办法》《舆情管理办法》《网络安全管理办法》，入选教育部融媒体建设试点单位并于2021年顺利完成试点验收，连续5年荣获教育部网络舆情工作机制十佳单位，荣获教育部中国大学生在线十佳校园网络通讯站、最具影响力官微、百强高校媒体、高校年度影响力奖等荣誉，东大官微、东大 MARXISM 入选中宣部、国家网信办重点建设的思政类公众号。

以“六个坚持”擦亮文明校园名片

坚持育人为本，人才培养质量稳步提升。遵循“教育英才”的办学宗旨，实施《一流本科教育建设实施方案》和“产学研融合博士培养计划”，构建“五育并举”育人体系，获批强基计划，获批全国首批“特色化示范性软件学院”、教育部首批未来技术学院，新增 12 个国家级一流本科专业建设点（总数达 39 个）。学生科技竞赛获奖数量（2017—2021 年）排名全国第二，综合排名全国第七，入选全国首批国家级创新创业学院、首批全国科普教育基地。

坚持学科立校，学科实力不断增强。深入实施四大引领计划和三项提质工程，推进学科群融通发展，重点建设的控制科学与工程、冶金工业流程被列入国家一流学科建设名单，工程学学科、计算机科学学科、材料科学学科进入全球前 1‰，计算机科学、冶金工程、矿业工程、材料科学、化学等学科的国际地位明显提升。

坚持人才强校，队伍水平整体提升。建立健全师德师风建设长效机制，破除“五唯”，深化以人才评价制度和收入分配制度为重点的人事制度改革，实施“人才特区”“创新团队”“特殊通道”等人才支持政策。现有两院院士 5 人、海外院士 4 人、国家级人才项目入选者 125 人、国家级青年人才项目入选者 57 人、教育部新世纪优秀人才 102 人、国家自然科学基金创新群体 4 个。

坚持科技创新，服务高水平科技自立自强能力显著增强。近年来，承担各类科技项目 8000 项，获省部级及以上科技奖励近 300 项，其中国家科学技术进步奖一等奖和国家自然科学奖二等奖等国家科技奖励 14 项，实现从“0”到“1”的历史性突破。获得国家专利 5000 余项，被三大检索收录论文超 30000 篇。承担服务国家战略、满足国防急需和支撑行业转型的重大重点项目近 400 项。获批前沿科学中心、国防科工局和教育部共建高校，入选国家发改委全面创新改革试验百佳案例。

坚持服务党和国家工作大局，服务发展能力深化拓展。入选全国首批“高等学校科技成果转化和技术转移基地”，科技成果转化交易额稳居全国高校前 10 位。与华为共建未来技术学院，与河钢共建“钢铁共性技术研究院”，与鞍钢共建“汽车未来用钢技术联合实验室”，与沈飞共建“航空铝合金联合实验室”。

坚持文化兴校，文化的凝聚力、内驱力显著提升。建校百年来，东北大学始终秉承“爱校、爱乡、爱国、爱人类”的大爱情怀，始终与国家发展和民族复兴同向同行，将“自强不息、知行合一”校训精神和“实干、报国、创新、卓越”新时代东大文化贯穿办学治校全过程。在爱国奋斗精神感召下，广大师生以实际行动响应国家战略需求，C919 大飞机用 8 万吨模压机、世界最大 6 兆瓦风电主轴轴承、港珠澳大桥、白鹤滩水电站、长征火箭、神舟飞船、四代核电等国之重器都镌刻下东大人爱国报国的印记。

（文：李晨、王刚）

匠心无言花自开　全力打通思政育人“最后一公里”

——东北大学“一五一十”思政文化育人一体化平台建设工作纪实

引言：东北大学“一五一十”思政文化育人一体化平台立足于全面落实和不断丰富“教育、管理、指导、服务、能力素质拓展”五项职能，深入挖掘，优化整合，层层递推，持续发力，着力构建一体化育人平台、打通育人“最后一公里”，以全校各学院、多部门的项目化建设推动“十大育英工程”，有效促进学生思政与思政课程和课程思政、与学生党建、与人才培养和学科建设实现“三个融合”，开创新时代高校思想政治教育工作新模式，有效落实教育部“时代新人铸魂工程”，扎实推进学校一流人才培养、一流大学建设，奋力书写新时代思政育人崭新篇章！

东北大学以习近平新时代中国特色社会主义思想为指导，深入学习贯彻党的二十大精神和习近平新时代中国特色社会主义思想主题教育工作会议精神，全面落实全国教育大会、全国高校思想政治工作会议和学校思想政治理论课教师座谈会精神，进一步将《中共中央　国务院关于加强和改进新形势下高校思想政治工作的意见》和《教育部等八部门关于加快构建高校思想政治工作体系的意见》等文件精神引向深入，坚持“加强党的领导，丰富思政文化内涵，推动学生德智体美劳全面发展”理念思路，紧紧围绕“立德树人，培养德智体美劳全面发展的社会主义建设者和接班人”核心目标，立足于全面落实和不断丰富“教育、管理、指导、服务、能力素质拓展”学生工作五项职能，着眼于学生在大学不同阶段的成长特点和发展需求，创新构建了东北大学“一五一十”思政文化育人一体化平台，通过启动、实施、推进平台建设，坚持协同联动，实现精准思政，进一步推动大学生思想政治工作高质量发展，努力培养担当民族复兴大任的时代新人。

围绕中心，科学谋划，一体化构建思政教育工作体系

平台以思政文化育人为切入点，紧紧围绕学校中心工作，紧扣一流大学建设主线，以破解思政工作堵点难点为目标导向，一体化打造“目标明确、内容完善、标准健全、运行科学、保障有力、成效显著”的大学生思想政治教育工作体系，凝聚各方力量保障学校大学生思想政治教育工作质量提升。

平台建设坚持因时而进，突出价值引领，统筹凝聚了辅导员、班导师、思政课教师、学校管理干部、成长发展指导员、优秀学生骨干、校外辅导员、家长等各方力量资源，进一步形成思想政治教育工作合力，实现了全员育人；坚持因事而化，注重精准施策，创新制定了学校大学生思想政治工作的主要内容和工作标准，加强了大学生日常思想政治教育主阵地与思政课主渠道的融合联动，有效地破解了大学生思想政治教育发展不平衡不充分的难题，实现了全过程育人；坚持因势而新，凸显育人实效，一体化构建了大学生思想政治教育工作体系，促进学校学生工作五项职能在新时代下更好地发挥思政育人功能，实现了全方位育人，助力学校“十四五”规划任务落地和一流大学建设。

强化引领，聚焦需求，筑牢思政文化育人主阵地

平台坚持遵循规律和育人导向，以社会主义核心价值观教育贯穿建设全过程，聚焦思政工作实际需求，结合学生成长发展特点，将项目建设融入分年级

教育实践，形成大学生思想政治教育活动群，年均培育 140 余项教育活动，着力提升大学生思想政治教育的吸引力、感染力和实效性。

平台持续强化学生思想引领，坚定学生理想信念，围绕党的二十大精神、党的理论和历史、国家发展战略及成就、社会热点、学校思政工作等主题，组织开展专题报告和讲座，组织校领导、专家、骨干思政课教师、辅导员、优秀学生等多支队伍积极开展“优秀辅导员讲师团——党的二十大精神宣讲”“‘为梦想领跑——走进优秀大学生’先进事迹报告团——党的二十大精神巡讲”“名家讲坛”等精品项目活动。将学习宣传贯彻党的二十大精神、学习贯彻习近平新时代中国特色社会主义思想与百年校庆、校园文化活动等有机结合，积极开展“学习党的二十大精神・永远跟党走”主题班会、“献礼党的二十大・一起向未来”、“大学声”成长计划、“青春献礼党的二十大・强国有我新征程”等学生喜闻乐见、形式多样的精品活动。强化新生教育和毕业教育等阶段性教育，创新优化“开学第一课”“新生课堂”“家长学堂”“大学声”萌芽系列活动等新生教育活动，开展“最具影响力毕业生”评选、“砥砺・青春”毕业巡礼、《印象・东大》毕业画册设计等活动，进一步深化辅导员谈心谈话、家校联系、主题班会、走访寝室等基础性工作育人功能，提升精准思政育人实效。

东北大学“大学声”成长计划成果汇报会

培育品牌，典型示范，打造精品项目建设孵化器

平台加强精品项目培育孵化，坚持“让精品变成经典”的理念思路，学校提供资金和政策支持，搭建校院两级精品教育项目孵化平台，凸显精品项目的示范引领和深度育人功能。

平台通过多年的孵化培育，涌现出“大学声”成长计划、“名家讲坛”、“党史青年荟”、“毕业生谢师礼”等一批可示范、可引领、可辐射、可推广的精品教育活动，培育出 2 项教育部高校思想政治工作精品项目。其中，“聚焦需求，精准引航，‘指南针驿站’构筑文化育人新平台”项目入选教育部首批高校思想政治工作精品项目，将思想引领和学业导航相融合，在专业教师和学生之间架起桥梁，构建了全员育人的新载体；“党家社校，全员铸魂，奏响组织育人‘三部曲’”项目入选教育部 2020 年高校思想政治工作精品项目，在营造家校协同育人生态、打造家校育人合力方面作出了有益尝试。“一枝独秀不是春，百花齐放春满园”，“一五一十”思政文化育人一体化平台正在实践中不断探索和积累，着力孵化出更多具有带动作用和示范价值、可复制可推广的思政工作精品项目的示范样本，助推学校大学生思想政治工作质量进一步提升。

东北大学“饮水思源 感恩前行”毕业生谢师礼

创新形式，凝聚合力，开创网络思政育人“云”模式

平台把握学生思想特点和成长发展需求，切实发挥网络思政在立德树人、铸魂育人中的重要功能，不断优化活动内容，创新工作载体，凝聚各方育人力量，着力打造网络育人新阵地。

平台持续加强“东大人”微信平台、易班平台、“一站式”学生社区综合管理模式建设“育人号”等网络思政平台建设，集中辅导员、思政课教师、班导师、专业教师队伍骨干力量的优势资源，开展形式多样的网络思想政治教育活动，积极开展“师说思语”云端大讲堂、“对话·成长”班导师微视频展播等精品项目，充分发挥网络思政育人功能。结合深入学习宣传贯彻党的二十大精神，积极开展网络宣传，开设网上专题专栏，制作推出新媒体宣传作品，不断增强网络思想政治教育的针对性和实效性，进一步掀起学习宣传贯彻党的二十大精神热潮。加强对网络舆情的关注与引导，及时发现并持续关注学生对热点事件的思想认知、情绪反应、价值判断和意见倾向，及时反馈并合理解决学生在学习、生活等方面产生的问题或表达的诉求，增强学生的获得感。

东北大学“师说思语”云端大讲堂

东北大学“一五一十”思政文化育人一体化平台自2018年启动以来，坚持因事而化、因时而进、因势而新，经过全面梳理总结，凝练重点特色，将平台每年规划建设的精品项目活动成果征集成册，旨在宣传推广学校大学生思想

政治教育工作中的先进经验与优秀成果，激活大学生思想政治教育工作的内生动力，进一步形成思想政治教育工作合力，为学校培育时代新人提供优质资源和丰富实践载体，为落实教育部“三全育人”综合改革试点高校、全国党建工作示范高校、教育部“一站式”学生社区综合管理模式试点高校建设和推进学校一流大学建设提供强力支撑。

（文：马莹）

讲述东大人的故事 打造爱国奋进文化坐标

——东北大学“讲述·东大人的故事”典型推介会工作纪实

引言：东北大学坚持以习近平新时代中国特色社会主义思想为指导，以百年办学历程熔铸的爱国主义光荣传统为底色，深入挖掘和传承红色基因，将爱国主义教育融入育人育才全过程。自 2016 年起培育推广“讲述·东大人的故事”典型推介会，以兼具思想性与艺术性的文化活动引领师生，以可见可感可知的身边人、身边事激励师生，以爱国奋进的文化生态涵育师生，着力提升思想政治教育实效。

为深入学习贯彻习近平新时代中国特色社会主义思想，肩负起举旗帜、聚民心、育新人、兴文化、展形象的使命任务，增强师生的文化自觉、文化自信，为一流大学建设提供强大的精神动力，东北大学精心打造“讲述·东大人的故事”典型推介会文化品牌活动，以事迹短片和人物现场访谈的形式深入挖掘并分享东北大学师生的真实故事，集中展现东大人砥砺奋进、爱国报国的昂扬风貌，用理想信念照亮出彩人生，以榜样力量凝聚发展正能量。

精准定位，精雕细琢，以榜样示范引领品牌铸就

学校在全校范围内挖掘典型人物，通过考察各类评优表彰及部门推荐等，

力求选树出一批“做得好、学得来、立得住、叫得响、口碑佳”的优秀师生榜样，形成分类别、分特色的榜样选树体系。学校组织专门团队通过梳理事迹材料，撰写视频脚本，拍摄事迹短片，撰写访谈脚本并设计现场访谈环节，撰写颁奖词等，全方位、多角度、深层次展示典型人物的典型事迹，引导受众提高思想认识，激起情感共鸣，增强信念意志，促进知行转化。典型人物事迹为受众树立了生动、直观、现实的标杆，丰富了思想政治教育的正面素材，提高了思想政治教育的生动性，促进了思想政治教育理论与实践的统一。经过多年积累和实践，已形成了具有东大特色的典型榜样选树体系，并积累打造出东北大学“榜样示范人物志”。自 2016 年以来，东北大学已举办五届推介会，选树典型集体和个人 40 余个，活动现场直接观看人数近 18000 人。为进一步扩大推介会的感染力和影响力，“讲述 · 东大人的故事”典型推介会以活动展示为核心，根据推介会本体衍生的信息及艺术价值，通过物化手段生成了特定文化内涵的“讲述”系列文化产品，同步出版《讲述东大人》图书 3 部、《实干 报国 创新 卓越——东北大学文化探析》图书 1 部，制作《讲述 · 东大人的故事》视频 40 余个、推介会光盘 4 期，另有微视频、微直播、微图文、微广播、报纸专刊、专题网站、宣传展板、人物事迹宣传册等系列文宣产品，成为一种“看得见、摸得着、带得走”的文化，提升了品牌的影响力和教育的覆盖面。

“讲述 · 东大人的故事”典型推介会活动现场

以文化人，润物无声，实现典型与受众双向教育效能

“讲述 · 东大人的故事”典型推介会通过榜样人物的选树和传播实现了对传者和受者的双重教育效能。典型人物经历的“讲述 · 东大人的故事”典型推介会的选树宣传过程，既是对其多年努力和积淀故事的总结归纳，也是一种有效的自我教育过程。与之相对的是当典型人物的故事通过推介会进行全媒体展示后，对于受众来说，更是一个润物无声的受教育过程，能不断唤起受众的感情共鸣，进而实现双重教育的效能。在第二届“讲述 · 东大人的故事”典型推介会上，东北大学 ACTION 创新团队队员讲述了其在比赛中经历的种种困境与艰辛，展示了他们顽强的拼搏精神。这支自 2002 年组队的大学生机器人创新团队一直致力于培养学生的创新创业能力，他们的故事不仅成为东北大学创新人才培养的典范，在全校上下营造积极向上的创新创业氛围，而且对其自身也是一种无形的激励。2019 年，在第十八届全国大学生机器人大赛上，东北大学 ACTION 团队卫冕成功，成为国内唯一一支连续 4 年获得冠军的团队。在第三届“讲述 · 东大人的故事”典型推介会上，深部金属矿山安全开采教育部重点实验室党支部成员讲述了他们向地球深部进军、为我国金属矿山深部开采担当“守护者”的使命与担当，淋漓尽致地展示了东大人身上蕴含的心有大我、矢志报国的东大精神，感召广大师生在科研教学等各项工作中不忘初心、砥砺奋进。在第四届“讲述 · 东大人的故事”典型推介会上，访谈嘉宾讲述了 1955—1982 年扎根可可托海为国选矿、贡献国防的 37 名可可托海的东大人的故事，完美诠释了“与祖国同呼吸共命运”的东大精神风骨，激励广大师生在新时代更好地担当起强国筑梦、助力中华民族伟大复兴的历史责任！

“讲述 · 东大人的故事”典型推介会访谈嘉宾

把握规律，锐意创新，建构新闻与艺术统一的叙述推介方式

“讲述·东大人的故事”典型推介会以影像化、立体化的展现形式，创新叙事方式、手段和策略，淡化典型人物报道与生俱来的“说教色彩”，达到“润物细无声”的育人目的。一方面，在叙事技术与叙事内容上进行创新与变革，在用丰富的影视传达技术给予受众视觉快感的同时，也为叙事内容注入“新鲜血液”，赋予时代内涵，将叙事内容与社会历史、文化环境联系起来，牢牢把握住时代的脉搏，与时俱进。另一方面，在影像叙事创作时紧紧把握新闻与影像的关系，将二者在叙事中有机统一。在影像技术手段上，充分调动视觉非语言符号，增强吸引力和感染力，让受众爱听爱看；在叙事手段上，运用多种叙事视角交叉叙事、合理运用悬念设置、利用矛盾冲突突出人物典型个性的叙事技巧，使报道呈现故事化叙事。另外，在传播方式上，实现媒体联动，在全校乃至全国范围内制造强大的叙事效应，充分发挥典型人物报道正面宣传鼓舞人、激励人的作用，通过典型人物展现时代的精神风貌，营造良好的社会风尚。

多元选择，多维合作，成为高校传递正能量的重要平台

榜样人物的多元选择，媒体融合的多维合作，使得“讲述·东大人的故事”典型推介会在校内外媒体上实现了多角度、全方位的展示，成为高校弘扬主旋律、传递正能量的重要平台。“讲述·东大人的故事”典型推介会先后得到新华社、中央广播电视总台、人民日报、光明日报、中国教育报、中国青年报、中国日报、科技日报、经济日报、中国科学报、辽宁日报、辽宁广播电视台、沈阳日报、沈阳广播电视台、人民网、新华网、中青在线、央广网、大公网、中国高校之窗等国家级和省市级媒体报道百余篇。其中，中国工程院院士陆钟武、中国科学院院士闻邦椿、投身国家科技战“疫”最前线的东软集团创始人刘积仁教授、手写“网红高数参考书”的90多岁退休教授谢绪恺、把论文写在中国大地上的轧制技术及连轧自动化国家重点实验室、被学生叫“亲妈”的高数老师邵新慧、用英雄联盟讲机械制图的李小号老师、五年扎根云南省昌宁县扶贫一线的驻村第一书记高大鲲等典型人物先后被央视新闻、人民日报、新华社等国家级媒体报道，在社会得到普遍关注、产生强烈反响。同时，

“讲述·东大人的故事”典型推介会，先后在微博、微信、今日头条等平台广泛传播，获得人民日报、共青团中央、微言教育等主流新媒体的纷纷关注和转发，阅读量近千万。“讲述·东大人的故事”典型推介会通过一个个典型人物和群体充分展现了东大人实干的品格、报国的情怀、创新的气质和卓越的追求，立体式、形象化熔铸东大的“精神高地”和“价值坐标”，成为传承弘扬校训精神和东大文化的重要载体和平台。

“讲述·东大人的故事”典型推介会讲述人合影

经过 7 年积累，“讲述·东大人的故事”典型推介会逐步形成了精准定位，精雕细琢，以榜样示范引领品牌铸就的品牌特色；以文化人，润物无声，实现典型与受众双向教育效能的育人特色；把握规律，锐意创新，建构典型选树与媒体推介有机融合的创新特色；多元选择，多维合作，成为学校传递正能量重要平台的成果特色；在全校范围内形成了强大的叙事效应，滋养师生心灵、涵育师生品行。与此同时，“讲述·东大人的故事”典型推介会传达的爱国爱校的大爱情怀、勤奋进取的奋斗精神、“学为人师、行为世范”的人格魅力等成为东北大学最宝贵的精神财富，为东北大学扎实推进一流大学建设提供了文化动力和精神支撑。

（文：杨明、刘颖慧）

激发工会组织动能　汇聚强大育人合力

——东北大学工会小组“三育人”立项活动工作纪实

引言：东北大学“三育人”立项活动于2009年正式启动，是一项由校工会组织设计，以基层工会小组为实施主体，围绕教书育人、管理育人、服务育人主题所开展的工作项目。从活动立项到具体实施，紧密结合学生综合素质提升，旨在通过一系列具体活动，深化细化学生日常思想政治教育，把思想政治工作贯穿教育教学全过程，推进教学、科研、管理、服务等部门协同联动，共唱育人“合奏曲”。经过多年实践，此项目已凝练出鲜明的育人文化特色，广大师生在活动中受益良多，成为校园中独具特色的育人品牌。

为充分挖掘各群体、各岗位的育人元素，使思想政治教育工作更好地适应和满足学生成长诉求、时代发展要求、社会进步需求，学校工会紧密围绕东北大学“三全育人”综合改革试点高校建设要求，积极响应学校党委号召，发挥工会组织优势，挖掘育人力量，统筹设计、认真组织、全面保障，面向工会小组开展“三育人”立项活动，打造了全面提升学生综合素质的优质平台。经过多年实践，项目将教学、科研、管理、服务与思想政治教育有机融合，收获师生一致好评，打造了一批育才育德、师生共长的特色品牌项目，大大激发和调动了广大师生参与育人工作的积极性和主动性，有力夯实了“三全育人”工作的思想基础和群众基础。

精准赋能，激活工会组织“单元细胞”

东北大学工会始终以服务学校中心工作、服务广大教职工为主要任务。为助力学校积极推进“三全育人”综合改革，工会深入思考探究如何在教职工本职工作中更好地将育人功能发挥出来，真正使活动与工作有机结合，实现相互促进、相得益彰。从2009年开始，校工会为充分释放工会小组的活力潜能，最大化发挥工会组织优势，面向全校工会小组创新启动“三育人”立项活动。立项活动要求工会小组结合本职工作，拓展教学、科研、管理、服务在育人工作上的契合点，依托研讨、观摩、竞赛、讲座、论坛等多种形式，提高教学质量、改进教学方法，促进师风师德建设，并对经济、就业、学业方面的困难学生进行指导和帮扶，不断强化育人意识，切实提高育人工作质量。学校工会每年组织评委会对立项材料进行评审，评定优秀立项方案30~40个，给予立项工会小组2000元活动经费资助，通过有效机制充分调动基层工会组织和广大工会会员的育人积极性和创造性，鼓励工会小组不断积累经验、凝练特色和宣传推广，切实将资源整合起来、力量贯通起来、机制融通起来。

立德树人，拓展育人渠道“深耕厚植”

育人工作是学校全体教职工的工作主旋律，学校工会“三育人”立项活动正是引导教职工践行“为党育人、为国育才”使命的良好契机，能够充分挖掘专业课教师、辅导员、管理干部等多个岗位的育人要素，带领教职工深刻思考在各自育人环节中亟待解决的问题，探索喜闻乐见的育人形式，为学生成长创造条件、挖掘资源、传授技能，实现“教”与“育”、“管”与“育”、“服”与“育”的融会贯通。多年来，“三育人”立项活动有效坚定了广大教职工立德树人的工作理念，各工会小组能够将活动与教学、科研、管理、服务结合起来，与全面落实根本任务结合起来，与切实解决具体问题结合起来，真正实现在生活上帮助学生、在精神上培育学生、在能力上锻炼学生的目标。教学型工会小组围绕“提升学生专业素质”“师德师风建设”“困难帮扶”等主题，深入研究教学方法，耐心倾听学子心声，不断丰富育人理念，切实解决了诸多学生急难愁盼的问题，育人成效显著。非教学型工会小组立足部门工作特色，围绕“服务学生办实事”“维护学生权益”“专项接待日”等主题，大力发挥岗位优势，主动与学生沟通联络，为学生提供关乎校园生活起居的温暖服务，将育人工作与岗位职能紧密结合，开创了师生共同成长的良好局面。

资源与土木工程学院环境工程工会小组第一届环境工程系科研创新大赛

以生为本，助推成长发展“德才兼修”

结合“三育人”立项活动对学生和教职工参与人数的要求，各工会小组在策划“三育人”活动方案时，能够秉承一切为了学生的工作理念，充分考虑育人主题，从学习、生活细节入手，带着爱心设计活动。工会小组以促进大学生全面发展为目标，贴近学生实际，贴近学生生活，引导学生将知识转化为思想智慧、外化为行动能力，提高学习能力、思维能力、表达能力、实践能力、组织能力等综合素质，切实增强学生思想政治教育的针对性、时效性、吸引力和感染力，让师生在轻松的活动氛围中取得育人效果。青年学生在参与由教职工组织策划的专项活动时，能够有机会走进校园的各个点位，与教职工密切交流，解决自己在校园生活各方面的疑惑，拓宽在科研、学业、就业方面的知识视野，丰富课余生活，充分展现自我，提高人文素养。学生能够自发增强活动参与投入度，愿意担当活动中的主力和主角，师生在活动中的获得感与体验感得到了显著提高。同时，参与“三育人”立项活动的学生来自不同的寝室、班级、学院甚至校区，学生能够通过活动相互结识，打破原本的交际壁垒，自然组建更多元的“朋友圈”，这对于学生增强自信、促进学习甚至身心健康均卓有成效。

冶金学院机关工会小组师生综合素质拓展活动

双向发力，下沉力量延伸“服务手臂”

为确保各工会小组“三育人”立项活动顺利开展，切实将育人效果最大化，针对每个入选最佳方案工会小组，学校工会均指派一名工会工作专员作为联系人，加强工会与各工会小组间的常态化交流，做到问题导向联系、情真意切联系、实实在在联系。工会小组对接人与工会小组就活动方案有针对性地进行优化指导，协调工作安排，确保工作的高质量推进和活动的高质量开展，进一步发挥工会组织的桥梁纽带作用，推动工会工作落到实处、取得成效。对接服务能够让广大教职工真正感受到工会是职工之家，工会干部是最可信赖的娘家人、贴心人，为教职工思想引领工作奠定了坚实的群众基础。

躬耕不辍，实现品牌效应“久久为功”

一直以来，各分工会高度重视此项工作，坚持积极宣传组织动员，广大工会小组踊跃参与，学校每年有 50~60 个工会小组参与立项申报，年均有 900 余名教职工和 2000 余名学生参加活动。近年来，学校工会为营造良好的“三育人”立项活动工作环境，已将此项工作纳入分工会工作规程，并将其作为年度考核评价分工会工作的重要指标。各工会小组积极争取单位党政领导的支持，逐步形成了党政工齐抓共管、工会会员全员参与的育人运行机制。

经过多年实践，一批工会小组所开展的“三育人”立项活动受到了师生的广泛好评，具有很好的推广价值。例如，外国语学院英语系工会小组开展的“用英语讲家乡故事”优秀短视频比赛、工商管理学院机关工会小组开展的“提升师生金融风险防范意识，增强校园金融反诈能力”专项活动、理学院数学系工会小组开展的创新能力培养专题活动、资源与土木工程学院土木工程系工会小组开展的“书香土木”读书节活动、冶金学院机关工会小组开展的科技论文写作启蒙讲座、材料科学与工程学院材料物理化学系工会小组开展的“转折与机遇”主题班会、机械工程与自动化学院机关工会小组开展的师生专题座谈会、信息科学与工程学院流程实验室工会小组举办的“敬教劝学 兴贤育才”研究生思想政治教育专题活动、软件学院软件工程工会小组开展的“聚群力谋发展”师生经验交流会、后勤服务中心后勤采购招标中心工会小组开展的“追根溯源云端探访，为师生舌尖安全保驾护航”实践活动、后勤服务中心校园管理服务中心工会小组组织的“我与校管的那年那些事儿”征文活动等，都取得了可喜可贺的育人效果，切实将高校思想政治工作融入到各环节，推动教职工把工作的重点和目标落在育人成效上，开创了知识教育与价值塑造、能力培养紧密结合的良好局面。

后勤服务中心餐饮管理服务中心工会小组开展餐饮食品加工流程讲解及知识答题活动

（文：于昕彤）

让青春在火热的实践中绽放绚丽之花

——东北大学研究生支教团工作纪实

引言：东北大学自2006年起组建中国青年志愿者扶贫接力计划研究生支教团，为西部教育事业、扶贫开发贡献了青春力量。东北大学坚持以习近平新时代中国特色社会主义思想为指导，鼓励广大东大学子深入基层，志愿奉献，筑梦青春。东北大学研究生支教团一批批青年志愿者用最美青春延续着教育接力，踏实做事，夯实基础，久久为功，让知识的种子在祖国艰苦地区开花结果。

为深入学习贯彻习近平新时代中国特色社会主义思想，引导和鼓励高校毕业生到基层工作、到乡村工作，主动融入国家发展大局，积极投身乡村振兴，在青年中大力弘扬奉献、友爱、互助、进步的志愿服务精神，培育和践行社会主义核心价值观，东北大学采取“志愿加接力”的长效工作机制，先后累计派遣17批共250名优秀志愿者奔赴西部，在新疆布尔津、云南昌宁、四川三台、江西共青城四地开展支教工作，发挥新时代青年的凝聚力和创造力，在服务地打造品牌志愿服务活动，以实际行动为西部的教育事业、经济发展贡献青春力量，彰显东大学子砥砺奋进、爱国报国的昂扬风貌。

深耕教学，努力成为值得信赖的人民教师

东北大学研支团紧抓传授知识、教育教学的主责主业，通过师徒结对、集体备课、教学研讨等渠道，积极向当地教师学习教学技巧，联络往届研支团成员开展经验交流，快速适应工作环境，全方位完成由学生到教师的身份转变。研支团以课堂教学为阵地，发挥自身特长，依据各服务地学校需求，承担主要学科教学任务，引领学生成长成才。研支团成员坚持因材施教的教育原则，深入了解班级每一名孩子的学习状态和性格特点，充分结合多媒体教学手段丰富授课形式、充实教学内容，促使课堂氛围活泼生动、富有朝气，努力打造学生喜欢、家长满意、教学效率高的精彩课堂，在学校优质课评比活动中多次获评优秀。为保证学生有问即可答，各成员秉承“先当学生、后当老师，既当学生、又当老师”原则，认真备课，努力求教，有效利用课间时间对学生进行答疑辅导，及时发现并解决学生生活、心理、家庭等方面存在的困难和问题，支教团成员教育教学能力及个人道德品行获得学校领导、家长的认可。

东北大学研支团成员开展教学工作

为坚定理想信念，在课堂教学与活动之余，东北大学研支团成员积极开展政治理论学习和民主生活会，开展批评与自我批评，共同提升个人思想觉悟，并解决服务地学校实际需求，兼任学校各部门干事职务，完成科室日常工作任务，协助所在学校开展校内活动。在课堂教学之余，研支团成员积极通过心理辅导、普通话培训、普法教育活动、励志教育等丰富多彩的形式，促进艰苦地区学生开阔视野，养成良好的学习习惯和思维方法，激发学生的主观能动性，

引导学生坚定理想信念，勇于突破自我。

赓续传递，着力打造品牌活动的传承创新

多年来，东北大学研支团持续打造精品品牌活动，全方位助力服务地发展。研支团立足服务地的实际情况，积极拓展志愿服务空间，投身志愿服务活动，传承和创新公益服务体系，完善公益助学模式和学生综合素质提升平台，补全学生日常课堂学习中所存在的缺口，通过凝聚合作部门、校园资源、公益组织和爱心人士的多方力量，帮助学生了解外部世界，树立远大理想，形成正确的价值观念。新疆队的“两面一线”公益体系是研支团在支教十年的过程中，经过历届支教团成员的不懈努力，逐步形成的一套完整的公益体系。“两面”指两个公益方面，包括帮助品学兼优且家庭条件困难的学生完成读书梦想的“疆爱津行”公益体系和帮助学生树立远大理想与目标的“筑梦学途”公益体系；“一线”是指“连线”，即利用“互联网 +”的理念，通过在线网络平台，搭建线上为布尔津县学生提供支教服务的平台，构建校地连接桥梁，促进校地沟通交流。新疆队为布尔津县哈太村窝依莫克镇寄宿制中学打造“爱心书屋”平台，为当地的孩子们提供宽敞明亮的阅读场所，拓展服务地学生的课余生活，以书香传达温暖，为点亮新疆偏远山村孩子们的梦想贡献东大力量。四川队开展“圆梦童心”微心愿活动、“守护童心”童伴之家陪伴活动和“知行系列图书角”图书捐赠活动，现总计捐赠图书数千本，捐赠图书价值 1 万余元，与东北大学山海实践团联合支教学校开展“云支教”活动，持续关注服务地留守儿童、城市流动儿童、事实无人抚养儿童和“五失”青少年的成长问题，为孩子们的健康成长和美好未来保驾护航，为三台县教育扶贫事业贡献自己的一份青春力量。云南队的服务地云南省昌宁县是东北大学长期定点帮扶地区，云南队根据服务地实际需求打造品牌活动“七彩课堂”，培育学生核心价值，以知识讲座为主、其他形式为辅，向学子传播知识，从交通安全教育、疫情防控知识科普、理想信念宣讲、职业生涯教育等方面为学生进行讲授，拓宽学生视野，充分发挥研支团的桥梁作用，积极凝聚社会资源，为服务学校捐献 2800 余套军训服装及近万元学习书籍。云南队联合东大驻地帮扶教师，深入乡镇基层，协助服务地完成危房改造信息建档、人大代表选举、下乡走访帮扶

等实务工作，以实际行动深入协助服务地发展政策落实。江西队在江西省共青城市耀邦红军小学打造“冬日暖阳”微心愿系列活动，为服务地困难学生提供教育物资支持，活动受赠学生累计数百人，覆盖服务学校全部年级的精准扶贫对象，捐赠物资价值累计达数万元，充分发挥了青年志愿者的生力军作用，为共青城市经济社会发展贡献了属于研支团志愿者的青春力量。江西队注重理论与实践结合，开设“红领巾爱学习”红色宣讲兴趣班课程，成立“红领巾爱学习”小红军宣讲团，以适合少年儿童兴趣的形式指导宣讲技巧，鼓励学生们在学习红色知识的过程中，理解党、团、队的血脉关系。

东北大学研支团成员开展心愿认领活动

勇于创新，创新探索服务地产业帮扶新路径

东北大学研支团勇担时代重任，助力全面建成小康社会跑好“最后一公里”。云南昌宁县曾是国家级贫困县，在2018年如期实现脱贫摘帽，但脱贫不脱钩，摘帽不摘责。东北大学研支团此间以科技扶贫为重点，助力服务地电商发展，切身参与到直播带货的工作之中，宣传云南茶文化、少数民族农副产品等服务地特色，为服务地农民创造实在收益。研支团结合提升就业技能、发展脱贫产业等科技扶贫措施，开展电商培训，与挂职干部、大学生创业团队一道，开辟了一条由“输血式扶贫”到“造血式扶贫”的新道路，确保真脱贫、脱真贫。多年来，东北大学研支团的工作成果显著，曾获第十一届中国青年志愿者优秀组织奖，并被中国日报、中国青年网、光明网、央广网、辽宁日报等

多家权威媒体报道。

东北大学研支团成员在昌宁带货助农

“青春由磨砺而出彩，人生因奋斗而升华。”东北大学研究生支教团将小我融入大我，将青春献给祖国。志愿有期，而服务无涯，在未来，一代代研支团成员将继续投身到社会主义现代化建设中，在火热的实践中绽放青春之花。

（文：刘锃一、张东康）

演绎百年校史岁月
滋养爱国爱校血脉情怀

——东北大学百年校庆原创校史剧《同行》工作纪实

引言：为献礼东北大学百年华诞，生动展示东北大学百年光荣校史和新时代新征程上东北大学师生的新担当、新作为，学校于2022年全面启动校史剧《同行》筹备工作，坚持遵循史实、艺术同构的原则，深度挖掘校史、打磨剧本，以丰富而立体的人物群像、感人至深的故事情节激励广大师生从百年校史中汲取奋进力量、传承红色基因，为高质量推进学校“十四五”规划和一流大学建设作出新的更大贡献。

为落实立德树人根本任务，为党育人、为国育才，为建设一流大学提供不竭的精神动力，赓续传承红色血脉，东北大学倾情打造百年校庆校史剧《同行》，以话剧的形式串联起东北大学与祖国同向同行的百年校史，生动刻画每一个历史时期都坚定选择与祖国同呼吸、共命运的东大人群像，以校史资源厚培学校特色根基，以红色血脉滋养师生爱国爱校情怀。

深挖校史，精心打磨，打造校史育人生动教材

为真实还原校史史实，切实展现出一代代东大人实干、报国、创新、卓越的奋斗群像，学校邀请校内外专家团队深度挖掘东大校史史实，对校史史实与文学创作进行多轮论证、推敲把关，先后形成 12 个过程版本，累计删改 10 万余字，力图还原东大人在不同历史时期如何报国爱校的相同选择，利用特色红色校史资源，对受众进行爱国教育，激发受众情感共鸣；面向全校学生进行两轮演员公开选拔，通过对报名者的形象气质、表演能力等多方面进行深度考察，力求为每一个角色找到最适配的演员，保证每一个人物都能“活”起来。

以学校百年发展历程为历史背景，努力将《同行》打造成为校园文化的经典品牌和校史育人的生动教材，剧中选取东大著名历史人物 10 人。真实的历史人物增强了受众的代入感，为受众树立了生动、现实的历史标杆，浓缩了每一个历史时期的典型精神，在注重思想性、艺术性和群众性相结合的同时，将爱国主义教育与大学生思想政治教育、校史教育有机结合，把校史剧作为学生兴校荣校的生动校史教材，将来每年在新生入学期间复排复演，充分利用自身特色提炼思想政治教育素材，打造有特色、有温度的思想政治教育。

校史剧《同行》首场公演现场

以史为本，以文化人，春风化雨般涵育师生品行

校史剧《同行》通过对学校办学特色的深度挖掘和对校园文化的深刻理解，充分刻画了东大人的爱国基因和自强精神，成为传承弘扬大学精神的重要载体和以史为本、以文化人的重要途径，利用话剧生动活泼的形式，春风化雨、润物无声般滋养广大师生的心灵，涵育广大师生的品行。

校史剧《同行》中加入了众多知名校友的感人事迹。《同行》中出现的宋黎，正是一二·九运动游行队伍总指挥，其与东大学子展现出的“捐躯赴国难，视死忽如归”的精神，其在游行中喊出的“东大人誓死不做亡国奴”“中国人誓死不做亡国奴”等口号铿锵有力、振聋发聩，深深震撼了观众的心。参加东北民众义勇军，曾任中国少年铁血军总司令的苗可秀，坚守在辽东地区领导中国少年铁血军与日寇周旋，从容赴死前曾留下绝笔信，信中叮嘱志同道合的东大校友“诸君为国珍重，诸君为国努力”的一幕，引得线上线下无数观众震撼落泪。

借助话剧这一综合性的艺术，让历史人物从平面化叙述中鲜活地走出来，搭建起受众与历史人物对话的桥梁，利用话剧丰富的情感性和极强的渗透效果，直触受众内心深处和精神世界，激发受众情感共鸣，春风化雨般取得厚植爱国情感、弘扬主旋律、激发受众担当意识的教育效果。

校史剧《同行》一二·九运动片段剧照

别具匠心，多重新意，围绕校史精神实现德育与美育的统一

校史剧《同行》采取四幕八段式结构，利用声、光、音、美等打造沉浸式舞台效果，在 120 分钟里展现出东北大学与祖国同频共振的百年发展历程。

校史剧《同行》浓缩不同历史时期东大人的典型形象，别具匠心地设计了陆剑卿、陆修远、陆鸣、陆朝露一家四代人，通过序幕《炽心赓续》以及《国难之殇》、《流亡载途》、《东工长歌》、《笃志同行》等四个篇章，演绎陆家四代人在东北大学求学工作的故事，并将学校发展进程中的重要历史节点和历史人物进行串联，真实还原校史，展现一百年来东大人赓续红色血脉、传承红色基因的精神，展现一代代东大人实干、报国、创新、卓越的奋斗群像。坚持“以情为本”，让美育成为德育的基石，让受众在受到艺术与美的熏陶的同时，深深为剧中人物所传递的精神所影响、所感动。

校史剧《同行》采用光影艺术、音乐感染等多种艺术方式力求尽善尽美呈现话剧舞台，精心设计符合人物特点及年代特征的服装、道具及妆造，拍摄生动真实的角色海报，制作讲述话剧内在核心的场刊，使每一位受众更好地理解角色内核，同时为现场受众营造无形的文化氛围，使广大师生在观看过《同行》之后，既能获得美育的享受，又能在心中涌动起澎湃的使命感，在赓续东大精神血脉中前行奋进，取得德育的效果。

陆剑卿、陆修远、陆鸣、陆朝露一家四代剧照

线上线下，多方报道，成为展示东大形象的成功案例

为进一步扩大校史剧《同行》的影响力，学校采取线上线下双向融合的方式进行演播，邀请老一辈东大人的家属代表、离退休老教师代表、国内外校友代表、家长代表以及在校师生代表线下现场观看校史剧《同行》的首场公演。同时，线上采取平台云端直播、录像，邀请海内外师生校友通过线上直播收看演出，共同庆祝母校百年华诞。无论是线上还是线下，百年校庆校史剧《同行》都获得了广泛的关注与热烈的反响，以及校友们的一致好评。

校史剧《同行》的成功演出也得到了学校领导的支持与认可。面向新百年，全体师生将继续传承好、发扬好百年东大的爱国基因与红色血脉，从百年校史中汲取奋进新征程、迈步新时代的智慧和力量，积极融入中国式现代化的时代洪流，与全球校友和社会各界携手并肩、勠力同心，奋力谱写一流大学建设的新篇章，为建成“在中国新型工业化进程中起引领作用的‘中国特色、世界一流’大学”不懈努力，为全面建设社会主义现代化国家作出新的更大的贡献。

首场公演结束后，校史剧《同行》先后得到人民日报、光明日报、学习强国、辽宁日报、辽宁共青团等国家及省市级媒体报道，成功打造了深挖校史资源、传承红色基因、发挥自身特色、塑造东大形象的完美案例。

校史剧《同行》全体演员及工作人员合照

经过一年多的精心打磨、无数场排练的沉淀积累，校史剧《同行》在全校范围内引起了广泛讨论和强烈反响，给广大师生以心灵上的撼动，使师生在全面建设社会主义现代化国家的新征程中坚定信念、不懈奋斗、只争朝夕，成长为新时代优秀的东大人。在未来，校史剧《同行》将成为独具东大特色的经典文化品牌，继续发挥育人功效。

（文：张忠英、郑兴燕、严思迪）

红色文脉传风骨　立德树人做文章

——东北大学文法学院原创校史话剧《离离原上草》工作纪实

引言：大型校史话剧《离离原上草》创作于2013年，它取材自东北大学近百年的沧桑历史，讲述了可歌可泣的东大故事，描绘了爱国爱校的东大精神底色。时至今日，《离离原上草》已在学校公演30余场，面向全球校友网络公演多场，观众数量累计超过数万人次，中国青年报、沈阳日报等十多家媒体进行了报道。以话剧为基础，孵化出一本出版物、两门课程、一家社团。今天，《离离原上草》作为一部优秀文化作品、一种思政工作的崭新载体、一个全过程育人平台、一项部门联合机制，已成为东北大学师生思想政治工作的重要品牌和有力支撑。

党的二十大报告指出：“全面建设社会主义现代化国家，必须坚持中国特色社会主义文化发展道路，增强文化自信，围绕举旗帜、聚民心、育新人、兴文化、展形象建设社会主义文化强国，增强实现中华民族伟大复兴的精神力量。”文化作为一种无形资产，具有凝聚人心、汇聚民力的强大精神力量。东北大学校史话剧《离离原上草》的筹划、创作、演出、教学与宣传，是塑造东大师生爱国情怀、理想信念、践行社会主义核心价值观的重要途径，话剧的编排是提升话剧参与师生综合能力的生动实践和体现。它的价值，不仅在于它是一部回顾校史的话剧，更在于其全方位文化育人和文化思政的深远意义。

宣扬东大校史，描绘爱国精神底色

2019 年 9 月起，《离离原上草》成为东北大学新生入学教育的重要内容，在刘长春体育馆面对数千名新生公演。公演场面之盛大、气氛之热烈在东北大学话剧公演史上实属罕见，观众和亲历者无不动容。文法学院学生胡同学在观看话剧后表示："我在观看话剧时几度落泪，深深地体会到母校发展史的筚路蓝缕，也感受到先辈们的勇敢担当和赤忱热血，给了我奋发图强的决心和勇气。"

《离离原上草》将"百年东大"恢宏的历史脉络浓缩至两个多小时的话剧故事中，用跨越式的表现手法描摹了东大百年校史，突出展现了先辈们崇高的爱国品格。新生入学后，通过"唱一首校歌，看一部话剧"充分了解东北大学的沧桑历史，帮助新生树立起对母校的归属感，汲取强大的精神力量。

话剧坚持以爱国主义为精神底色，以初心教育与中国梦的伟大实践为主要内涵，具有极强的激励力与感召力。师生们在欣赏剧情的同时，自觉与剧中人物产生共情，启发观众将个人理想寄托于民族复兴的洪潮之中，将个人命运与国家、民族的命运紧密结合，用自己的实际行动践行爱国者的使命与担当。

原创校史话剧《离离原上草》公演现场

创新思政教育载体，打通“最后一公里”

话剧《离离原上草》的创新之处，就在于立足于新时代大学生的特点和实际，打破了传统思政课上学生被动接受的教育模式，成为形式更新、效果更好的思政教育载体。话剧以极富感染力的剧情搭建起与观众的思想沟通桥梁，能够引发观众的思考、产生共情。这种创新的教育载体更为师生喜闻乐见，且具备更为强大的精神力量，加深了植根于全体东大人心底的爱国之情。

同时，话剧《离离原上草》将德育、美育相结合，是高校美育工作的新载体，坚持以美育人、以文化人，成为东北大学美育工作的大胆尝试与杰出成果。本剧既重形式也富内涵：在形式上，该话剧不仅充分利用多种舞台手段，而且台词凝练考究、思想深刻；在内涵上，紧紧围绕提升师生审美和人文素养这一核心指向，引领广大师生树立正确的审美观念、陶冶高尚的道德情操、培育深厚的民族情感。

话剧《离离原上草》献礼东北大学百年华诞

搭建立体化平台，实现全过程思政

话剧《离离原上草》自诞生以来，不断发展、丰富其育人内涵：在原有话剧的基础上对剧本进行丰富并出版了一本出版物；孵化出一家以艺术表演与创作为主旨的话剧社团——“萱草剧社”；在校内开设两门特招艺术类人文选修课——“话剧欣赏与实践”与“话剧剧本创作与导演基础”。截至目前，形成了一部话剧、一本出版物、一家社团、两门课程“四位一体”协同育人的创新平台，实现了文化思政、课程思政、实践思政和心理思政的结合。目前，课程“话剧欣赏与实践”与“话剧剧本创作与导演基础”在全校影响广泛，选课人数爆满、口碑极佳。

话剧演员们参与话剧排练与演出，并在课程与社团中得到综合素质的提升：话剧的呈现需要所有演职人员的通力协作，有效提高了话剧演职人员的文学修养和语言表达、组织协调及抗压能力等素质；两门课程由本话剧的初始策划者文法学院院长张雷教授以及总导演王一老师共同担任授课教师，使学生们通过课堂的系统学习，掌握话剧表演的基础性知识，提高艺术修养；“萱草剧社”由文法学院团委指导，剧社成员参与社团活动，凝聚起强大的组织向心力与集体荣誉感。话剧首任编剧及演员钟周丽嫄在毕业多年后仍然感慨：“在剧组，后台风风火火的日夜，让我认识到了一个真正由情怀、才华以及能力构成的团体应该如何行动。如今偶尔在工作中被人夸奖能扛事耐摔打，大部分得益于此。”

话剧《离离原上草》排练现场

打造工作联动机制，构筑多部门协同系统

《离离原上草》发展至今，获得学校多部门的关注与支持，逐步打造并形成了跨部门联动、多单位协同的思政系统。在这一系统中，校党委宣传部将本剧纳入“文化精品培育战略”，教务处将其纳入“大学生文化素质教育基地学生活动项目”，学生工作处将其纳入“‘一五一十’思政文化育人一体化平台项目”，以及校团委共四部门从顶层设计上为本话剧把握思政育人方向，提供资金支持；文法学院与跨文化战略研究院作为执行单位，具体参与话剧的编排、创作与演出。从宏观到微观，从统筹布局到具体执行，协同一致为话剧的育人工作保驾护航。

此外，《离离原上草》得到了东北大学秦皇岛分校的大力支持，在分校团委的指导下，经过数月的排练准备，《离离原上草》于 2019 年 12 月在秦皇岛分校进行公演。自此，该话剧在四校区落地生根。

2023 年 4 月，该话剧再次迎来全面公演，先后在南湖校区、浑南校区和秦皇岛分校演出。为庆祝建校百年，话剧将以多种形式面向全球校友广泛公演，在校友中凝聚起爱校荣校的磅礴力量。

话剧《离离原上草》演员选拔现场

历史照亮未来，征程未有穷期，《离离原上草》演绎了东大人自己的故事，用生动的话剧语言和极富感染力的剧情感染观众，于无声中润万物，于光影中育英才。《离离原上草》作为一部优秀的校园文化作品，承载着立德树人的光荣使命，引领当代青年学生树立积极的价值观和人生观。同时它探索出一条新颖、有效的教育载体，搭建起多方位全过程的立体化育人平台，构筑多部门联合的协同育人系统，有效地提升学生的综合素质与能力。它以强大的精神力量，感召吾辈学子继承先辈的精神传统，接起前辈们不懈奋斗的接力棒，在新时代背景下延续学校的光辉，为全面建成小康社会、实现中华民族伟大复兴的中国梦凝聚了强大正能量。

此外，根据《离离原上草》校史话剧的成功经验，文法学院党委又成功打造了党史话剧《春雷》，公演大获成功。学院党委目前正开展新剧《阳光真好》的创作。新话剧旨在展现东北大学科技工作者的独特精神气质，为2023年东北大学百年校庆献礼。

（文：王一、庄会虎）

以劳夯基　铸魂育人　打造劳动教育高地

——东北大学劳动育人工作纪实

引言：东北大学紧紧围绕立德树人根本任务，准确把握社会主义建设者和接班人的劳动精神面貌、劳动价值取向和劳动技能水平的培养要求，不懈追求，不断突破，在实践探索中找出一条凸显时代特征、体现东大特色、符合学生特点的劳动教育发展道路，通过加强劳动教育实现树德、增智、强体、育美，引领学生德智体美劳全面发展。

东北大学深入贯彻习近平总书记关于教育的重要论述，全面贯彻党的教育方针，加快构建德智体美劳全面培养的教育体系，切实加强劳动教育的组织实施，调研了解国内外高校劳动教育实施情况和特色做法，学习借鉴相关领域专家学者在研究和实践中取得的成果，推动课堂教学和日常大学生思想政治教育两个维度协同交融，从健全制度、夯实内容、拓展平台、孵化精品四个方面精准发力，组织学生参与日常生活劳动、生产劳动和服务性劳动，教育引领学生树立劳动观念、具备劳动能力、培育劳动精神、养成劳动习惯和品质。学校获评辽宁省首批劳动教育示范学校，劳育领域获批国家社科基金项目 2 项、省社科基金项目 6 项、省社科联项目 1 项，出版著作 11 部、教材 3 部，发表论文 58 篇。

体系完备，运行规范，开创劳育新局面

学校党委高度重视，各牵头部门明确分工，成立劳育研究中心，做好学校劳动教育理论研究与劳动教育课程建设，全面夯实日常大学生思想政治教育工作中的劳育单元，形成《东北大学劳育工作实施方案》，构建完善涵盖课程建设、思政活动、创新创业、社会实践、志愿服务、人才队伍等方面的全方位制度体系，将劳动教育纳入本科培养方案，规范课外学术科技竞赛管理运行，明确第二课堂学分设置，优化申报教授职称必备条件，出台优化一系列规章制度，通过政策引领，从顶层设计角度进一步完善学校劳育工作体制机制。同时，发挥评价的育人导向和反馈改进功能，以本科生综合测评为抓手，构建全方位评价体系，健全劳动素养评价标准、程序和方法，让学生感受到积极参与劳动教育的必要性，鼓励教师结合教育教学实践开展学科教学与劳动教育融合机制研究，如实记录教师落实劳动教育的实际表现，兼顾课堂学习和课外实践，对突出成绩和优秀成果给予奖励。

内容翔实，重点突出，满足学生新期待

学校以“自强不息、知行合一”的校训精神为导向引领，发挥优势，凸显特色。在学科专业中有机融入劳动观念，注重课群开发，在培养计划中增设劳育限制性选修模块，规定学生必选 32 学时（2 学分）。结合学科专业开展科普探索、创新实验、创业训练等实践活动。将劳动教育内容和劳模精神培育融入“师说思语”思政微课堂等网络教育专栏；在课外校外活动中着力培养劳动能力，设置“劳动周”，结合重要时间节点，模拟生活劳动场景，提升学生的生存能力。举办创业先锋班，组织体能训练，开展创新项目研究，培育学生的工作能力；在文化引领中强化劳动精神，通过出台“劳动任务清单”“劳动公约”“劳动任务书”，推进劳动教育常态化。邀请劳动模范走进校园，组织劳动技能和劳动成果展示，引领学生学习劳动精神。开展“爱劳美校”系列教育等活动，组织食堂帮厨活动，着力强化服务性劳动；在认识和生产实习中强化劳动习惯和品质，运用主题班会、团日活动等日常教育活动载体，助力劳动习惯和品质的养成。大力推进社会实践、志愿服务品牌活动，帮助学生做好职业发

展规划。通过理论教学和操作训练，指导学生在工程训练中将基本工艺知识、方法和基本操作技能有机融合。

学生参与工程训练实践学习

资源丰富，平台广阔，带动工作新发展

学校作为中国高等教育学会劳动教育专业委员会常务理事单位，参加中国高等教育博览会、新时代高等学校劳动教育论坛，广泛开展学术研究、经验交流和资源开发等工作。依托“一五一十”思政文化育人一体化平台建设，精准引领、定点发力，着力强化日常大学生思想政治教育，全面提高大学生的劳动素养。深化“一站式”学生社区综合管理模式建设，涵育寝室文化，将劳育资源全面覆盖到学生学习生活场所，精准输送到每一名学生身边。夯实双重理论支撑，依托马克思主义学院发起成立的全国劳模文化研究联盟，开展劳动教育的教学改革及科学研究，邀请名师专家举办教学讲座，提升指导教师的理论知识与实践技能水平。拓展校外实习、实训平台，加强学校与企业、科研院所的合作，以“大劳动观”为引领，引导学生在劳动实践中创造性地解决问题。大力构建校内外勤工助学平台，设置校内勤工助学岗位约 2500 个，积极探索社会公共服务类岗位资源，依托家教服务中心搭建公益性支持平台，不断拓展勤

工助学实践活动的内涵和外延。

亮点突出，打造精品，实现领域新突破

发挥以“劳动通论与实践创新”为代表的64门劳动教育通识选修课主渠道作用，涵盖科学理论、实践操作、创新设计和情境体验等各个方面，形成内容丰富的劳育课群，编写并出版《大学生劳动教育教程（高职高专版）》《大学生劳动教育教程》《劳动教育概论》等劳育教材。同时，大力推动课程建设和教学改革，围绕国家社科基金重大课题“东北（辽宁）老工业基地‘劳模文化’史料编纂及当代价值研究”，全面整理课题的理论成果，深入挖掘课题的思政元素，有效开展劳动文化、劳动精神、工匠精神进课堂等教学改革，切实推进科学研究与教学改革双轮驱动、相互促进、共同发展。循序渐进、螺旋上升地开展劳模文化研究成果进课堂，以政治认同、家国情怀、道德修养、法治意识、文化素养为重点，系统进行马克思主义劳动观教育。2022年11月29日，党的二十大代表、全国劳动模范、沈阳鼓风机集团股份有限公司副总工程师、东北大学特聘教授姜妍应邀在东北大学“习近平新时代中国特色社会主义思想概论”课堂上开展专题授课，积极营造“人人学劳模、人人争做劳模”的校园文化氛围，丰富提升劳动教育的思想性、理论性、针对性和亲和力。

东北大学特聘教授姜妍开展专题授课

学校积极培育大学生优秀行为养成引领计划之“爱劳美校”系列教育品牌活动，将劳动教育和爱校建校实践相结合，开展种植劳动实践，学生在专业种植人员的指导下，亲身体验了大豆栽种，根据作物自然生长状况，陆续开展田地整理、灌溉捡苗、采收总结等环节，将劳动教育融入学生日常学习和生活中，形成人人热爱劳动、劳动光荣及以美化校区环境为己任的校园风尚。学校持续丰富拓展“爱劳美校”系列教育，动员广大学生参与浑南校区植被绿化、空余场地美化、绿植科普试验田等活动，激发劳动兴趣，培养劳动情感。

东北大学“爱劳美校”主题种植劳动实践活动

下一步，学校将在厘清劳动教育建设情况基础上，聚焦劳动教育建设痛点，探索开发“生存技能”“医疗急救”等实践课程，进一步挖掘创新创业、就业实习、实践服务等实践环节中的劳育资源，有针对性地谋划开展劳动技能提升训练，全方位提升学生的生存能力、工作能力和志愿服务能力，不断优化劳动教育实施路径，全面提高大学生的劳动素养，培养德智体美劳全面发展的社会主义建设者和接班人。

（文：万科含）

构建“四结合”就业引导体系 为学生点燃职业梦想

——东北大学毕业生就业引导工作纪实

引言：东北大学高度重视毕业生就业工作，一直把做好毕业生就业工作作为落实立德树人根本任务的重要环节，注重将就业引导与就业育人、专业教育、生涯教育和就业服务相结合，坚定学生的职业理想信念，提升学生的职业发展意识与核心竞争力，为国家高质量发展和东北振兴输送高水平人才。

东北大学认真学习贯彻落实习近平总书记关于做好高校毕业生就业工作的重要指示批示精神，坚决落实党中央、国务院“稳就业”“保就业”决策部署，以促进人才培养质量提升为中心，进一步明确“稳定就业率，提升就业质量，促进人才培养，服务于国家、地区发展战略和国际人才发展战略”的就业工作目标，将就业工作聚焦于“格局化、效能化、精准化”三个方向发力，大力引导毕业生将职业理想与国家发展需要相结合，到国家经济发展的重点战略区域建功立业，全力促进毕业生更加充分更高质量就业，为东北振兴、国家建设贡献智慧和力量。

近五年，东北大学毕业生毕业去向落实率保持稳定。毕业生到央企、500强等高层次单位就业人数占实际参加工作总人数的56.4%，前往矿业冶金、电子信息、装备制造、航空航天等国家重点领域和基层就业的毕业生比例始终保持在 50% 以上，赴“一带一路”涉及省份就业的毕业生比例达 61.3%，在东北地区就业的毕业生比例达 32.1%，向国家经济发展的重点战略行业和区域输送了大批高水平人才。

将就业引导与就业育人相结合，坚定“有情怀”的发展信念

东北大学将就业引导作为大学生思想政治教育的重要组成部分，贯穿人才培养全过程，积极引导学生树立远大理想，担当时代责任、练就过硬本领。

为了解决重点领域和基层就业“为什么去”的问题，学校大力加强典型示范、氛围营造、政策激励，深入挖掘校史中丰富的教育资源和“54 煤”“可可托海的东大人”等老一代东大人坚守的“国家需要就是我们努力的方向”的报国情怀与实干品格，深入挖掘新时代基层就业和留辽就业的新生代东大人典型事迹。出台《东北大学关于引导和鼓励毕业生面向基层就业的实施意见》《东北大学学生服务西部、基层和艰苦边远地区奖励实施办法》《关于进一步做好促进毕业生在辽沈地区就业工作的通知》等文件，设立“志愿服从国家需要优秀毕业生”校级荣誉称号并给予奖励。组织暑期名企行活动、“新生第一课”、“就业政策宣传月”、基层就业优秀事迹报告会、留辽就业优秀毕业生事迹展播等就业引导活动，引导更多的学生认知行业、企业和职业，做深入的职业世界探索，让“孜孜以求，为国担当”的坚定信念在学生心中生根发芽。

将就业引导与专业教育相结合，激发“有动力”的职业兴趣

“双一流”建设高校的使命与任务决定了其就业引导工作应呈现鲜明的行业特征、学校特色和专业特点，紧跟国家发展战略，引领社会进步。

学校立足学科、专业的高端就业市场需求，设计具有专业特点的就业引导方向，培育学生浓厚的专业兴趣和攻关重大科学难题、“卡脖子”问题的专业优势，从根本上激发学生到重点领域和基层就业的工作动力，解决“想要去”的问题。比如，针对面向“大国重器”基础产业的特色优势学科，大力引导学生到战略区域和艰苦地区建功立业；面向战略性新兴产业的优势学科，大力引

导学生到重点行业的一线岗位“沉下去，浮上来”；针对人文社会科学学科，大力引导学生参加国家和地方就业项目以及国际组织实习任职项目，鼓励学生在新农村建设、城镇社区中发挥作用，在国际舞台唱响中国声音。同时，学校将职业理想信念教育融入专业课教学，通过“专业概论与职业发展”必修课、“新生第一课”等，邀请各专业学术带头人、博士生导师、优秀校友亲自为学生讲授专业学习与职业发展的内容，从专业发展的视角剖析职业发展方向、激发职业成就感，增强学生到重点领域和基层就业的使命感和认同感。

将就业引导与生涯教育相结合，促进“有能力”的职业选择

到重点领域和基层就业，只凭一腔热情是不够的，还需要指导学生做好科学的职业发展规划和全面的能力准备，解决重点领域和基层就业“去得上，干得好”的问题。学校重点打造“普遍指导、分类指导、个性化指导”相互结合、“课程平台、活动平台、咨询平台”相互支撑的分年级全景式生涯发展指导体系，分阶段、分层次着力提升学生对重点领域和基层就业的职业认知能力、职业选择能力和就业胜任力。

一是构建职业发展与就业指导“课群”。紧扣学校人才培养定位，开设“职业发展指导”“毕业生就业指导”“大学生就业胜任力”等课程，形成“必修与选修相结合、生涯与就业相呼应、理论与实践相促进”的课程模式，明确知识、技能和价值“三位一体”分年级教学目标，打造成长发展核心课、生涯意识唤醒课、职业能力提升课、生涯行动促动课，深挖时代精神与东大品格，将职业理想、职业价值、职业道德等“课程思政”元素深度融合于课程设计与教学过程，突出“四性”（引领性、知识性、时代性、实用性）、“三结合”（思政培育与能力培养相结合、职业发展与专业发展相结合、就业指导与学业指导相结合）。此“课群”获评“全国高校就业创业金课”“教育部首批全国高校职业发展与就业指导示范课”“校课程思政示范课、教学成果奖”，慕课在“中国大学 MOOC”上线。

青年·成功讲坛
专题报告会

二是开展“青年志·强国梦·成功行”系列生涯发展指导活动。实施“青春带梦想启程”生涯发展领航计划和“圆梦正能量”生涯发展助力计划，打造“青年·成功讲坛”、“就业之星”评选、“春招 / 秋招助力行动”、职业生涯挑战赛、“成才报国·职行万里”名企行、国际组织菁英训练营等品牌活动，搭建多维度职业探索的平台。建设学校就业创业直播平台，开发九大模块“NEU 职涯云课”，聘请生涯规划专家、学科骨干教师、企业高管、优秀校友等围绕职业发展、行业分析、求职技能等专题直播授课，累计收看 6 万余人次。

东北大学学生职业生涯挑战赛

三是加强个性化生涯发展与就业指导。学校成立东北大学 NEU 生涯设计工作室，秉承“重构、专注、选择、行动”的理念，组建专业生涯咨询师团队，为全校本科生和研究生持续提供个性化职业发展咨询、邮件咨询、简历“一对一”服务、生涯团体辅导等专业化成长发展咨询服务，普及生涯文化，深度促进学生职业发展意识与能力双提升。东北大学 NEU 生涯设计工作室获评辽宁省特色职业生涯咨询工作室。

四是建设职业发展与就业指导专家库。学校实施“深耕计划”和进阶培养计划，打造“专兼一体”专家化队伍。目前，学校 100% 的学生工作干部和部分专任教师参加过职业发展指导类培训和资格认证。多人次被聘为教育部全国普通高校毕业生就业创业指导委员会委员等国家和省级就业指导专家，获得 2021 年全国高校教师教学创新大赛二等奖（辽宁省唯一）。

东北大学就业指导教师认证培训

将就业引导与就业服务相结合，实现“有保障”的就业行动

一是打造就业共同体，高效能推进就业资源共享。东北大学不断强化“大就业”理念，在全国率先开创了“就业、指导、资助、心理”四位一体工作互促机制，打造“学校为主导、学院为主体”“领导主抓、中心统筹、院系为主、全员参与”“教学、科研、招生、群团等协同支持”的就业共同体，增强就业指导、市场开拓和管理服务在促进学生高质量就业上的关联性，以“促进学生高质量、可持续发展”的共同愿景统领就业工作的协同发展。

强化组织领导，落实就业工作“一把手”工程，成立学校党委书记和校长任组长的就业工作领导小组，出台《东北大学毕业生就业创业工作实施方案》《关于加快推进毕业生就业工作“五个一”工程的通知》《关于进一步加强重点群体毕业生就业指导与帮扶工作的通知》，坚决落实就业工作“四到位”要求。逐步完善教学、科研、招生、团学等“全员促就业”支持体系，联合开展就业实践活动、举办“校董单位、校友企业”专场招聘会、引进多省区选调生及基层就业项目等；出台《毕业生就业工作先进集体、先进个人评选办法》，激励专业教师全方位参与用人单位走访、就业指导、需求信息收集与推荐学生就业等工作。完善人才培养质量反馈机制，持续开展毕业生就业意愿与就业状况追踪调研、用人单位需求与评价调研、新生就业前置调研、大三年级就业力调研等，编制《毕业生就业质量报告》，推进学科布局、生源分布、教育教学改革、就业等工作协同优化。将家长和学生纳入就业工作支持系统，出版《青春答案全解大学成长发展指导系列丛书》，成立学生生涯发展委员会，设立班级生涯委员。

二是充分发挥区域高校引领作用，内外联动稳定就业市场。2016 年，学校首次提出“校、院、专业”三级就业市场体系建设，校院两级领导班子亲自带队开展走访和人才推介，年均走访超过 40 次，走访用人单位百余家。举办重点企业博士专场开放日，千方百计开拓高质量工作岗位。协同东北五所重点高校组建的“东北五校毕业生就业工作协作体”成立 16 年来，为学生赴重点领域和基层就业开拓了更广阔的渠道。

目前，就业市场布局已覆盖 30 个省级行政区，涵盖航天航空、新能源、钢铁冶金、人工智能、智能制造等关键领域和战略性新兴领域的各行业门类，均有不同程度的开拓成果；与百余家用人单位和多地省委市委组织部、人社局等签订合作协议。学校充分利用国家和各行业优质平台资源，扎实推进常态化校园招聘活动和“实习生双选会”、“辽沈地区专场招聘会”、“大型双选会”等特色招聘活动，保持高质量就业市场规模稳定。建设就业信息“云矩阵”，确保毕业生第一时间获取精准化就业信息。持续优化就业信息网大数据平台，打造线下“一站式”与线上“云服务”相结合的“互联网 + 就业”服务模式，实现用人单位和毕业生线上招聘求职的全程网络化。每年 4000 余家用人单位开展线上线下招聘活动超过 1500 场，发布招聘信息近万条，其中高层次用人单位占比超过 50%。

东北大学毕业生双向选择洽谈会

近年来，东北大学不断涌现出世界技能大赛冠军周文涛、太钢集团“笔尖钢”研发工程师车德会、全国基层就业典型“辽宁大学生村官”朴双双、大学生应征入伍典型刘晗等多名优秀毕业生和100余位“就业之星”，用实际行动彰显了东大学子的爱国情怀和实干精神。《教育部高校思想政治工作简报》，以及教育部官网、中宣部“学习强国”学习平台、光明日报、人民日报等主流媒体多次报道东北大学就业引导及指导服务工作。学校也多次获得全国高校毕业生就业工作总结宣传典型经验50强高校、全国普通高校毕业生就业工作先进集体、辽宁省高校毕业生就业工作先进集体等荣誉称号。

作为一流大学建设高校，东北大学将立足建校百年新起点，坚守为党育人、为国育才初心使命，用心用情做好就业引导与指导服务工作，点燃学生的职业梦想，照亮学生的职业道路，为东北全面振兴实现新突破、服务国家高质量发展作出新的更大贡献。

（文：张小诗）

盘活馆史资源
打造图书馆“沉浸式”思政课堂

——东北大学图书馆馆史馆情教育工作纪实

引言：发掘自身优秀历史文化是高校传承优秀传统文化的重要支撑，是高校自身健康发展的需要，也是培养优秀建设型人才的需要。高校图书馆作为学校的文献信息资源中心，应充分发挥在学校“人才培养”和“文化传承创新”中的作用。东北大学图书馆现存一部分珍贵历史文献及实物展品，盘活历史资源、激活历史记忆、汲取奋进力量是图书馆发挥文献资源优势，传承爱国爱校红色基因的重要载体。自 2021 年起，图书馆党总支盘活馆史资源，从先辈榜样的家国情怀、党史国史的叙事和历史研究的多重视角加强“四史”学习教育，开展从馆史馆情讲述“东大故事”系列活动，让思政课堂在“沉浸”中“活”起来。

为深入贯彻落实习近平新时代中国特色社会主义思想和党的二十大精神，聚焦学校立德树人根本任务，发挥好图书馆的文化育人作用，图书馆党总支着重挖掘自身馆史文化，搜集各类实物和文献资料，以文化传承、文化保护、文化互动为初衷，打造馆史里的“沉浸式”思政课堂，从馆史馆情讲述“东大故事”。

从“理论高地”走向“实践阵地”

为了高标准、高质量推进党史学习教育，把图书馆党建与学校立德树人根本任务结合起来，与做好图书馆百年馆藏活动结合起来，与馆史展览、研究和馆藏管理三项核心任务结合起来，图书馆党总支对南湖馆二楼北侧的展室空间进行了规划布置，对馆史馆情相关的文史资料及实物展品进行了梳理和展示，努力为全校开展党史学习教育提供教育基地、资源平台和服务支撑。一方面，通过合理布局、立体展陈，综合运用多元手段将馆史馆情资料蕴含的东大文化予以生动呈现，彰显文化创新；另一方面，统筹布局，结合文献以及实物展示、文字说明等，使之成为现场课堂，实现思政课从有意义到有意思的有益尝试，努力推动“学－思－践－悟－化”立德树人闭环。

党总支以丰富的文献和实物呈现校史馆史，以有形的文献载体深化了图书馆育人内涵。将图书馆的发展史、业绩和优秀人物等通过展览的形式形象地展示，使图书馆馆史、馆情相关资料更加有效、合理利用。同时，充分挖掘文献、展品中关于奉献、爱国、爱校、自励等优秀馆史文化元素，配以文字介绍以及专门讲解，讲述东大精神传承不息的历史征程，实现了优秀馆史文化建设从抽象到具体。

从“单面打鼓”走向“多方协同”

不同于之前党员自行学习、自行讲解的单面打鼓的形式，图书馆移动的思政课堂以支部为单位，甚至打破支部壁垒，多渠道协同开展。一方面，通过集体讨论、头脑风暴、师生需求调研等方式，探讨馆史资源的查找范围和原则、项目实施的具体步骤、项目实施过程中可能遇到的问题及解决方案，确定实践方向；另一方面，对馆史内容进行系统梳理，挑选适宜展览教学的内容，寻找适合开展展览教学的实践地点。

党总支在充分考虑图书馆资源的建设及变迁，以及南湖馆新展馆现有的26个展柜和两面与墙同高的方格书架基础上，确定了以原宁恩承、张捷迁纪念展室的展品为基础，增加图书馆馆史资料和沈河馆存原黄金档案馆部分馆藏的建设方案。经过党员们对三个校区图书馆上万件物品文献的搜集、筛选，以及对资深馆员的采访，整理归类出与馆情馆史相关的资料，作为展陈内容的基础。

（1）以史明志，踔厉奋发——挖掘馆史资料中的东大故事。

（2）文脉传承，故物流芳——挖掘馆藏古董中的东大故事。

（3）躬耕图林，践行初心——挖掘影像照片中的东大故事。

（4）爱国爱校，矢志不渝——挖掘特殊人物中的东大故事。

党员们分类整理图书馆老照片

从“静态展场”走向“多维展览”

图书馆不仅是静态知识的展场，也是一个由建筑空间、文献展品和读者共同营造的文化场所。深藏在这里的每一件馆藏，都有一个耐人寻味的故事。图书馆里的“沉浸式”思政课堂，是将思想政治教育融入展览服务中，促使其有效发挥社会主义核心价值观教育功能、爱国爱校教育功能以及学科认知教育功能。党总支通过广泛收集展览信息、做好展览宣传报道、提供学生实践机会、构建立体型思想政治教育阵地等途径，以东北大学图书馆百年历史发展为主线，以图片、文字、实物和多媒体相结合的方式，面向全校师生组织开展了百年特色馆藏展。

东北大学图书馆馆史展部分展板

展览以“回望来时路，奋进新征程”为主题，分为“百年东北大学图书馆馆史展”“宁恩承、张捷迁事迹展”“东大师生学术著作文献展”三大部分，用精练的文字、生动的图片和丰富的实物呈现了东北大学图书馆百年发展历史。展陈的实物汇集了三个校区图书馆的馆史资料，包括各个历史时期馆舍情况、历任馆长及部分馆员介绍等，从 1923 年到 2022 年，从大南关校区南楼小小一隅的图书室到现如今三个校区 6.4 万平方米宽敞明亮的新馆，从手工排目录卡到智能管理、通借通还、线上阅读，全方位展示了东北大学图书馆百年间的发展历史；展览展示了体现图书馆各个方面的老照片，包括馆内馆际会议、馆员生活、馆内设备、馆藏布局等，从中可以寻找离退休人员、在职人员、调离人员等昔日同人的身影，回顾往昔一起工作、学习的美好记忆；展览采取“以东大成果展示东大成就”的方式展出了通过各种渠道征集到的珍贵文献文物和校友著作 5000 余册，包括由东大教职工、学生和校友公开出版发行的图书，统一装订的东大毕业的博士学位论文、民国时期东北大学毕业论文以及部分黄金工业著作手稿，为参观者展示了东大教职工、学生和校友的丰富学术成果，介绍了他们研究、创作及生活情况，展现了他们严谨朴实、孜孜以求的治学风格；展览展出了宁恩承、张捷迁、张学良相关手稿及实物展品 89 件，全方位、多角度地展现了宁恩承、张捷迁奉献、爱国、爱校、自励等经典文化元素，让师生感受到了更多的“东大味道”。

宁恩承、张捷迁事迹展

同时，馆史展览还开辟了图书馆业务工作和图书馆读者服务场景展示墙，专陈各个时期有代表性的图书馆业务工作和读者服务的文献、设施及物件，包括各时期图书馆工具书、目录柜，各时期收藏的不同载体文献资料，如黄金档案局卡片、早期读者借阅证、图书馆早期编印的规章制度，图书馆历年奖杯、奖状、奖牌等；各时期提供读者服务的设备，如“张学良、赵一荻文件与口述资料”缩微胶片及缩微胶片阅读机、便携式收录音机、单双卡收录音机、全能电脑语音机、磁带转录机、中英俄文打字机、音箱、配套铅字模、老式灯泡等，多角度真实记录了百年来东北大学图书馆从传统到现代化的发展进程，反映了一代代图书馆人艰苦奋斗、敬业乐业的专业精神。

从“传统服务”走向“精准服务”

党总支依托空间再造，对南湖馆二楼北侧的展室空间进行规划布置，通过内容归类、主题揭示、关联分析，更全面、细致地展现和揭示馆史文献蕴含的东大精神和时代价值。在馆史相关资料准备过程中，党员们也发现了许多之前未曾得到重视的珍贵照片，然而一部分照片已在岁月的侵蚀中遭受不同程度的损坏。在挖掘档案、充实馆藏内容的过程中，展览服务本身也发挥了“催化剂”的作用，促进了图书馆自身留存的珍贵档案的保护，精准服务于相关校史馆史研究的需要。

学生参观东大师生学术著作文献展

党总支将思政与文献检索课程教学进行对接，使思想政治教育的因子融入文献检索课程之中，赋予思想政治教育以鲜活的生命力，同时丰富文献检索课的内涵，挖掘其育人价值，拓展文献检索课的教育教学功能。通过在展览服务中开展书目推荐、文献导读、现场教学等活动，为师生创造沉浸式和身临其境的学习体验，精准服务于相关教学需要。

党总支发挥了学科馆员既熟悉相关专业知识又具备娴熟文献搜索技能的优势，对馆史馆情相关文献资源进行分类、编目、加工，并采用网络技术和数据库技术等手段，将传统纸质的文献资料转化为数字化文献，形成了张学良文献数据库、冶金科学与技术文献数据库以及古籍善本数据库，精准服务于相关学科建设需要。

党总支在整合馆史资源、凝聚经典的过程中，正是继承了一代代先辈为图书事业不懈奋斗的珍贵存留，将一代代图书馆人的敬业奉献精神的真实写照从历史留声中发掘出来。同时，党员们在参与建设工作过程中，被这些史实反映出的前辈在开创之初的奉献与诚意、民族危亡之际的坚守、在毕生付出中的无私所深深触动。这正是展览活动作为“摆渡者”，引领当下党员们从对历史的见证中学习先辈的精神，精准服务于图书馆文化精髓传承的需要。

在有效引导青年馆员和党员参与展览布置、文献整理、参与导引、志愿讲解等过程中，深化了对“读者导向、服务至上”基本理念的认识。通过展示图书馆馆员在平凡工作中凝心聚力、不忘初心、勇于担当的风采，引导广大教职工从“被感动”到“见行动”，自觉践行立德树人、服务育人的神圣使命，形成了优秀馆员持续不断涌现的良好局面，精准服务于馆员职业精神培育需要。

从“独角戏”走向“大合唱”

让更多学生主动参与到馆史思政教育中，让学生成为课堂内容的主讲者，不断激发学生学习的热情和动力，是图书馆“沉浸式”思政课堂的主要目标之一。

师生共读。通过展板、图书馆官方微信平台、多媒体电子屏多渠道进行百年馆藏前期专题宣传：2022 年 4 月，微信推出“一本书的校园之旅”；6 月，面向 2022 届毕业生组织开展毕业照征集活动；10 月，开展“超星杯”红色知识线上竞答活动，微信推送“认识东大，从阅读一本书开始！”；11 月，开通“红色讲堂”新时代中国特色社会主义思政教育视频数据库及“党史学习教育”专题课程数据库，试用“大学生思政资源服务平台”；12 月，进行“牢记历史　不负韶华”“铭记历史　砥砺前行”专题微信推送。

多次接待学生支部主题党团日活动，以党建带动团建，将支部学习与课堂教学相结合。面向新生开展入馆教育，以班级为单位组织学生走进图书馆，由图书馆老师进行馆藏资源与服务介绍，并带领学生实地参观、动手操作，着重挖掘图书馆馆史馆情育人资源和思政元素。

加强与各学院志愿服务团队的沟通交流，积极向志愿者推介图书馆的展览，并及时反馈学生意见及要求；在全校范围内招募学生志愿者参与展室专题展览的讲解服务，以讲促学，以学提质，力求把“有意义”的东西讲解得“有意思”。

展览服务。一方面为学生更好地利用图书馆资源与服务提供了良好的宣传契机，对于强化图书馆服务意识、拓展服务内容方式起到了积极促进作用；另一方面凸显了图书馆的思想政治教育资源厚度，通过课程实践把思政“小课堂”变为思政“大课堂”，让思想政治教育工作贯穿图书馆课程思政全过程。

接待学生支部主题党日活动

图书馆的发展离不开老一辈人的付出，图书馆的未来离不开新时代馆员的努力奋斗。面对读者服务多元化需求增长，为师生读者提供“更加人性化、更加个性化、更加趋于社交化”的服务，对图书馆的管理能力、空间打造和文化氛围建设提出了新的要求。如何满足和应对新的转型带来的挑战，是摆在图书馆人，特别是共产党员面前的课题。图书馆全体馆员要像前辈们一样艰苦奋斗、迎难而上、团结一致，为师生提供“细心、热心、暖心”的优质服务，在人才培养和学科建设方面提供有力支撑，在落实立德树人根本任务、推动学校一流大学建设中，作出应有的努力和更多的贡献。

（文：董光芹、张哲）

点亮价值航灯　引领“出彩”校园新风尚

——东北大学“出彩东大人”培育和践行社会主义核心价值观感动分享教育系列活动工作纪实

引言：东北大学“出彩东大人”培育和践行社会主义核心价值观感动分享教育系列活动，作为学校校园文化建设的龙头品牌和创新举措，旨在以“两先两优”“五四奖章”“五四奖状”“我最喜爱的老师”“道德模范”“自强之星”等各类典型选树活动中涌现出的榜样事迹为思想教育内容，以“讲述·东大共产党人的故事”“璀璨星光——东大青年奋斗的青春故事会”“青春在砥砺中闪光——基层立业杰出校友报告会”“奋斗的青春最美丽——百名优秀青年榜样进支部”“为梦想领跑——百场优秀大学生先进事迹报告进班级”等为教育载体，集中展现东大师生砥砺奋进、建功家国的昂扬风貌，教育和引导师生明确社会责任和历史使命，自觉学习和践行社会主义核心价值观，用理想信念照亮出彩人生。活动获评第九届高校校园文化建设优秀成果奖。

东北大学精心打造“出彩东大人”培育和践行社会主义核心价值观感动分享教育系列活动（以下简称“出彩东大人”感动分享教育系列活动），创设特色讲述载体，力求选树出一批“做得好、学得来、立得住、叫得响、口碑佳”

的优秀师生榜样。经过十余载的积累和实践，已形成了分类别、分特色的榜样选树体系，并积累打造出东北大学“榜样示范人才智库”，打磨形成了独具特色的榜样引领品牌，教育和引导师生明确社会责任和历史使命，营造“创先争优”的校园文化风尚。

接地气，用“亲”发挥榜样教育作用

“出彩东大人”感动分享教育系列活动着眼于打造接地气的榜样团队，突出一个“亲”字，做到三个“力求”：力求在榜样寻树、选树、培树上，做到各有特色、覆盖全面；力求在榜样的培训工作上，做到分类培训、层次推进；力求培树可爱、可敬、可亲的“实”形象，发挥“亲切”“亲和”“亲民”的榜样教育作用，激发广大青年师生学习先进、崇尚先进、赶超先进的意识。挑战科技前沿、矢志攻坚报国的中国工程院院士陆钟武教授，把论文写在生产线上的中国工程院院士王国栋教授及所在团队，东北大学道德模范“背着妈妈上大学”的追梦女孩刘莉，少年时独自撑起家庭重担的孝老爱亲道德模范张鹏，从入学之初功课不及格到毕业时带领全班同学获得校先进班集体标兵的拼搏班长梁密生，五百多个日夜为身体瘫痪的吴健宇同学担起一座轮椅的重量的会计学 1202 班等，这些生活在全校青年师生身边的“好师长”“好同学”“好集体”，用平凡而动人的奋斗故事，在“亲”身讲述中实现受教育者与榜样的“亲”密互动，在潜移默化中发挥践行社会主义核心价值观的示范引领作用。

聚人气，用“新”吸引向上东大人

“出彩东大人”感动分享教育系列活动出发点在思想引领，立足点在感动教育，落脚点在故事分享，突出一个“新”字，做到两个“吸引”：用“新”的平台载体构建常态机制，吸引青年学生持续关注；用“新”的讲述模式打造品牌活动，吸引青年学生喜爱参与。

首先，在特色载体上出“新”，创设讲述模式。特色载体以“讲述·东大共产党人的故事”典型推介会、“东大青年奋斗的青春故事会”和“基层立业杰出校友报告会”为创新品牌，分别聚焦“优秀共产党员”“青年师生榜样”“基层优秀校友”三大群体，定位在师生党性教育、新生入学教育和毕业生思想教育。

“讲述·东大共产党人的故事”典型推介会以学校“两先两优”表彰工作为契机，以“信念、担当、表率”三个篇章为主线，以翔实的事例和真实可感的细节生动再现了东大优秀共产党人不凡的业绩、感人的情怀和无私的付出，以身边人、身边事切入，用鲜活、接地气的方式，讲述校园好故事，传递东大好声音，教育感召广大师生在科研教学等各项工作中自觉践行社会主义核心价值观。

东北大学举行建党 95 周年表彰大会暨“讲述•东大共产党人的故事”典型推介会

“东大青年奋斗的青春故事会”以学校“五四奖章”“五四奖状”评选表彰活动为基础，将放弃国外优厚待遇毅然回国开拓学术新领域的丁辰教授、优秀校友全军“学习成才标兵”巴兴等一大批拔尖人才、道德模范、双创先锋请到视听情景交融的现场，以嘉宾访谈、嘉宾开讲等大型原创青春故事会的形式，每年面向全体新生全景讲述榜样故事。

“基层立业杰出校友报告会”侧重邀请近百名在基层岗位上勤勉工作的优秀校友回到学校，举办基层立业杰出校友系列报告会，通过展现校友身上青春无悔的选择和敬业成长的坚持，搭建集中、持续、连贯地宣传毕业生“到基层立业、到祖国需要的地方建功立业”思想的教育平台。

东北大学举行 2023 年“五四奖章”“五四奖状”表彰大会

其次，在常项载体上创“新”，建立常态机制。“双百”报告会打造出“奋斗的青春最美丽”百名优秀青年榜样进支部、“为梦想领跑”百场优秀大学生先进事迹报告进班级两个品牌载体，在思想引领与学业传授各有侧重，让出彩的东大师生走进班团会，分享与交流自己成长路上的经验与思考。接到多所常青藤名校橄榄枝的全能男孩李砚浓、发表多篇高水平论文影响因子超 50 的学术大牛段文军、2014 年大学生志愿服务西部计划新疆优秀志愿者高祥、全国大学生滑雪挑战赛冠军的学霸女孩逯馨等 300 余名十佳本科生、十佳研究生等榜样典型走进班级、团支部，在近距离互动中，分享他们精彩的奋斗感悟。

东北大学举行纪念五四运动 100 周年大会

显正气，用“进”形成持续正能量

“出彩东大人”感动分享教育系列活动的灵魂和主线是促进青年学生自觉践行社会主义核心价值观，突出一个“进”字，做到两个持续：贴近新生、毕业生等不同年级、不同专业的诉求，串联起线上线下思想教育平台，持续“推进”；瞄准学生骨干、普通学生、特殊学生等不同群体、不同对象的需求，筑牢立体宣传阵地，持续“走进”。一是线上线下，持续“推进”。将线下的感动分享活动与当下青年学生喜爱的网络新媒体相结合，积极打造有深度、温度，有吸引力、感染力的新媒体教育活动内容，有效扩大活动的影响力和美誉度。建立“1+1”优秀青年榜样进班级新媒体矩阵群，青年榜样就学生的思想、生活、学习进行线上综合引导和实时答疑，真正将线下报告的一次“贴近”与线上互动、引导的长期“走进”相结合。二是立体宣传，持续“走进”。“出彩东大人”感动分享教育系列活动采取“立体化”推广模式，通过“三微一体”（即微信、微博、微视频）和“榜样事迹故事集、简要事迹橱窗展、报纸专刊精选”等方式，引发学生的情感共鸣，将单维度的榜样教育变成常态化、持续性的影响性教育。学校依托官方微信、微博等新媒体，开辟《出彩东大人》栏目，接续制作优秀青年榜样宣传作品110余期，累计阅读量近32000人次；以《璀璨星光》《东大群星闪耀时》两部故事文集为载体，出版近60万字感动分享教育校本教材，制作10余部榜样视频纪录片，形成了独具特色的榜样引领品牌，有效增强了思想教育的实效。

（文：史鉴）

与信仰对话　品读经典的魅力

——东北大学“与信仰对话”马克思主义经典著作诵读会工作纪实

引言：为进一步提升大学生思想政治教育的吸引力和感染力，近年来，东北大学依托思政课教师、辅导员、青年学生骨干、理论社团探索创新思想引领载体，联手打造“与信仰对话”马克思主义经典著作诵读会。诵读会面向全校青年师生公演8场，累计参与师生12000余人，并先后参与辽宁省教育厅思政课观摩、时任团中央书记处书记傅振邦“驻校蹲班”调研团汇报演出。同时受到光明日报、中国青年报等多家媒体的关注报道，获得2015年全国学校共青团优秀研究成果二等奖、2017年辽宁省高校辅导员工作精品项目一等奖。学校以诵读会为契机，以师生喜闻乐见的形式，推动马克思主义经典著作在学生群体中内化于心、外化于行，创新打造出培育和践行社会主义核心价值观的新载体、新路径。

东北大学围绕中国梦和中国特色社会主义宣传教育，立足大学生思想政治引领和价值引领，把握重大节日、纪念日等节点，着眼“第一课堂”与“第二课堂”互动对接，积极开展“与信仰对话”主题教育。将经典著作、重要讲话、名家箴言搬上舞台，协以丰富的艺术形式，力求打造出更符合当代青年需求、更接地气的思想引领品牌。诵读会精心节选了马克思、恩格斯、列宁、毛泽东、邓小平等人的马克思主义经典著作篇目以及习近平总书记系列重要讲话，由《信仰》《爱国》《青春》三个篇章组成，通过学生表演者对经典原著的生动朗诵、动态屏幕对篇目产生背景的深度解读、舞台声光电对经典著作的情感渲染，使《共产党宣言》《中国革命和中国共产党》《为人民服务》《在马克思墓前的讲话》《青年在选择职业时的考虑（节选）》《青年要自觉践行社会主义核心价值观》等 18 篇马列经典著作走出课本，走下课堂，走上舞台，走进学生，让马克思主义思想在当代焕发出青春活力，引导青年学生坚定信念，听党话，跟党走。

东北大学举行纪念一二·九运动 80 周年马克思主义经典著作诵读会

信仰领航，让马克思主义经典学习“生动”起来

内容生动，切合“契机”。马克思主义经典著作诵读会立足重大节日、纪念日如抗日战争胜利 70 周年、建党 95 周年、纪念一二·九运动 80 周年等契机，以“与信仰对话”为载体开展思想政治引领和价值引领，力求通过生动再现马克思主义经典著作，在青年学生中传播马克思主义思想。在内容选择上，结合思想政治理论课中学生应知、须知的马克思主义经典著作，组织校内外专家学者通过多次专题座谈进行遴选精编，精选出《共产党宣言》《中国革命和中国共产党》《为人民服务》《青年在选择职业时的考虑（节选）》《青年要自觉践行社会主义核心价值观》等具有永恒指引和影响意义的优秀篇目，并为所

选篇目撰写“时代背景导读和当代价值释读”，让经典著作更为直观、鲜活地照进青年学生的理想实际、生活实际、学习实际。

东北大学话剧团打造《在延安各界纪念一二·九运动四周年大会上的讲话》节目

形式生动，立体“阅读”。马克思主义经典著作诵读会改变了传统马克思主义经典学习与阅读的“照本宣科”“理论灌输”，将平面的学与立体的思相结合，将被动式的学习与主动性的吸收相结合，在“走心”“入脑”上下功夫，以“构建新模式”“把握新常态”“打造新特色”不断推进育人实践，通过音乐、舞蹈等多种艺术形式的有机整合，动态大屏幕对篇目背景的图文解读，场景、声光等多种舞台艺术的衬托，以及表演者、朗诵者情感丰沛的表现力，情景交融、声景并茂，生动再现了马克思主义经典著作的内容实质和精神主旨。如：采用舞台剧、表演诵的形式激情澎湃地表现出《青年在选择职业时的考虑（节选）》中“为人类的幸福而奋斗”的崇高理想，借由音乐剧的形式全景还原了《共产党宣言》中“全世界无产者，联合起来”的震撼……书本上的文字变得“立体”起来，让学生们可以身临其境地与伟人进行“原汁原味”的对话，感受马克思主义思想的力量。

马克思主义经典著作诵读会现场

合力共育，让马克思主义经典传承“联动”起来

点位联动，多线并拓。依托马克思主义经典著作诵读会还开创出“学者专家公开课讲经典，辅导员班会、团课讲经典，学生在校园活动实践中讲经典”的“三讲”局面。学校围绕马克思主义经典著作诵读会，实现了“马克思主义学院思政课资深教师、辅导员、学生”三者的联动，即专家学者通过公开课精解细讲马克思主义经典著作，辅导员通过多渠道、多口径如团课、班会等方式结合学生学习、生活实际渗透经典，学生则通过参与诵读会表演、社团沙龙、网上微感悟分享等方式品读、自讲经典，将诵读会的思想引领方式由舞台延伸至校园。

课堂联动，有机衔接。多年来，东北大学一直坚持“第一课堂”和“第二课堂”相结合，加强协同合作，力促畅通渠道。马克思主义经典著作诵读会作为“课堂”联动的重要尝试，立足于延展“第一课堂”马克思主义理论知识传授的宽度，提升“第二课堂”教育实践的深度。这种有机链接将舞台变为课堂，让讲台与舞台之间、单向教学与双向互动之间联动起来，既可以让同学们对马克思主义理论课和思想政治教育课等“两课”的相关专业学习、专题教学有更多直观的理解，也可以让“第二课堂”的经典再现反哺学习效果，促进学生更为主动地建立课堂学习小组、师生论坛沙龙，更好地提升学习兴趣，实现课堂之间的无缝衔接。

全线引导，让马克思主义经典践行“脉动”起来

互联网+诵读会，马克思主义经典学习线上线下全面开花。活动致力于将线下的马克思主义经典著作诵读会与互联网融合起来，力求把思想引领工作做深、拓宽。线上，一是通过东北大学团委官方微博、微信面向全校青年学生开展“读经典，书感悟”三行诗征集、“品原著，味青春”经典微传递等特色微活动，让经典学习在青年学生中形成同读、共享、齐践行的良好氛围；二是将马克思主义经典著作精致化录制成分篇章、分主题的公开课，通过东北大学团委官方网站先锋网开辟马克思主义经典著作学习慕课专题；三是在诵读会实时开通了百度云直播平台，让更多的青年学生通过互联网远程观看诵读会，零时差学习经典。

常态化+诵读会，马克思主义经典学习校院两级长效推进。马克思主义经典著作诵读会定位于常态化+开展模式，以马克思主义经典著作诵读会为牵动，以马克思主义经典著作篇目节选即东北大学青年马克思主义者培养工程精品教材为学习读本，在全校范围内日渐形成了校级统领+院级普适的模式，实现了校院两级共同推进、常态开展。校级统领即以马克思主义经典诵读会等作为特色思想引领载体，院级普适即以结合重大节日、纪念日开展的专项主题团日为载体，常态化推进对马克思主义经典的学习传播。

（文：史鉴）

礼敬中华优秀传统文化
营造文化自信自强氛围

——东北大学建龙钢铁“创藝杯”校园文化艺术节工作纪实

引言：学校深入贯彻落实习近平总书记关于弘扬中华优秀传统文化系列重要讲话精神，积极响应教育部关于开展“礼敬中华优秀传统文化”系列活动的工作部署，结合学生发展切身需要，以提升文化自觉与文化自信为目标，以“自强不息、知行合一”校训精神为引领，以“东北大学建龙钢铁‘创藝杯’校园文化艺术节”为集成载体，在全校范围内开展“创藝杯”校园文化艺术节之“礼敬中华”弘扬优秀传统文化系列活动。

为积极响应教育部关于开展“礼敬中华优秀传统文化”系列活动的工作部署，深入贯彻落实习近平总书记关于弘扬中华优秀传统文化系列重要讲话精神和中共中央办公厅、国务院办公厅《关于实施中华优秀传统文化传承发展工程的意见》中将中华优秀传统文化“贯穿国民教育始终，深入阐发文化精髓”等重要指示，结合当下社会思想文化交流交融交锋频繁、迫切需要深化中华优秀传统文化认知的时代背景，牢牢把握中华优秀传统文化作为社会主义核心价值观的历史根源与文化命脉这一重要历史意义，进一步助力完善中华优秀传统文化传承体系，东北大学结合学生发展的切身需要，以文化自觉与文化自信的提升为精确指针，以学校“自强不息、知行合一”的校训精神为引领，以“东北大学建龙钢铁‘创藝杯’校园文化艺术节”为集成载体，在全校范围内开展东北大学建龙钢铁“创藝杯”校园文化艺术节之“礼敬中华”弘扬优秀传统文化系列活动。“创藝杯”校园文化艺术节项目于2019年获评第五届全国高校“礼敬中华优秀传统文化”特色展示项目、沈阳共青团优秀工作项目。

东北大学建龙钢铁“创藝杯”校园文化艺术节之“礼敬中华”弘扬优秀传统文化系列活动包括“经典传承中国魂，青春共筑爱国梦”——中华优秀传统文化经典诵读会、“诗养性，字树人”中华传统文化知识团体挑战赛、“东大智慧，自成语境”中华成语大会等活动。此外，学校承办了沈阳市大学生文化节之“礼敬中华”沈阳高校大学生中华文化经典诵读大赛。这一系列活动在继承弘扬中华传统文化的基础上，为学生树立了良好的文化自觉与文化自信。

“经典传承中国魂，青春共筑爱国梦”
——中华优秀传统文化经典诵读会

经典诵读会围绕社会主义核心价值观，表演形式力求创新，各参赛作品别具一格：《大学之道》阐释修己治人终极奥义；《大堰河，我的保姆》心怀苍生，兼济天下；《青春中国》将爱国主义与青年担当庄严铭刻……配合其他艺术表现手段，突出展现了传统经典诗文的情感、美感、意蕴，使学生通过品读各类文学经典，把握中华优秀传统文化的思想精粹。

东北大学举行“礼敬中华”中华文化经典诵读会

经典浸润，诵声萦绕。中华优秀传统文化经典诵读会共吸引 20 余支队伍参赛，经层层角逐，共有 8 支队伍进入决赛，其中一等奖 2 名、二等奖 2 名、三等奖 4 名。此次活动与时下新鲜元素有机结合，创造出富有新时代鲜明特征的校园文化，反响热烈。

“诗养性，字树人”中华传统文化知识团体挑战赛

为寻求传统文化在新时期的新突破，增强中华优秀传统文化的凝聚力、影响力、创造力，学校结合大学生群体传统文化缺失的共性问题，开展了“诗养性，字树人”中华传统文化知识团体挑战赛。比赛以笔试答卷与现场问答相结合的形式，设置了“飞花令”“行酒令”“一站到底”等多个比赛环节，以此考查古诗词、汉字、成语等传统文化知识，并穿插原创诗词创作与分享等子活动，层层相扣，引人入胜。

挑战赛旨在深化师生对中华优秀传统文化的认知，增强师生文化素质，共有来自 10 余个学院的 200 余名师生组成了 30 余支队伍。其中，国防教育学院孙逊同学代表辽宁省参加 2017 年第二届中华学子青春国学荟“国学达人”挑战赛全国总决赛，荣获二等奖。

东北大学举行建龙钢铁“创藝杯”校园文化艺术节“诗养性·字树人”中华传统文化知识团体挑战赛

“东大智慧，自成语境”中华成语大会

为弘扬和传承中华优秀传统文化，不断增强中华优秀传统文化的生命力和影响力，激发学生兴趣，提升学生文化素养，东北大学开展了“东大智慧，自成语境”中华成语大会。以线上线下相结合的答题形式，从成语中凝练出中华文化传承并弘扬的核心思想理念。

大会共吸引了全校 300 余支队伍 600 余人参赛，最终决赛角逐中分别产生冠、亚、季军三支优秀队伍和多名获奖个人，其中包括第一名、第二名、第三名各 2 名，优秀奖若干，推动了中华优秀传统文化在青年学生中的传承与发展，在校园里掀起一番热潮。

沈阳市大学生文化节之“礼敬中华”沈阳高校大学生中华经典诵读大赛

为继承和弘扬中华优秀传统文化，提高沈阳市大学生的人文素质和道德修养，丰富校园文化生活，学校承办了沈阳市大学生文化节之“礼敬中华”沈阳高校大学生中华文化经典诵读大赛。全市共有 41 支高校代表队 600 余人参赛，最终角逐出一等奖 7 名，二等奖 7 名，三等奖、优秀指导教师奖若干。

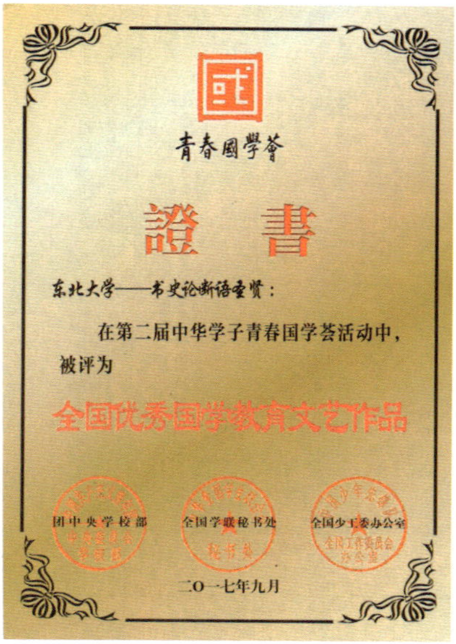

东北大学在第二届中华学子青春国学荟活动中荣获全国优秀国学教育文艺作品

东北大学原创作品《书史论断语圣贤》荣获2017年第二届中华学子青春国学荟全国优秀国学教育文艺作品、2016年辽宁省“重温经典·感动阅读”诵读大赛一等奖、沈阳市大学生文化节之“礼敬中华”沈阳高校大学生中华文化经典诵读大赛一等奖。

通过结合师生实际和切身需求，学校立足校本开展以上各项主题活动，在全校范围内取得了良好的成效。东北大学建龙钢铁“创藝杯”校园文化艺术节之“礼敬中华”弘扬优秀传统文化系列活动中，全校累计参与学生1500余人次，获奖149人次，真正做到将中华优秀传统文化“贯穿国民教育始终，深入阐发文化精髓”，进一步引导东大学子坚守文化立场，坚定文化自信，增强文化自觉，增进文化担当。

中华优秀传统文化教育深入人心，同时，令高校德育内涵得以充盈。系列活动以中华优秀传统文化为主题，注重中华传统美德和现实人文精神的结合，引导青年学生明理、导行，让学生直面经典，致力于加强青年学生对中华优秀传统文化的认同感，推动了学校思想道德建设和德育工作的发展，丰富了学校的文化内涵。教师将所感融于教书育人中，学生将所悟融于读书学习中，师生的精神面貌得到进一步提升，中华优秀传统文化传承之风正在校园里形成。

（文：黄达、关晓晨）

第三章

与时俱进
提升思想政治工作之“效”

动听学“声” 最美“备”影

——东北大学获评全国高校宣传思想工作创新案例（推广案例）工作纪实

引言：东北大学融媒体中心切实发挥主流舆论阵地凝心聚力的强大作用，紧紧围绕“共抗疫情，爱国力行”的主题，深入挖掘先进典型事迹，不断创新表达方式和传播形式，通过图片、音乐、沙画、动漫视频、手语舞、漫画组图、歌曲改编等灵活转化，精心打磨了《你的“备”影最美》《听！学声！》等一系列有温度、有深度、有品质的融媒体作品，汇聚起全校共抗疫情、爱国力行的强大精神力量。

东北大学深入学习贯彻落实习近平总书记重要指示批示精神和教育部、辽宁省关于疫情防控工作的重要部署，切实把共抗疫情作为加强爱国主义教育、开展思想政治工作的重要实践和生动教材。学校聚焦“共抗疫情，爱国力行”这一主题，坚持高起点策划、广视角挖掘、深层次报道，推出一系列标注思想高度、文化厚度和情感温度的融媒体作品，生动展现东大师生勤学深研的学风、爱岗敬业的教风和爱国力行的校风，切实引导全校师生把爱国情、强国志、报国行自觉融入实现国家富强、民族振兴、人民幸福的伟大进程中，汇聚起东大师生共抗疫情、爱国力行的磅礴力量。

坚持内容为“王”，让故事更有深度

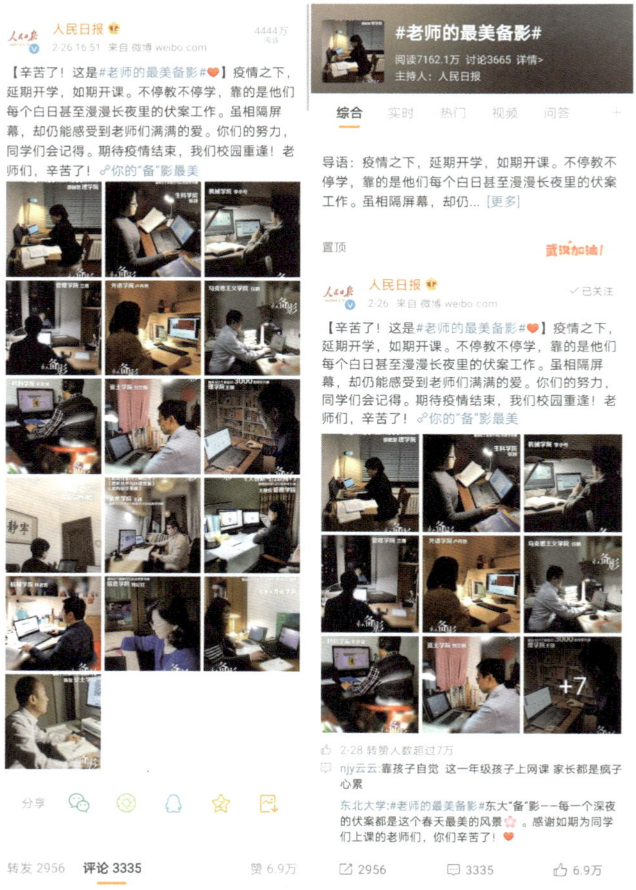

人民日报官方微博转载《老师的最美备影》

疫情期间，东北大学聚焦“共抗疫情，爱国力行”这一主题，将东大学生勤奋学习、东大教师爱岗敬业的生动战“疫”故事和爱国爱校教育相结合，着力把有意义的事讲述得有意思，积极策划长线选题、精准选题、深度选题，深入挖掘“勤学者”和云端教学典型故事，鲜活刻画东大师生勤奋钻研、同心战“疫”的生动群像，营造强信心、暖人心、聚民心的良好氛围。坚持“小处着眼谋佳篇”，选取老师们辛劳备课的日常，通过“备课”这一教书育人的珍贵瞬间，创新推出《你的“备”影最美》融媒体作品，传递广大教师“隔空不隔爱”的初心使命。《老师的最美备影》融媒体作品在微博平台上推广后，一时间反响热烈，人民日报官方微博第一时间转发微博，阅读量高达 4444 万。人民日报官方微博以东大“备影”为话题，发起的网络讨论，阅读量达 7162 万，在全国范围内引发了一波展示教师“备影”的热潮。同时，策划推出《听！学声！》融媒体作品，全面展示学生居家勤学的学习状态；推出《雪山很美！你很酷！》等融媒体作品，生动展示学生居家科研、刻苦钻研的精神状态；聚焦学校防疫一线工作人员，推出

《夜里 22 点，寒风中 –20 ℃，连续 50 天……东大人这份温暖直达心底！》《谢谢你！——可爱的东北大学白衣天使们！》《点赞！“全副武装”的你们，辛苦了！》等一系列融媒体作品，全方位讲述东大人的抗疫故事。一部部有思想、有温度、有品质的原创融媒体作品，坚定了全校师生的爱国之心、强国之志、报国之行，让每一部爱国战“疫”系列原创融媒体作品都激发出东大人磅礴的战“疫”力量。

坚持创新为“要”，让表现更有亮度

东北大学不断创新、丰富融媒体作品的展现形式和表达方式，全方位、立体化、多角度地展示融媒体作品的表现力和感染力，力求将每一部融媒体作品打造成深入人心的精品力作。疫情防控期间，结合宣传报道内容，采用创意沙画、动漫视频、手语舞、漫画组图、歌曲改编等艺术形式，设计“云赏东大”“点亮东大”“云校庆换头像”等特色互动活动，通过丰富多彩的作品形式，塑造人物形象，讲述故事内涵，丰富作品表达，引发读者的价值共振和情感共鸣。联合各学院学子，策划推出《戴口罩！戴口罩！戴口罩！》融媒体作品，“东大版抗疫‘手势舞’”声声铿锵，温暖坚定，用青春之歌积极与时代同频共振，为奋战在抗疫一线的东大人加油打气，引发师生校友及学生家长热切关注，评论区反响热烈，阅读量达 2.4 万；结合校园封闭管理期间的学生生活情况，创意推出《同学，你指定是有点基础！》融媒体作品，视听结合、生动立体地映照出疫情防控期间东大人勤学笃行、躬身奋进，坚持不懈强健体魄、自律自强追求卓越的精神面貌和生活图景，深受广大学子喜爱，掀起线上讨论热潮，阅读量超 4 万；结合学生居家学习情况，改编网络热门歌曲，策划推出《你“学”起来真好看》MV，用轻松愉快的曲调，表达学子对辛勤工作、无私付出的老师们的由衷感谢，居家勤学不负好时光的互相勉励和期待春暖花开再相逢、共度校园时光的美好期待。人民日报客户端、“学习强国”学习平台、央视频等媒体相继转载此视频，阅读量超 130 万，点赞量达 2.5 万。5 月 4 日，《你“学”起来真好看》登上中央广播电视总台 2020 年五四青年节特别节目《奋斗的青春最美丽》，一时间《你“学”起来真好看》成为广大学生居家学习的真情告白和生动写照。

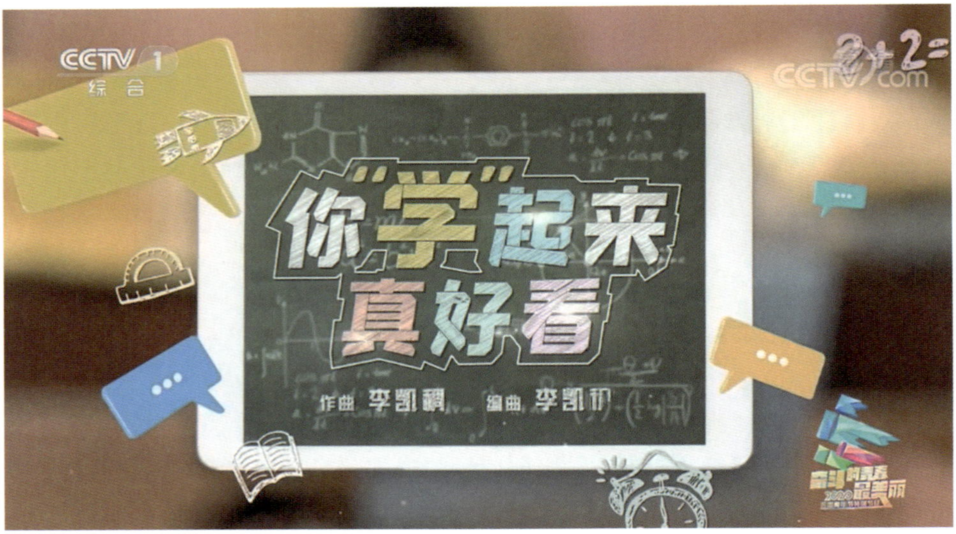

《你“学”起来真好看》登上中央广播电视总台 2020 年五四青年节特别节目《奋斗的青春最美丽》

坚持联动为“策”，让传播更有广度

东北大学推动建立“中央厨房”模式的“策、采、编、发、运”一体化工作机制，健全完善媒体融合工作流程，以校报为核心，以广播电视、网站、微博、微信等媒体为载体，构建全媒体形态的“媒体方阵”，积极打造“一呼百应”的传播格局。同时，注重与教育政务新媒体联盟的联系互动，加强与人民日报、新华社、中央广播电视总台、光明日报等主流媒体的合作交流，先后与人民网签署融媒体中心建设框架协议，与光明日报共建知识分子联系服务机制，与微言教育、学习强国、中国大学生在线、中国教育发布等媒体建立合作关系，不断提升学校融媒体工作的传播力、引导力、影响力。疫情期间，学校整合现有媒体资源，充分激发传统媒体和新兴媒体的舆论张力，用有“信息感”、有“数据感”的传播机制，多渠道传播东大师生爱国爱校的战“疫”故事和战“疫”精神，建立起“一次性采集、多线程加工、全媒体呈现、分渠道发布”的传播机制。人民日报、光明日报、中国教育报、学习强国、中国教育网、央视频、微言教育等媒体平台先后发布东大人同心战“疫”报道 90 余篇，实现了传统媒体和新媒体、主流媒体、自媒体的同频共振、联合联动。

坚持典型为“先”，让情感更有温度

疫情期间，东北大学涌现出一大批“最美逆行者”，他们用实际行动传承与弘扬东大爱国红色文化基因，诠释着伟大抗疫精神、中国精神。学校将这一批批先锋群像作为“用身边人教育身边人”最生动的教材，深度挖掘他们的典型事迹和感人故事，立体化刻画、多渠道传播，描绘出东大师生同心战“疫”的纪实图景，引导全校师生牢记时代使命和责任担当。策划《东大人在行动》专栏，推出《东大战疫“90后”！》专题报道，深度采编学校党政干部、后勤员工、医护人员、辅导员、志愿者、海内外校友等一线战“疫”人的典型事迹和动人故事，推介出“以硬核为战‘疫’补给的陈士富”“组织战‘疫’志愿者的其米多杰”“口罩男孩许铮豪”“云端授课的支教团成员王新钰”“助力脱贫攻坚的黄世权”“投入一线报道的李定淀”“最美逆行记者王子骄”等一大批先进人物。让人物讲述故事，让故事走进作品，让作品深入人心，一幕幕东大战“疫”人的精彩故事和给力瞬间，生动展现了东大人共抗疫情、爱国力行的大爱壮举和“小我”融入“大我”，不畏艰险、冲锋在前的精神风貌。东大战“疫”人以共抗疫情、爱国力行的实际行动，生动诠释了“自强不息、知行合一”的校训精神和“实干、报国、创新、卓越”的文化品格，以坚定的爱国之心、强国之志、报国之行汇聚磅礴的战“疫”力量。

中国新闻网 | 辽宁
www.ln.chinanews.com(辽宁新闻网)

东大“90后”战疫硬核行动真给力

中国新闻网 · 辽宁　2020年03月31日 16:06

中新网辽宁新闻3月31日电（杨明 刘宇豪）捐赠2000个鸡蛋，组织4000余人次志愿者，加工10000个口罩，为270名学生在线授课……一个个数字，见证着东北大学“90后”学子投身战“疫”一线的奉献和努力。他们用自己的行动为这些不平凡的日子添上了一抹鲜亮的颜色。

中国新闻网报道《东大“90后”战疫硬核行动真给力》

（文：史鉴、刘颖慧、迟美琪）

点滴“雨露”化漫天甘霖 立足公益促实践育人

——东北大学获评中国青年志愿服务项目大赛金奖“雨露计划”工作纪实

引言：“大思政课”理念是新时代思想政治教育工作改革的重要指导思想，在该理念的指导下，思政教育教学必须紧抓实践，在实践中检验真理、发展真理。东北大学由此建立志愿服务“雨露计划”，着眼于留守儿童等备受关注的社会热点问题，依托青年学子假期返乡契机，以百人百团青年返乡支教作为行动载体，以大山地区走出来的贫困青年学子为实践主体，倡导励志勤学，引领走出大山的青年学子回到大山，反哺大山，用点滴“雨露”，汇成清源，在实践中，潜移默化地培养青年学子道德情操、厚植家国情怀、锤炼实践能力。

为深入学习贯彻习近平新时代中国特色社会主义思想，上好“大思政课”，东北大学牢牢把握高校思政教育与志愿服务相结合的根本理念与价值追求，着力打造东北大学志愿服务“雨露计划”品牌项目。

“雨露计划”自2013年启动，项目初期，东北大学资源与土木工程学院广大青年走进大山、反哺故土，实现了实践活动与志愿服务的有机结合，活动遍布滇、赣、川、贵、疆、藏、青等 20 个省（区、市）的百余个贫困山区。“雨露计划”立足于国情、社情，反观校情、院情，以特色社会实践为平台载体，广泛凝聚社会资源，结合学校经济困难学生多、分布地区广的特点，依托“走出大山，践行梦想”的青年学子，以“年少有梦，青春有爱”为践行理念，以“回到大山，反哺大山”为实践路径，让大山青年点燃大山儿童希望，让大山儿童接力大山青年理想。东北大学在引导青年学生开展“雨露计划”志愿服务过程中，潜移默化地培养其道德情操、厚植家国情怀、锤炼实践能力，立足培养知国情、讲奉献、高素质的复合型青年人才。

立足公益笃行实践育人

东北大学志愿服务“雨露计划”为东北大学青年学生志愿者带来了长期而深刻的教育影响，志愿者通过观察、体验和思考，对中国特色社会主义制度的优越性有了更深刻的理解，对坚定跟党走中国特色社会主义道路有了更深入的情感认同，也更加明晰了自身肩负的时代责任。一个个热心奉献的东大学子，化身为漫天雨露，奔赴全国不同省份的大山深处，启迪那里一群追梦的孩子们。青年，是大山哺育的远征者；孩子，则是大山孕育的新希望。东大学子在开展志愿服务的过程中，一方面无偿提供公益服务，实现自我价值，另一方面更多地持续给予大山孩子们茁壮成长的鼓励、精神上的支持和情感上的陪伴，其作用和效果持久且温暖。这是一种无形的、向上的力量，他们之间的对话，不只是知识与智慧的传递，更是希望与梦想的传承。“随风潜入夜，润物细无声”，这是对“雨露计划”最恰当的写照。年少有梦，青春有爱。一双双大手回到山里牵起一双双小手，传递着鼓舞与力量。东北大学志愿服务“雨露计划”开展过程中，得到了爱心社会组织和个人的积极回馈，进一步丰富了志愿服务的内涵，充分发挥了高校对全社会思想文化的重要促进作用，对于培育时代新人、弘扬时代新风具有重要影响。

“雨露计划”志愿者正在开展教学活动

传承发展打造特色品牌

“雨露计划”以奔赴边远艰苦地区支教为主体形式，开展“雨露课堂”200余堂，逐渐形成50余个“雨露结对梦想团”，为400余名大山儿童带去山外的梦想。2014年，“雨露计划”志愿实践形式一改最初零星化的支教模式，搭建实践活动“常态服务”、帮扶对象“长态对接”的双桥梁，实现以实践者的“雨露志愿号”与受助孩子的“雨滴助学号”的有效互动，形成长期“雨露结对梦想团”，建立长期持续帮扶机制。同时，“雨露计划”第二期实现了由“一院型”精品活动向“一校型”“一地型”运作转化，由单一型实践育人项目向立体化、系统化、常态化实践育人平台载体过渡运行。其实践主体和实践对象更为多元，实践主体范围逐渐从家庭经济困难学生发展为同城高校困难学生，实践对象也由大山留守儿童逐步扩展为农民工子女，从而让更多的学生有机会一同走进大山，传递梦想，感悟成长。

第一期“雨露计划”志愿者出征仪式合影

“雨露计划”模式在发展中不断完善，2015 年，通过近 200 个基地的意向建设，进行“雨滴”结对帮扶，实现梦想长效接力。形成了“一对一帮扶”“多对一成长”“梦想接力棒”等长效传递机制，并开创联合东北大学日常社会实践、暑期社会实践资源对接的模式，将校内资源融会贯通。在此基础上，“雨露计划”更广泛地被应用于符合青年成长需求、契合青年实践趣味的新媒体平台，实现了“雨露计划”的新常态、可示范功能，提升了实践参与度及覆盖率。2016 年，经过三年的酝酿与发展，第四期“雨露计划”以更加蓬勃的姿态再次起航。“雨露计划”首次面向东北大学全校招聘视频团队，并首创“雨露计划”实践团队与视频团队相结合的模式，大幅提高了“雨露计划”的文化承载力，实现多元化传播“雨露”精神。

“雨露计划”项目日益成熟，自 2017 年起，志愿者和受助群体不断壮大，“雨露计划”面向全国定向招募高校学习计算机科学、医学药学、农学、外语、文学等各类关系生产生活实际和科学发展前沿学科的大学生志愿者，联络整合企事业单位和新闻媒体等社会资金和技术资源，共同开展专项志愿服务行动，彰显项目专业服务能力。自 2017 年起的后续四期“雨露计划”注重品牌的示范向导作用。巅峰时期，成功招募实践团队 81 支，视频团队 22 支，志愿者人数 482 人，其中东北大学以外高校参与人数约占 25%，广泛拓展了志愿参与渠道。

“雨露计划”志愿者与受助儿童合影

累累硕果彰显卓越成效

经过多年不懈努力，东北大学志愿服务“雨露计划”项目逐步取得傲人成果。该项目自成立以来，始终致力于通过志愿服务活动推动思想政治教育实践改革和社会发展，对于培养青年志愿者的担当奉献精神、家国情怀，促进引导青年大学生成长为全面发展的时代新人起到了十分重要的作用。截至目前，“雨露计划”先后获得中国青年志愿服务大赛金奖；团中央“圆梦中国”社会实践活动十佳单项奖之最佳公众参与奖，团中央“圆梦中国”社会实践活动百强团队；辽宁省高校校园文化建设优秀成果一等奖；沈阳市公益创投大赛二等奖，沈阳市优秀志愿服务项目；受到中国青年报、教育部新闻办、教育部大学生在线、中国扶贫基金会、新浪微博、团辽宁省委、辽宁电视台、沈阳日报等官方媒体的报道，引起社会的广泛关注。

东北大学志愿服务“雨露计划”充分彰显了东北大学新时代青年大学生的新风尚新风貌，是东北大学思想政治教育的典型成果案例。东北大学志愿服务“雨露计划”将一直延续下去，成为东大青年投身实践的沃土，它的力量也将永伴大山深处的孩子们左右，支持他们一路披荆斩棘，走向梦的远方。

以青年之行担当奉献
以青春之声唱响正能量

——东北大学获评全国“抗击新冠肺炎疫情青年志愿服务先进集体”工作纪实

引言：习近平总书记指出，要讲好中国故事，传播好中国声音。新冠肺炎疫情发生以来，按照共青团中央统一部署和学校相关工作安排，东北大学“学习报国”青年讲师团通过宣介好习近平新时代中国特色社会主义思想、习近平总书记关于疫情防控工作重要讲话和一系列重要指示批示精神，以讲好“中国故事”，特别是“中国抗疫故事”为己任，弘扬伟大抗疫精神，凝聚众志成城、共克时艰的青春正能量，激励东大青年争当先锋、奋勇参战，科学有序参与疫情防控。

新冠肺炎疫情发生以来，东北大学“学习报国”青年讲师团宣讲活动累计举办100余场，近300人参与，讲师团成员志愿服务合计3万余小时，宣讲群体覆盖全校学生4万余人次，累计服务社会各界受众15余万人，社会反响热烈。

整合资源，夯实基础，加强青年讲师团队伍建设

东北大学“学习报国”青年讲师团整合了校内优秀青年思政课教师、学生辅导员、优秀学生骨干、主持人和宣讲员组建宣讲志愿者队伍，团队成员共计近 300 人。团队邀请全国道德模范郭明义，雷锋同志生前战友乔安山，党的十九大代表徐川、吴书香，全国青联副主席方文墨，辽宁省青联副主席、著名主持人张明等杰出人物和青年典型加入团队，助力主题宣讲活动，提升宣讲质量。2020 年 2 月以来，“学习报国”青年讲师团多次通过线上会议开展交流、讨论，挖掘适合面向不同群体、不同身份人群讲述的抗疫故事，形成宣讲素材，积极做好线上线下宣讲准备。此外，东北大学“学习报国”青年讲师团积极建立党支部和团支部，定期开展主题党日、主题团日活动，为抗疫宣讲活动的开展奠定了坚实基础。

东北大学“学习报国”青年讲师团“青春告白祖国”宣讲活动现场

主题明确，立意高远，创新青年讲师团宣讲形式

东北大学“学习报国”青年讲师团围绕习近平总书记“讲好中国故事，传播好中国声音”的要求，明确了“讲述‘抗疫故事’”这一主题，主题明确，

重点突出，立意高远。疫情期间，“学习报国”青年讲师团成员严格按照所在地党委、政府疫情防控整体部署要求，依法有序开展一系列“战‘疫’”主题宣讲活动，真诚奉献、不辞辛劳，用心讲述一位位在疫情防控中作出突出贡献的“战‘疫’”英雄的感人事迹，并通过对宣讲活动形式的精心设计，使得广大青年学子进一步坚定制度自信，为伟大祖国凝聚起磅礴的青春抗疫力量。疫情发生以来，通过点面结合、线上线下同步进行等形式开展了“齐心战‘疫’，为爱发声”“战‘疫’青年说”“辽宁七校青年云端故事会”“青春告白祖国”等一系列主题宣讲活动。

“学习报国”青年讲师团积极创新宣讲形式，根据不同的服务群体，用不同类型的“抗疫故事”生动宣介习近平新时代中国特色社会主义思想、习近平总书记关于疫情防控工作重要讲话和一系列重要指示批示精神。注重充分利用宣讲平台，打造系列宣讲品牌，形成纵向到底、横向到边的网格化宣讲阵地保障体系，先后打造了“理论中国大讲堂”“梦想课堂”“流动讲堂”等宣讲阵地。团队走进广场、社区、农村、高校、中小学、企业、部队等多个领域开展活动，得到了广泛好评。大连理工大学、辽宁大学、沈阳理工大学、海南大学等省内外高校纷纷邀请团队开展分享交流。

同时，来华留学生是中国故事的参与者、传播者。为了给来华留学生讲好中国故事，阐发中国精神和展现中国风貌，向世界展现真实、立体、全面的中国，讲师团面向留学生举办“讲好中国抗击疫情故事”“讲好中国制度故事”等主题宣讲 18 次，受众达 3000 余人次。

加强服务，尽心竭力，青年讲师团实地投身战“疫”

团队成立伊始，就将活动定位为“志愿服务”，围绕“服务”开展各项活动。新冠肺炎疫情发生后，200 余名东大青年返乡报到开展疫情防控工作，足迹遍布全国 20 多个省份，抗击疫情的“湖北战‘疫’”“武汉战‘疫’”等纷纷打响。

在社区的统一带领下，讲师团成员全力做好“战斗员”“宣传员”“保障员”工作，他们身穿厚重的防护服、顶着深冬的严寒，走出街道、深入楼宇，夜以继日地投身到疫情防控宣传、测温消毒、信息登记、应急值守、物资派送等一线工作。他们挨家挨户上门走访，宣讲党和政府的有关政策，宣传疫情防控的科学知识，增强社区居民的制度自信。他们每天早上五六点就起床准备宣讲，深夜零点才准备睡觉。因为心中坚定的理想信念，他们一干就是几个月。通过一次次耐心、细致、生动的宣讲，他们逐渐感化了社区居民的心，与社区居民结下了深厚的感情，为取得抗击新冠肺炎疫情斗争的胜利作出了贡献，展现了东大青年始终与国家民族同频共振、同向同行，甘于奉献、勇于担当的良好形象和精神风貌。

东北大学青年突击队学生郝书雅（右一）在陕西西安灞桥区
西安医学院第二附属医院附属小区参加抗疫志愿服务

突如其来的新冠肺炎疫情既是挑战，更是机遇。东北大学“学习报国”青年讲师团克服挑战、抓住机遇，通过宣传好感动人心的抗疫事迹，让更多青年了解了“天使白”“橄榄绿”“守护蓝”“志愿红”等广大人民群众众志成城、团结奋战的励志故事，汇聚起“一方有难，八方支援”的中国力量；通过讲述好抗疫期间党和人民血肉相连的生动故事，讲述好打赢疫情总体战、阻击战过程中展现的中国力量、中国精神、中国效率，极大地增强了东大青年的自信心和自豪感、凝聚力和向心力。通过一场场精彩的主题宣讲活动凝心聚力、激励广大青年投身疫情防控阻击战，进一步坚定制度自信，为抗疫斗争作出了东大贡献。

（文：张忠英、王世远、张天行）

强化思想引领 深化改革创新 培育时代新人

——东北大学获评“全国五四红旗团委”工作纪实

引言：2017年，东北大学团委在学校党委和上级团组织的正确领导下，深入学习贯彻习近平新时代中国特色社会主义思想和党的十九大精神，认真贯彻落实全国高校思想政治工作会议精神，按照《高校共青团改革实施方案》部署，围绕一流大学建设目标，坚持立德树人，统筹推进共青团改革攻坚、从严治团，为服务学生成长成才和学校发展建设作出了积极贡献。学校当选全国理工科高校共青团工作联盟理事长单位，获评“全国五四红旗团委”“全国钢铁行业五四红旗团委”“辽宁省五四红旗团委”“沈阳市五四红旗团委”称号。

近年来，在学校党委和上级团组织的正确领导下，东北大学团委以习近平新时代中国特色社会主义思想为指导，围绕立德树人根本任务，聚焦引领凝聚青年、联系服务青年、组织动员青年职责使命，不断提升对中心工作贡献度。

大力实施组织提升行动，深化共青团改革攻坚

按照团中央、教育部《高校共青团改革实施方案》部署，2017年3月14

日，经广泛征求意见、党委常委会讨论，制定出台《东北大学共青团改革实施方案》，统筹推进各项政策落地落实，走在全国高校前列。时任共青团中央书记处书记徐晓、傅振邦等先后来校视察，给予高度评价。

深入实施基层团支部“活力提升”工程。围绕学习宣传党的十九大精神、“四进四信”、践行社会主义核心价值观等专题，全年开展“主题团日”活动6期，评选优秀团日464个。加强工作指导，编辑出版《活力团支部工作指南》《聚力团支部案例汇编》《魅力团支部典型示范》团支部工作系列指导丛书，参与团中央学校部《高校团支部工作手册》的起草工作。获全国高校“活力团支部”2个、辽宁省高校“活力团支部”3个。

实施以“青马工程”为龙头的“知行”团校英才培养计划。校院团校培养学生骨干5178人、青年教师35人，连续8年派青马学员赴法库县挂职锻炼。评选“五四奖章”获得者41人、“五四奖状”获得集体62个，评选优秀团员、团干部（标兵）1728人。开展“与信仰对话”马克思主义经典著作诵读会，获得辽宁省高校辅导员精品工作项目一等奖。

深入开展思想引领行动，引导青年学生坚定理想信念

深入开展“我的中国梦”主题教育。结合重大节日、纪念日，举办庆祝建团95周年大会暨东大青年奋斗的青春故事会、“十一”升旗仪式、“一二·九”长跑、《离离原上草》校史剧展演等活动10余场，引导青年学生坚定理想信念跟党走。

开展“学习总书记讲话 做合格共青团员”教育实践，评选优秀征文85篇。成立学习习近平新时代中国特色社会主义思想理论社团联盟，覆盖学生社团20家，组建党的十九大精神宣讲团21支，面向全校同学和街道社区宣讲39次。

加强团属新媒体建设。“小团儿”微信平台关注量3.8万人，全年推送图文1976条，年阅读量突破100万。在“共青团中央”等公众号发布原创作品120余篇，团委微博全年点击量突破1600万。获评全国学校共青团优秀新媒体专业工作室称号，官方微博排名持续位列全国前十。

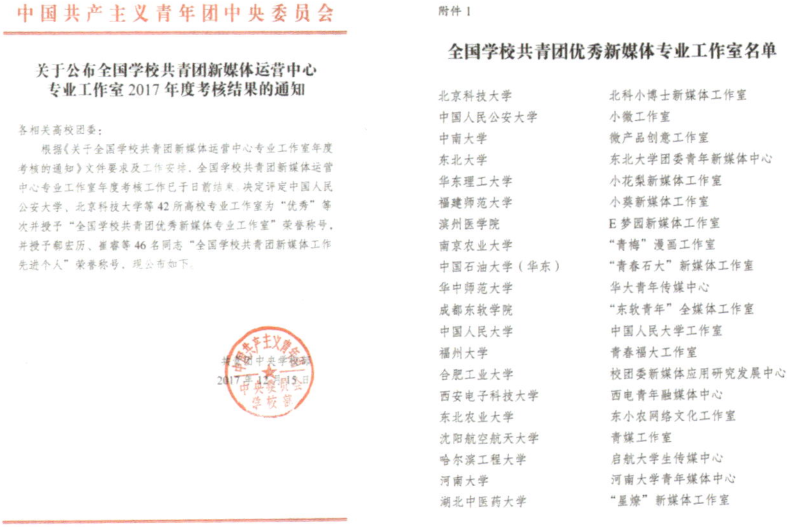

中国共产主义青年团中央委员会

关于公布全国学校共青团新媒体运营中心专业工作室2017年度考核结果的通知

各相关高校团委：

根据《关于全国学校共青团新媒体运营中心专业工作室年度考核的通知》文件要求及工作安排，全国学校共青团新媒体运营中心专业工作室年度考核工作已于日前结束。决定评定中国人民公安大学、北京科技大学等42所高校专业工作室为“优秀”等次并授予“全国学校共青团优秀新媒体专业工作室”荣誉称号，并授予郁宏历、崔睿等46名同志“全国学校共青团新媒体工作先进个人”荣誉称号，现公布如下。

共青团中央学校部

2017年12月15日

附件1

全国学校共青团优秀新媒体专业工作室名单

北京科技大学	北科小博士新媒体工作室
中国人民公安大学	小微工作室
中南大学	微产品创意工作室
东北大学	东北大学团委青年新媒体中心
华东理工大学	小花梨新媒体工作室
福建师范大学	小葵新媒体工作室
滨州医学院	E梦园新媒体工作室
南京农业大学	“青梅”漫画工作室
中国石油大学（华东）	“青春石大”新媒体工作室
华中师范大学	华大青年传媒中心
成都东软学院	“东软青年”全媒体工作室
中国人民大学	中国人民大学工作室
福州大学	青春福大工作室
合肥工业大学	校团委新媒体应用研究发展中心
西安电子科技大学	西电青年融媒体中心
东北农业大学	东小农网络文化工作室
沈阳航空航天大学	青媒工作室
哈尔滨工程大学	启航大学生传媒中心
河南大学	河南大学青年媒体中心
湖北中医药大学	“星燎”新媒体工作室

2017年全国学校共青团优秀新媒体专业工作室

创新推进素质拓展行动，为学生成长成才搭建广阔舞台

建立实施共青团“第二课堂成绩单”制度。扎实推进全国首批试点和辽宁省专项试点建设工作，深入实施“大学生能力素质拓展工程”，规划五类课程8个学分，为学生建立1200余门“第二课堂”活动选择菜单。出台《“第二课堂成绩单”制度实施办法》《学分转化办法》，自主开发“PC端＋微信端”信息认证平台，有1.7万人注册使用，占本科生总数的88%。

创新机制开展大学生社会实践工作。联合马克思主义学院，开设思想政治理论课实践（学位课，2.5学分）。全年组织重点团队553支，6000余人次参与，覆盖一届本科生和研究生。荣获全国大中专志愿者暑期“三下乡”社会实践优秀单位称号。实施“智惠社区”志愿服务行动计划，全年开展活动1300余期，有1.5万人次参与。出版《西部十年·讲述东北大学研究生支教团的故事》。

积极组织开展科技创新竞赛和活动。联合创新创业学院，组织“挑战杯”全国大学生课外学术科技作品竞赛，获国家二等奖1项、三等奖2项，省特等奖7项、一等奖15项。举办2017年青少年高校科学营活动，培训全国各地营

员 220 人。

加强校园文化活动品牌建设。举办建龙钢铁“创藝杯”校园文化艺术节、社团文化节，开展主题活动 18 项，累计参与 2 万余人次。在国家、省、市级艺术展演中获奖 38 项。荣获全国大学素质教育优秀品牌活动银牌、第二届中华学子青春国学荟全国优秀国学教育文艺作品奖。

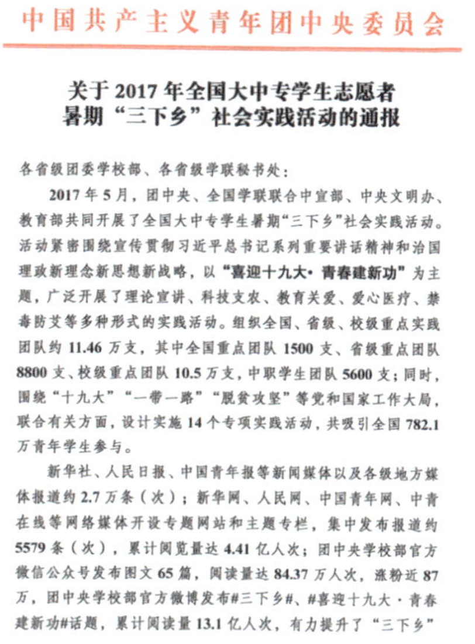

中国共产主义青年团中央委员会

关于 2017 年全国大中专学生志愿者暑期“三下乡”社会实践活动的通报

各省级团委学校部、各省级学联秘书处：

2017 年 5 月，团中央、全国学联联合中宣部、中央文明办、教育部共同开展了全国大中专学生暑期“三下乡”社会实践活动。活动紧密围绕宣传贯彻习近平总书记系列重要讲话精神和治国理政新理念新思想新战略，以“喜迎十九大· 青春建新功”为主题，广泛开展了理论宣讲、科技支农、教育关爱、爱心医疗、禁毒防艾等多种形式的实践活动。组织全国、省级、校级重点实践团队约 11.46 万支，其中全国重点团队 1500 支、省级重点团队 8800 支、校级重点团队 10.5 万支，中职学生团队 5600 支；同时，围绕“十九大”“一带一路”“脱贫攻坚”等党和国家工作大局，联合有关方面，设计实施 14 个专项实践活动，共吸引全国 782.1 万青年学生参与。

新华社、人民日报、中国青年报等新闻媒体以及各级地方媒体报道约 2.7 万条（次）；新华网、人民网、中国青年网、中青在线等网络媒体开设专题网站和主题专栏，集中发布报道约 5579 条（次），累计阅览量达 4.41 亿人次；团中央学校部官方微信公众号发布图文 65 篇，阅读量达 84.37 万人次，涨粉近 87 万，团中央学校部官方微博发布#三下乡#、#喜迎十九大 · 青春建新功#话题，累计阅读量 13.1 亿人次，有力提升了“三下乡”

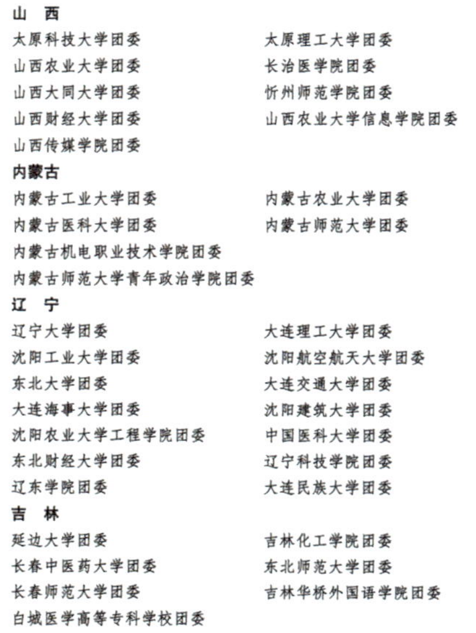

山　西

太原科技大学团委　太原理工大学团委
山西农业大学团委　长治医学院团委
山西大同大学团委　忻州师范学院团委
山西财经大学团委　山西农业大学信息学院团委
山西传媒学院团委

内蒙古

内蒙古工业大学团委　内蒙古农业大学团委
内蒙古医科大学团委　内蒙古师范大学团委
内蒙古机电职业技术学院团委
内蒙古师范大学青年政治学院团委

辽　宁

辽宁大学团委　大连理工大学团委
沈阳工业大学团委　沈阳航空航天大学团委
东北大学团委　大连交通大学团委
大连海事大学团委　沈阳建筑大学团委
沈阳农业大学工程学院团委　中国医科大学团委
东北财经大学团委　辽宁科技学院团委
辽东学院团委　大连民族大学团委

吉　林

延边大学团委　吉林化工学院团委
长春中医药大学团委　东北师范大学团委
长春师范大学团委　吉林华桥外国语学院团委
白城医学高等专科学校团委

关于 2017 年全国大中专学生志愿者暑期“三下乡”社会实践活动的通报

扎实开展权益服务行动，务实服务青年学生成长诉求

构建党领导下的团学组织格局，组织召开第二十六次学生代表大会、第十五次研究生代表大会，征集答办提案 326 件。全面召开院级学生代表大会。校学生会在辽宁省学联九大当选辽宁省学联主席单位。开展“十佳社团负责人”“优秀社团指导教师”评选，制定《学生社团建设管理办法（试行）》，引导社团健康发展。

开展全国首批“青年之声”试点建设工作，加强“青年之声 @ 东北大学”平台建设，在两个校区建设启用“青年之家”学生权益综合服务站，接待来访学生 2000 余人次，常态化举办“本科教学接待日”“后勤服务接待日”等活动，收集答复问题 40 余条。2017 年获评全团“青年之声”建设工作典型。

2018 年 5 月，荣获“全国五四红旗团委”称号

高举旗帜跟党走 青春建功新时代

——东北大学秦皇岛分校获评“全国五四红旗团委”工作纪实

引言：东北大学秦皇岛分校团委坚持以习近平新时代中国特色社会主义思想为指导，认真学习贯彻党的二十大精神，始终紧密围绕党政中心，努力服务大局，结合秦皇岛分校团委工作实际，聚焦新时代共青团提升引领力、组织力、服务力和大局贡献度的工作布局，筑牢青年理想信念，带领青年在社会实践、志愿服务、科技创新等多个领域中取得显著成绩。先后在2011年、2018年两次荣获“全国五四红旗团委”荣誉称号，多次获评“河北省高校十佳团委”。

东北大学秦皇岛分校团委始终高举习近平新时代中国特色社会主义思想伟大旗帜，以学习宣传贯彻党的二十大精神为主线，聚焦共青团工作主责主业，牢牢把握保持和增强政治性、先进性、群众性的前进方向，紧紧围绕共青团的根本任务、政治责任、工作主线，奋发改革、锐意进取、真抓实干，各项工作和建设都取得新发展，为服务学生全面成长成才和学校发展建设作出了积极贡献。

强化思政引领体系建设，弘扬爱国奋斗精神，筑牢青年师生理想信念基石

扎实开展学生思想政治教育工作。以理想信念教育为核心，构建以理论学习、实践拓展为载体的全覆盖的日常思想政治教育体系。围绕“青年大学习”“四进四信”“我与祖国共奋进”“不忘初心、牢记使命”等主题开展全校自上到下的学习活动，邀请校内外专家学者作专题报告、分享交流。结合国内外时政要闻、党团重要会议制定每月团日主题，突出理论武装和思想引导，着力提升政治学习的制度性和实效性，推动党的理论深入人心，教育引导广大团员青年增强“四个意识”、坚定“四个自信”、做到“两个维护”。

积极培育和践行社会主义核心价值观。以“十佳大学生”“自强之星”“先进团支部”等各类个人和集体典型选树活动中涌现出的先进事迹为教育内容，先后邀请中国大学生自强之星、大学生退役士兵、全国优秀团支部书记等百余名优秀青年和集体代表，在每年度的团学工作表彰大会上分享榜样故事，传递青春正能量。近年来，殷玉龙、史佳岩等数十名同学先后荣获“中国大学生自强之星”荣誉称号，李俊同学荣获河北省“最美大学生”荣誉称号，张博、李世麒等同学荣获“全国优秀共青团员”荣誉称号，陈熠等百余名青年师生被评选为河北省“冀青之星”。

“学雷锋志愿服务月”启动仪式活动现场

大力弘扬东北大学爱国主义光荣传统。以“五四”“十一”“九一八”“一二·九”等重大节日、纪念日为契机，开展大型升旗仪式、思想教育活动，号召全校学生铭记历史、奋发图强。大学生艺术团话龙剧社编导的话剧《旗帜上的名字》改编自学校李庆玉捐献造血干细胞的真实故事，《战火中的东大》重现了东大学生在一二·九运动中挽救民族危亡的场景，带领同学们重温党史校史，牢固树立共产主义远大理想和中国特色社会主义共同理想。

深入实施青年马克思主义者培养工程。2015 年，东北大学秦皇岛分校作为河北省唯一高校入选全国首批 28 家“青马工程”全国培训研究基地。以此为契机，东北大学秦皇岛分校党委印发了《东北大学秦皇岛分校青年马克思主义者培养工程实施方案》。2018 年深化培养体制改革，在河北高校率先实现“青马工程”大众化教育向精英化教育转型，现已形成“校青马班 + 学院团校”两级培训体系，开设了“学理论”“学实践”“学修身”“学做人”四个培训板块，组织学员集体深入延安、梁家河、井冈山等地实践学习，在提高青年学生骨干的政策理论水平和思想政治素质方面，发挥了重要作用。每年推荐优秀学员参加河北省青年马克思主义者培养工程大学生骨干培训班学习，刘佳聪、战嘉莹等多名学员入选全国青年马克思主义者培养工程大学生骨干培训班。

强化组织育人体系建设，不断夯实基层保障，团学组织凝聚力战斗力显著增强

统筹推进团学组织和工作改革创新。按照团中央、教育部《高校共青团改革实施方案》部署，结合东北大学秦皇岛分校实际，2018 年 5 月经广泛征求意见、党委会讨论，起草出台了《东北大学秦皇岛分校共青团改革实施方案》，统筹推进秦皇岛分校共青团机构设置和运行机制改革、基层组织制度改革、工作载体和方式方法改革、队伍建设改革、综合保障改革等“五项改革”，扎实稳妥推进共青团改革。

巩固和完善党领导下的团学组织格局。秦皇岛分校团委实行“直属部门 + 指导学生组织”的工作机构模式，全面建立专兼挂相结合的干部队伍，不断提升团学干部的业务本领和服务能力。坚持和完善学生代表大会制度，东北大学秦皇岛分校学生会当选河北省学联主席团单位，张博等 5 名同学先后担任河北

省学生联合会驻会执行主席。2017 年 12 月，指导成立校研究生会，坚持召开学代会、研代会，并敦促指导院级学生代表大会全面召开，学生组织的凝聚力、感召力不断增强。加强对学生社团的指导和管理，制定学生社团管理办法和社团建团实施办法，开展“十佳社团”“星级社团”评选，引导学生社团健康发展。

全面推进从严治团。严格团员发展程序，始终把政治标准放在首位，保持和增强团员先进性。严肃团内组织生活，规范基础团务，认真推进基层团组织建设，增强团支部政治教育功能，推动理论学习规范化，严格落实“三会两制一课”基本制度。实施高校基层团支部“活力提升”工程，61311 团支部、测控技术与仪器 1701 团支部荣获“全国活力团支部”，21222 团支部、31544 团支部先后荣获“全国五四红旗团支部”荣誉称号。

强化文化育人体系建设，实施品牌培育工程，精品校园文化活动蓬勃开展

构建以大学生文化体育艺术节、社团文化节等为代表的精品校园文化活动体系。大力发展丰富多彩的体育文化艺术活动，着力培育校园文化品牌。2006 年，举办首届大学生文化体育艺术节，至今已延续十六届；丰富“振东杯”“晨曦杯”传统赛事内涵，创建“晨曦杯”新生系列体育文化赛事，年均立项开展主题赛事和活动 30 余项，学生参与近万人次，丰富师生课余文化生活，打造具有秦皇岛分校特色的文化品牌项目。

深化活动内涵，开展传统文化教育。2009 年成立东秦民族乐团，2010 年成立大学生艺术团。举办“光辉历程”庆祝中国共产党成立 100 周年诗歌朗诵会、“唱支山歌给党听”庆祝建党 100 周年文艺晚会等系列建党百年庆祝活动。民族乐团作为弘扬中华优秀传统文化的主阵地，先后排演《台湾追想曲》《我的祖国》《红楼梦序曲》等一批深受学生喜爱的民族管弦乐曲目，举办和参演多场民族音乐会。民族乐团入选教育部、文化和旅游部、财政部联合开展的 2018 年“高雅艺术进校园”项目，在坚定文化自信和传播民族文化方面发挥了积极作用，成为文化育人的重要平台。

2018 年“高雅艺术进校园”活动现场

实现青春价值，带领青年学生参与社会实践。开展寒暑假社会实践活动，每年参加社会实践活动团队 300 余支，学生 3000 余人次；积极参加全国大中专学生志愿者暑期“三下乡”社会实践活动、教育厅百万大学生“体验省情·服务群众”社会实践活动、中国环境科学学会大学生志愿者“千乡万村环保科普活动”，以及“千校千项”“镜头下的三下乡”等全国、省市社会实践重点项目、专项行动和评优评比等，连续获评国家、省市级重点团队，全国、省市级优秀实践小分队；先后有数十支团队入选“井冈情·中国梦”“情系北大荒·建功新时代”等全国专项社会实践活动。全校青年学生在实践活动中受教育、长才干、作贡献。

弘扬志愿精神，组织青年学生奉献社会。2005 年，李庆玉成为秦皇岛市造血干细胞捐献第一人，并获得“河北省十大杰出青年志愿者”等荣誉称号，被评为 2005 年感动秦皇岛年度人物。2017 年成立的李庆玉志愿服务先锋队，先后荣获“秦皇岛市十大志愿服务品牌”“河北省教育系统优秀志愿服务品牌”。大力推进大学生志愿服务西部计划，2009 年至今已有 76 名同学奔赴新疆、西藏、云南等地投身西部志愿服务。2022 年，“童心筑梦，科技报国——青少年职业发展领航计划”志愿服务项目入选中国科协宣传文化部首批“翱翔之翼”大学生科技志愿服务项目，进一步推动了秦皇岛分校志愿服务品牌化、项目化发展。特别值得一提的是，组织东北大学秦皇岛分校青年志愿者圆满完成了2008年北京奥运会、2022年北京冬奥会和冬残奥会等全国、国际大型赛会的志愿服务，获得社会广泛好评。

东北大学冬奥志愿服务团队

组织科技竞赛，引导学生投身科技创新。组织各级团学组织积极开展双创教育，与大创中心共同组织“挑战杯”“创青春”等品牌赛事。自参赛以来，累计获得国家级奖项59项、省级奖项384项，多次获评全国优秀组织奖，学生在科技创新领域不断取得新突破。2014、2016、2020年学生团队三次捧回“创青春”全国大学生创业大赛全国金奖。在“挑战杯”全国大学生课外学术科技作品竞赛中，2019年学生团队获得全国二等奖2项、三等奖4项，秦皇岛分校首次荣获“优胜杯”，实现历史突破。2011、2019年，东北大学秦皇岛分校先后两次承办“挑战杯”河北省终审决赛，全省千余名师生在东北大学秦皇岛分校齐聚一堂、同台竞技，获得了社会各界的高度肯定和赞誉。

打造宣传强阵地，提升宣传工作成效，全面联系团员青年不断深化

创新推进校级团属新媒体“两微两端”建设工作，形成线上线下深度融合的工作理念和大思政整体格局。“校园之声”广播电台和团委“先锋网”两端

与团属官方微信“青春东秦”、微博“青春东秦”两微优势互补，发挥团属新媒体的统筹协调作用，推动院级团委成立对应新媒体运营团队，加强网络文化内容供给，研发和推广优秀内容产品，实现工作联动。同时不断提升新媒体运用能力和水平，持续完善团属微信、微博、QQ、网站等网络阵地和新媒体矩阵群，强化正面舆论引导。

经过多年的积累与发展，东北大学秦皇岛分校团委的工作已经逐步形成了鲜明的特色与优势。未来，团委将持续认真学习贯彻党的二十大精神，聚焦为党育人、为国育才的根本任务，在东北大学秦皇岛分校党委的坚强领导下，引导和带领广大团员青年听党话、跟党走，在奋斗中“立大志、明大德、成大才、担大任”，让“强国有我”的铮铮誓言汇入新时代波澜壮阔的大潮中，绽放出绚丽的青春之花。

（文：刘筱慧）

扎实推进精准资助
全面提升资助育人水平

——东北大学获评全国学生资助工作“优秀单位案例典型”工作纪实

引言：教育公平作为我国最基本的教育政策，是促进社会公平、构建和谐社会的重要基础，也是推动社会进步的先决条件。党的十八大以来，习近平总书记从人民利益和幸福出发，提出了“精准扶贫，精准脱贫”的基本方略。家庭经济困难学生资助工作不仅是实现教育公平、促进社会公平的重要举措，更是落实新科学发展观理念、实现共享发展的重要途径，坚持以习近平新时代中国特色社会主义思想为指导，提高政治站位，要将政治责任贯穿于学生资助工作的全过程，扎实推进精准资助，全面提升资助育人水平。

东北大学始终高度重视家庭经济困难学生资助工作，坚持以习近平新时代中国特色社会主义思想为指导，从全面贯彻党的教育方针、培养社会主义事业合格建设者和可靠接班人的政治高度对学生资助工作进行战略规划和顶层设计，将政治责任贯穿于学生资助工作的全过程，围绕“资助育人”工作理念，以“精准资助”为重点，不断完善“物质资助、精神培育、能力提升”三位一体的资助育人体系，全面促进困难学生成长成才。

强化精神引领，引导学生树立大志向

学校以理想信念教育为核心，全面加强励志教育、诚信教育和社会责任感教育，将社会主义核心价值观融入学生血脉，引导困难学生将自身发展同国家的前途命运结合起来，资助学生到祖国最需要的地方建功立业。

弘扬自强自立精神。在促进困难学生成长成才的过程中，学校注重挖掘和宣传学生身边的自强典范，以此展现当代大学生勇于承担责任、敢于面对困难的精神风貌。2004 年至今，学校已连续举办了十七届“自强之星”评选活动，培养了百余名“自强之星”，成立“励志青春”优秀特困大学生先进事迹报告团，开展励志主题报告 210 余场，编制《逐梦 · 励志 · 青春》励志事迹汇编材料一套。培育选拔“中国大学生自强之星”20 余人，其中 1 人获得“中国大学生自强之星标兵”称号（全国仅 10 人）。往届“自强之星”离校后不忘感恩回报，自发成立自强基金，担任在校困难学生励志导师，积极参与母校困难学生资助工作，用自己的行动继续传递青春正能量。

东北大学第十六届“自强之星”

培养明礼诚信品格。学校每年开展“砥砺诚信品质，践行诚信美德”诚信教育系列活动，突出时代特点和学校特色，定期举办“诚信教育报告会”“诚信故事推送”“诚信知识竞赛”“‘诚信为学’微宣誓”等活动，培育学生树立阳光诚信理念，引导学生深入践行社会主义核心价值观所倡导的“爱国、敬业、诚信、友善”精神，强化学生诚信意识。同时，邀请国家助学贷款经办银行的金融和信贷专业人员，举办“助学贷款与诚信人生”讲座，以此强化学生的诚信意识，在整个校园中营造“人人学诚信，人人讲诚信”的诚信文化氛围。在全国学生资助中心组织的高校学生诚信教育主题活动中，学校荣获“全国高校优秀单位”，《东北大学探索构建体验式诚信教育体系》荣获全国高校特色案例。

增强感恩责任意识。学校将感恩责任意识教育与公益服务、奉献社会等主题紧密结合，鼓励受助学生将对国家、社会和学校的感恩之情转化为回报社会之行，倡导所有受助学生积极参与公益实践活动，在感恩实践中实现价值，在实践成长中担当责任。通过“阳光培育计划”，学校大力鼓励受助学生开展“学生教员进社区”“爱心包裹劝募”“爱心宿舍公益项目”“社区义工接力”“关爱孤独症儿童”等活动，让学生在奉献中受教育、长才干；此外，每年组织百余名受助学生分赴全国各地开展以“爱心支教、科技文化下乡、关爱老人”等为主题的实践活动，让学生在实践中懂感恩、知荣辱，2012 年回报社会实践活动启动至今，已有百余支队伍、千余名同学参与其中。目前，学校受资助学生人均志愿服务时间达 30 小时，60% 的困难学生主动申请加入“东北大学郭明义爱心团队”。

暑期大学生回报社会行动得到郭明义同志肯定

协同联动，建立资助育人大格局

建立校内多部门联动机制，建设校内校外工作团队，形成全员资助育人合力；从物质资助、精神培育到能力提升，发挥教育、管理、指导、服务、素质拓展五项职能，促进家庭经济困难学生全面发展，实现全方位资助育人；从高考录取到升学就业，根据教育规律、学生成长规律和发展需求，系统规划、分阶段实施资助项目，实现全过程资助育人。

形成全员资助育人合力。学校以满足家庭经济困难学生实际需要和发展诉求为落脚点，整合资助、心理、就业、素质拓展、创新创业教育等多方工作，在全国率先开创了“资助、指导、就业、心理”四位一体工作互促机制，建立起“领导主抓、中心统筹、院系为主、全员参与”的运行机制。近年来，学校系统整合校内外资源，建立起“招生、教学、科研、资助、就业”等多部门联动机制；邀请校内外专家学者、用人单位资深高管、各界精英及学生骨干，组建资助工作研究中心，构建起以“指导专家委员会”“成长发展指导师”“成长发展指导员”为代表的立体化资助工作队伍，充分发挥基层学院、党团组织、研究所及专业教师的重要作用，形成了全员促资助、内外铸合力的系统工作格局。

校长冯夏庭（左四）在绿色通道现场为家庭经济困难新生发放爱心礼包

建立全过程资助育人模式。学校根据社会人才需求反馈，按照学生成长规律和发展需要，建立起分年级学生资助管理体系，遵循人才培养规律和学生成长规律，分阶段实施资助项目，实现全过程资助育人。为了“不让一名学生因家庭经济困难而失学”，学校将资助工作前移，将“绿色通道日”延伸为“绿色通道季”，从新生接到录取通知书起，便通过邮寄资助材料、电话家访、开通资助热线、实地走访等形式，了解新生家庭经济情况、宣传资助政策；新生报到期间，设立“一站式”服务窗口，办理学费缓缴、贷款申请，发放爱心大礼包、爱心饭卡、爱心羽绒服，确保寒门学子“零压”入学；针对二年级、三年级学生重点实施“学业能力提升项目”“专业技能加强项目”，开展各类资格认证等免费培训，以及学习理念、方法指导，帮助困难学生解决学业困惑。为了从根本上阻断贫困代际传递，学校高度重视家庭经济困难学生的就业工作，通过生涯辅导、面试求职培训、职业成长工作坊等多种方式，提升学生核心竞争力，促进学生高质量就业。

校领导为困难学生发放励志助学大礼包

优化全方位资助育人体系。为了促进家庭经济困难学生发展成才，学校建立起以“物质资助为基础、精神培育为引领、能力提升为核心”的全面发展精准资助工作体系，实施可持续绿色资助计划，开展保障性、引导性、支持性多种资助形式有机结合的物质资助模式，实现家庭经济困难学生物质资助 100% 全覆盖；打造丰富多彩的家庭经济困难学生精神家园，实施“阳光培育计划”，着力开展励志教育、诚信教育、社会责任感教育，培养困难学生树立“爱党爱国、奋发进取、自立自强、诚实守信、勤俭节约、感恩奉献”六个基本意识，引导学生励志成才；搭建困难学生能力提升平台，实施“彩虹成长计划”“励志助学计划”“学业腾飞计划”三大计划，以及“人文素养提升”“专业技能加强”“红烛暖心”等 11 个资助育人项目，从生活、学习、就业、发展等多个层面为学生提供分类指导与帮扶。选拔学生骨干，针对全体大一新生开展引导性帮扶，帮助新生解决成长中的问题，实现新生寝室 100% 全覆盖。

强化成果导向，突显资助育人大成效

在秉承“大资助”工作理念，建立以“物质资助为基础、精神培育为引领、能力提升为核心”的全面发展精准资助体系的过程中，学校不断推进发展性资助，在确保家庭经济困难学生应助尽助、励志成长和发展成才的同时，有效地阻断贫困代际传递，把党和政府的温暖送到家庭经济困难学生的心坎上。

资助育人效果明显。目前，学校家庭经济困难学生中有 42% 获各类奖学金、受到学校表彰，50% 担任过不同类型、不同级别的学生干部。近 3 年，学校 70.2% 的家庭经济困难学生参加过各级学术科技竞赛和综合能力竞赛，家庭经济困难学生研究生录取率高于学校整体水平。学校连续 10 年实现特困毕业生就业率达 100%。

资助工作赢得认可。学校连续 11 年在全国高校学生资助工作绩效考评中获评优秀，先后荣获“全国高等学校学生资助工作先进单位”、“教育部高校校园文化建设优秀成果三等奖”、全国学生资助工作“优秀单位案例典型”、“高校学生资助诚信教育主题活动优秀单位”等各级荣誉称号。人民日报、光明日报、中国教育报、教育部网站、全国学生资助中心网站等 50 余家主流媒体对学校学生资助工作予以报道。

（文：石昌远、王威）

传承爱国红色文化基因
讲述东大人科技报国的故事

——东北大学获评中国科协学风建设资助计划项目工作纪实

引言：学校全面系统梳理百年办学历程中各个历史时期涌现出来的先进人物和集体的科技报国典型事迹，着力实现“六个一”目标，即“凝练一个精神内核、培育一支人才队伍、开展一批宣讲活动、打造一套宣传体系、丰富一类思政资源、形成一组文化产品”，让东北大学科技报国的精神成为广大师生内化于心、外化于行的价值追求和行为实践，进一步丰富和完善学校的精神文化。

东北大学坚持以习近平新时代中国特色社会主义思想为指导，全面贯彻落实习近平总书记关于教育的重要论述，深入学习贯彻习近平总书记在科学家座谈会上的重要讲话精神，大力弘扬科学家精神，秉持“自强不息、知行合一”的校训精神，弘扬“实干、报国、创新、卓越”的东大文化品格，深入发掘学校在与国家发展和民族复兴同向同行的历史进程中涌现出的先进人物和典型事迹，扎实推进“传承爱国红色文化基因，讲述东大人科技报国的故事”项目的实施，让科技报国的精神成为全校师生内化于心、外化于行的价值追求和行为选择。

突出价值引领，构建多维共进的工作体系

作为全国首批党建工作示范高校和全国首批“三全育人”综合改革试点高校，东北大学始终把继承和弘扬科技报国精神作为学校精神的重要组成部分，作为培育优良校风学风的宝贵资源，作为师生思想政治教育的重要内容，对标“坚持社会主义办学方向，全面贯彻党和国家教育方针，坚持立德树人，加强社会主义核心价值观教育，培养学生的社会责任感、创新精神和实践能力，造就具有远大抱负和国际视野的精英人才”的人才培养目标和“培养造就有理想信念、有专业知识、有道德风范、有仁爱之心的科技人才队伍”的“四有”科技人才队伍培养建设目标，由八个职能部门和学院统筹谋划制订《东北大学“传承爱国红色文化基因，讲述东大人科技报国的故事”项目实施方案》，形成协调联动的工作机制、任务明确的责任落实机制，最大范围、最大程度地提升项目运行实效，实现师生群体全覆盖、教育教学科研环节全贯通、第一课堂和第二课堂有效衔接、周期实施和长期运行相结合。

新生第一课：“家国与担当——与国家发展和民族复兴同向同行的东北大学”

学校遵循以理工为主的学科历史发展特点，全面系统梳理“一流大学”建设过程中“控制科学与工程学科群”和“冶金工业流程学科群”这两个“一流

学科”发展历史中涌现出的靳树梁、张嗣瀛、邱竹贤、陆钟武、方肇伦、李华天、闻邦椿、柴天佑、王国栋、谢绪恺、刘积仁和“54煤”精神、张化光劳模创新工作室、特殊钢冶金研究所团队等科技报国的先进人物和集体。项目实施过程中，学校选拔培育宣讲工作队伍进行专业培训、示范观摩，组建了包括校领导、院系领导、职能部门党政领导干部、思政课专业教师在内的宣讲队伍，从学校、学院、专业、班级不同层级搭建多样化平台，面向不同年级、不同专业学生群体开展分众化宣讲，校领导率先垂范、带头宣讲，分别以“家国与担当——与国家发展和民族复兴同向同行的东北大学”“做有理想有担当的民族脊梁”“科研中的创新”“科研基础、科研态度、科研过程、科研目的、科研成果‘五个要’”等主题面向学生开展主题宣讲，教师代表丛德宏、陆志国和学生代表吴乐舟、刘宏轩、王宗鉴、宋琦、马梓凯、王儒超、王法祺、李国卿等深入学生群体“面对面”讲述东大故事，学生受众超过20000人次，其中2020级本科生新生和研究生新生实现全覆盖。

锚定“六个一”目标，打造特色教育模式

学校锚定“六个一”目标，统筹谋划宣讲巡讲活动，着力在“组织力度、覆盖广度、宣讲深度、氛围温度”上下功夫，力求宣讲巡讲显实效、有氛围、出成果，讲出青春的使命，讲出教育的作为，激励全校师生找准前进方向、明确奋斗坐标、汇聚磅礴力量。

“弘扬科学家精神”闻邦椿院士报告会

凝练一个精神内核：全面系统梳理学校办学历程中传承的爱国红色文化基因和爱国主义光荣传统，凝练提升新时代东北大学科技报国精神内核，深度研究阐释师生“爱国兴邦，与祖国同呼吸共命运”的精神风骨、“报国育英，与国家发展同频共振”的价值追求、“强国筑梦，助力中华民族伟大复兴”的历史担当。

培育一支人才队伍：有效结合学校课程思政建设工作和新时代思想政治理论课教师建设工作，广泛发掘离退休老教授、优秀教师、科研人员群体中对学校特色学科专业发展脉络有清晰认知，对科技报国先进人物、典型事迹有全面了解和深入理解的教职工，积极培育吸收该群体参与思政教育工作。

开展一批宣讲活动：充分利用学校教职工“引领·提升·共进”“1+1”专项活动、卓越教师工作坊、“三新”教师师德师风专题培训、“青马工程”等载体，组织专门宣讲力量，设置系列宣讲主题，面向全校师生开展数十场“科技报国东大人”系列教育宣传活动。

打造一套宣传体系：紧密结合学校融媒体建设工作，加强媒体融合创新和内外宣传联动，将学校科技报国精神和科技报国先进人物集体、典型事迹纳入融媒体选题，进行重大策划、长线策划和深度策划，创建一批有思想深度、内容广度、时代亮度的融媒体栏目，打造系列融媒体作品，讲好东大科技报国故事，并择优择时向各级各类校外媒体推送，积极营造良好的舆论引导氛围。

丰富一类思政资源：广泛融入学校课程思政建设工作，将项目开展过程中总结凝练形成的思政元素作为学校课程思政建设工作的有利资源，支撑课程思政示范课程、示范专业建设；积极支持学校思政课改革创新，为讲活讲好思政课，讲出思政课中的“东大味道”，提供更多的资源供给；同时，为大学生日常思政教育工作的模式创新和内容丰富提供更加多元的选择。

形成一组文化产品：打造“科技报国东大人”系列文化产品，包括《讲述东大人科技报国的故事》教育读本等平面文化产品、《东北大学科技文化宣传片》等影视文化产品、“微讲述·东北大学的科技报国之路”等“微”文化产品，将科技报国的东大人、东大情、东大故事、东大精神深度融入东北大学校园文化建设中，形成科技报国的教育场域，弘扬优良的教风学风。

传承爱国红色文化基因，建功立业新时代

在爱国文化感召下，广大师生厚植爱国情怀，坚持“四个面向”，以实际行动响应国家战略需求，主动攻克“卡脖子”难题，支撑高水平科技自立自强，充分发挥技术创新、转移和产学研合作优势服务区域经济社会发展，在新时代、新征程上镌刻下东大人爱党爱国、科技报国的印记。

光明日报
GUANGMING RIBAO
2020年8月20日　星期四　农历庚子年七月初二　今日16版

我国医师总数达386.7万人　基层医生数量增幅高

2020年“最美医生”先进事迹发布

湖南：工业“网红”背后的智能制造转型

80位医者荣获第12届“中国医师奖”

做新时代中华文化的继承者、创新者、传播者

走向我们的小康生活

聆听广西山区的“茶故事”

光明访名家

冯夏庭：向地球深部进军

《光明日报》头版报道东北大学科技工作者科技报国的故事

瞄准科技前沿和国家重大需求，加强国家重点实验室、工业智能与系统优化前沿科学中心、计算机软件国家工程研究中心和 2011 协同创新中心等重大平台建设，持续提升原始创新和集成攻关能力。实施“创新团队建设工程”，数十支创新团队涵盖深地深海、人工智能、高端装备、新材料等一批国家重点

研究方向。流程工业综合自动化国家重点实验室面向控制学科国际前沿，在国际上率先提出生产全流程全局优化控制理论与方法，打破国外垄断，成果被写入国际自控联引领未来自动化发展方向白皮书。轧制技术及连轧自动化国家重点实验室在关键共性技术、钢铁数字化与智能化等方面解决“卡脖子”难题，相关产品和技术应用于C919大飞机用8万吨模锻液压机、国内首套6兆瓦风电主轴轴承、探月和载人航天发动机涡轮盘、第四代核电等一大批国之重器。此外，学校研发的关键核心材料和腐蚀防护技术广泛应用于航空发动机构件、特种安全检测设备、高端数控机床、国产光刻机、复兴号高铁等装备，为高质量发展贡献新动能、新优势。

把科技优势、人才优势同区域优势、产业优势深度融合，聚焦金属材料、高端装备制造、人工智能等领域，与地方联合建设东北大学科技园、朝阳东大矿冶研究院、东北大学沈抚工业技术研究院等一批中试熟化对接平台和校地成果转化平台，与东北企业签订各类技术合同1300余项，与辽宁科技型企业共建产学研联盟43个，本土孵化落地科技企业近100家，科技成果本地转化率超50%。进一步加强沈阳—东北大学创新港建设，加速推动建立一批产业技术中心，沈阳市首个重大科技基础设施项目“超大型深部工程灾害物理模拟设施”正在依托东北大学建设，为建设教育强国、科技强国、人才强国源源不断贡献“东大力量”。

（文：王刚、管珊珊）

汇聚点滴力量　催开满树繁花

——东北大学外国语学院“指南针驿站”学生成长发展工作室获评教育部思政工作精品项目纪实

引言：“指南针驿站”学生成长发展工作室（以下简称“指南针驿站”），以习近平新时代中国特色社会主义思想为指导，立足于学生成长诉求、时代发展要求和社会进步需求，聚焦大学生在成长和发展过程中的现状和需求，以思想和价值引领为主线，以学生的问题和困惑为牵引，将解决具体问题与思想价值引领有机融合，通过学生乐于接受的方式方法、载体平台和话语体系，帮助学生完成思想引领和价值塑造，着力培育德智体美劳全面发展的社会主义建设者和接班人。

“指南针驿站”创建于2016年，是东北大学“一五一十”思政文化育人一体化平台校级建设项目。在育人实践中，着重突出学生的主体地位，变被动接受为主动参与；着重突出育人的精准性，变大水漫灌为精准滴灌；着重突出育人的全员性，变辅导员独奏为教师全员合奏。“指南针驿站”以其新颖独特的育人模式，把思想政治教育的“外部灌输”变成“主动汲取”，将思想政治教育的“给”转化成学生的“得”，全力打通育人“最后一公里”，全面提升基层思想政治工作的质量。

汇聚力量，构筑文化育人阵地

“指南针驿站”整合各方资源，凝聚育人力量，搭建了一个集专业课教师、思政课教师、学生工作队伍以及优秀校友于一体的“大思政”育人平台，特别是让学科带头人、教授以及骨干教师成为思政育人的主力军，通过统一部署，来系统推进育人工作，形成育人合力。“指南针驿站”不断强化指导师队伍的建设，将指导师按类别进行管理，目前有思想引领类、专业学习类、公共外语类、高数学习类、教育管理类、就业指导类等六个类别，共 50 余人。定期组织开展指导师培训、交流、聘任以及表彰工作，以提升指导师的育人动能和育人实效。通过多年的实践，“指南针驿站”已经形成辅导员—班导师—指导师共同助力学生成长成才的全员育人模式，为学生提供课上到课下、低年级到高年级全程指导的全过程育人模式，从专业学习到思想引领、从全面发展到个性发展等多方面导航成长的全方位育人格局。“指南针驿站”当前已经成为思政课程和课程思政在课下有效的延伸和补充。“指南针驿站”充分有效地利用“大思政”文化育人的合力，用新颖独特的、学生喜欢的方式方法使“大思政”平台从建起来到活起来，切实发挥平台中每一个要素的文化育人作用，切实帮助学生完成思想引领和价值塑造，将教师的初心使命转化为学校立德树人的工作效能。

“指南针驿站”工作人员

精准引领，提升文化育人内涵

“指南针驿站”聚焦育人的精准性和实效性，创新性地推出“指导师制”和“预约制”，再加上充分利用“辅导员谈心谈话制”与之配合，改变了传统思想引领重形式、重场面的“粗放式”模式，继而向以点对点的精准引领方式转变，更加注重学生的个体情况，更加注重将解决实际问题和解决思想问题相结合，从而精准把握学生状态，对症施策，在解决具体的个性化问题过程中，实现更有效的思想价值引领。在育人实践中，将“预约”与“反预约”有机结合，解决个体指导和引领的覆盖面问题。“预约”环节针对的是主动性、规划性较强的学生；而针对主动性、规划性较差的学生，则设置“反预约”环节，指导师和辅导员、班导师联动，以辅导员、班导师谈心谈话为载体开展“反预约”，从另一个维度去关心、指导和引领那些规划意识差、缺乏目标及动力的学生。目前，通过“预约”与“反预约”两个环节的互联互通、互相配合，实现了对全体本科生精准引领的 100% 全覆盖。“指导师制”和“预约制”这两个创新模式是从大学生的实际特点出发，变被动为主动，让他们乐于接受并主动参与其中。这也是让“指南针驿站”不断焕发生机的重要法宝之一。

显隐相融，演绎文化育人魅力

“指南针驿站”注重“显性引领”和“隐性引领”的有机结合，让思政育人文化“无处不在”。两者充分配合，相得益彰，取得“1+1 ＞ 2”的育人效果。“指南针驿站”始终坚持遵循文化育人规律，以优秀的文化作为育人的核心内容，组织开展各类学习教育活动。在“显性引领”模块，培育了 6 个项目，分别为“漫说经典”“品读经典”“指南针驿站年度表彰聘任会暨典型事迹推介会”“四说新语”“我和指南针的故事”“百年党史人人讲、周周读、月月译”，以此来实现对学生思想引领的全覆盖。在“隐性引领”模块，培育了 4 个项目，分别为“预约指导”“成长沙龙”“能力提升”“谈心谈话”，以此来实现对学生个性化的思想引领。指导师、辅导员、班导师以潜移默化、循序渐进的方式对学生进行启发、教育和影响，使学生在不知不觉中逐步塑造优良的思想行为、道德品质和价值观念，对学生产生根本性、长期性、深远性的潜在影响。在多年的工作积累中，“指南针”团队还编撰形成了《“指南针驿站”育人案例集》，用形象的育人案例诠释“指南针驿站”生动的育人实效。

“指南针驿站”成长沙龙

催开繁花，彰显文化育人实效

习近平总书记曾提出“为谁培养人，培养什么样的人，怎样培养人”的教育三问。“指南针驿站”在育人实践中，着力深耕了三个育人问题：一是由什么人来培育学生的问题——让学科带头人、教授以及骨干教师成为思政育人的主力军；二是采用什么样的育人方式的问题——通过“指导师制”“预约制”“谈心谈话制”等方式，改变传统粗放引领模式，向精准引领方式转变；三是什么样的育人方式更有效的问题——“显性引领”与“隐性引领”充分配合，取得“1+1 > 2”的育人效果。

“指南针驿站”自 2016 年运行至今，组织开展活动 800 余期，有 1600 余人次通过预约直接与指导师面对面地进行交流。学生对“指南针驿站”的满意率为 100%。每一次活动都透露着“指南针驿站”的情怀，每一次指导都饱含着指导师的心血，每一次参与都印刻着学生们的成长。

外国语学院本科生李旖妃在一次预约指导后的日记中写道：“‘指南针驿站’经验丰富的指导师，可以帮助我们认知自我，在迷茫摇摆时让我们重回正轨，继续前进。王勃然老师鼓励我不仅要把专业课学好，还需要把自己放到社会、世界的大背景下，去思考自己承担的责任，要勇于担当、追求卓越，努力成为社会栋梁和民族脊梁。王老师的教导我一直牢记在心，这也将成为我一生的奋斗目标。”在大三暑假，李旖妃同学参加了中国人民大学教育学院的保研夏令营，其中一个考核项目是无领导小组讨论，讨论主题是学校、家长、学生之间，如何让三者联动，引导学生发展。当拿到考题后，她立刻就想到了“指南针驿站”。在讨论时，她详细介绍了这一模式，解释它如何加强师生之间的互动交流。最终，她以面试第一的成绩拿到录取通知书。她说，“指南针驿站”又一次帮助了她。

在“指南针驿站”的指导和引领下，像李旖妃一样成长进步的学生还有很多，“指南针驿站”犹如和煦的春风一般，吹开了数树的繁花。

经过多年的耕耘，“指南针驿站”也结出了硕果，2017 年获评辽宁省高校辅导员工作精品项目，2019 年获评教育部全国高校首批思想政治工作精品项目，2021 年获批辽宁省高校辅导员名师工作室。2019 年 6 月，“指南针驿站”团队受邀参加东北大学“讲述・东大人的故事”典型推介会，向全校师生展示推广“指南针驿站”的经验和模式，受到了广泛好评和关注。与此同时，“指南针驿站”也在不断扩大对外的影响力，2021 年 9 月承办了辽宁省高校辅导员谈心谈话方法机制规范月活动，组织辅导员谈心谈话工作案例征集评选和辅导员谈心谈话能力提升论坛，案例征集涵盖辽宁省 61 所高校，论坛收看人数达到 6697 人次。

参加东北大学“讲述・东大人的故事”典型推介会

寒来暑往，四序迁流，变化的是学生的成长与蜕变，不变的是育人的真心与温度，“指南针驿站”始终践行着“一心一意只为你”的承诺，将继续深入调研，做立足学生的“指南针驿站”；提升内涵，做扎实有效的“指南针驿站”；深化品牌，做示范引领的“指南针驿站”，在培养堪当民族复兴重任时代新人的育人道路上铿锵前行。

（文：赵丽娜）

全员铸魂　构筑“党家社校”深度融合育人共同体

——东北大学计算机学院“党家社校，全员铸魂，奏响组织育人‘三部曲’”项目获评教育部思政工作精品项目纪实

引言：“党家社校，全员铸魂，奏响组织育人‘三部曲’”项目以东北大学“三全育人”“育心铸才”工程为依托，全面落实立德树人根本任务，并获评“2020年教育部高校思政精品项目”。该项目是东北大学“一五一十”思政文化育人一体化平台建设重点培育项目之一，学校立足专业特点，发挥学科优势，构筑“互联网＋家校教育”工作格局，搭建“O2O”（online to offline）家校联系平台，系统推进“党家社校共育时代新人质量年”建设，深化党家社校共育体制机制建设。

“党家社校，全员铸魂，奏响组织育人‘三部曲’”项目坚持以习近平新时代中国特色社会主义思想和党的二十大精神为引领，按照中共中央、国务院《关于加强和改进新形势下高校思想政治工作的意见》和《高校思想政治工作质量提升工程实施纲要》等文件有关工作要求，以东北大学“一五一十”思政文化育人一体化平台为载体，深入贯彻落实全国教育大会精神，坚持和加强党对高校的全面领导，紧紧围绕立德树人根本任务，深化家校共育新机制建设，

锚定一流人才培养目标，多层次、多渠道、全方位构建“党家社校一体化协同育人体系”，完善“O2O”家校联系平台，进一步深化学校“三全育人”工作格局，形成“党家社校深度融合育人共同体”。

党委统筹，构建多角度多层级联动工作机制

党家社校一体化协同育人体系建设充分结合党建工作特色和学科优势，开展各具特色的家校联系工作。“纵向贯通”“横向联动”，梳理关于党家校社共育学生成才的典型经验和优秀做法，集结制作《家校育人制度汇编》《家校育人手册》《家校育人优秀案例选编》等，充分发挥典型带动示范效应；“主线牵引”“统分结合”，全面统筹多方育人力量，充分发挥党、团组织以及群众组织育人功能，充分发挥专业课教师、思政课教师、学生工作干部队伍、优秀在校生、校友、企业以及家长多方面作用，形成合力，实现育人效果最大化。党家社校联系制度体系极大地调动组织党员同志的力量，包括各级领导、专业课教师、思政课教师、职能部门教师，由党组织辐射到团组织，成立以优秀青年学生为主的成长发展指导员队伍，在各项工作开展中，走近学生，走进社区，走进家庭，充分发挥党组织的育人功能。

入学之初，学校领导视察迎新现场、走访新生寝室，与新生及家长亲切交流；聘请专业课教师为新生班导师，走进宿舍，为新生和家长答疑解惑；聘任优秀在校生为成长发展指导员，带领新生和家长游览校园，拉近学校与家庭的距离。学业之中，建立“定期召开全体学生家长会、学业问题持续性反馈、特殊事件点对点家校联系、特殊时期创新型家校沟通”的“一常态、三特殊”工作机制，不断增强家校合作育人的主动性、针对性、时效性。毕业之际，邀请家长参加毕业典礼、毕业晚会等毕业仪式性活动，提升家长在学生成长过程中的参与度，邀请老师和家长共同见证和分享收获的喜悦，感受家校联系制度的成果。

葫芦岛生源地家长会

打破界限，构筑全程全时沟通工作范式

贯穿入学一毕业全时空学业时段，重点突出“新生季”“开学季”“日常季”“毕业季”，根据不同年级，在不同学期、特殊节点等举办新生家长会、新生家长心理课堂、就业指导家长会、生源地家长会、专题家长学堂等，开展有针对性的家长指导类、感恩情怀类、家风家训类、中华优秀传统文化类活动。

聚焦家长关心关注问题，奏响组织育人“三部曲”。入学阶段吹响“进行曲”，建设以“成人礼”为标志的新生家长会，发布《致新生家长的一封信》。为适应疫情新变化，开展以“适应性”“目标性”“发展性”为主体内容的新媒体直播“新生家长课堂”，邀请优秀家长代表分享经验。面向其他年级开设“家长学堂”，以哔哩哔哩网站直播形式实现家校联系全覆盖，最高实时在线人数 8000 余人。

学期中及寒暑假定制“协奏曲”，搭建“O2O”线上线下有机结合的日常党家社校联系与“靶向性”和“精准化”的地区家长会和实地家访平台，分年级组织“家长学堂”，辅导员、校内班导师、企业班导师、优秀学生代表、家长代表五方联动，把握学生所处阶段特点与学生成长成才规律，从生涯规划、毕业要求、就业形势、学科竞赛等多维度讲共性问题，引导家长更新育人观念、提升育人能力。线下，学工干部深入学生家庭“一对一”家访，邀请专业教师、教学秘书、优秀在校生、优秀毕业生共同参与生源地家长会和实地家访，深入了解每名学生的成长环境、生活经历，与家长相互交流学生情况，共同探讨促进学生发展的方法，给予家长一定的家庭教育指导。生源地家长会已坚持十余年，在辽沈地区家长中产生极大反响。线上，针对学业、就业困难学生进行“一对一”微信、电话家访，制订“一生一策”学业帮扶方案、就业指导方案。假期期间，创新布置“我与父母的亲情‘账单’”“我的每月账单”等“假期作业”，增强学生与家长的互动，让家长更能了解孩子在校花销分布，让学生更能体会父母抚养孩子长大的艰辛与不易。

毕业阶段升华“交响曲”，举行以“春晖杯”为标志的毕业典礼感恩仪式，由学校领导、毕业生向家长颁发奖杯，感恩家长的培养。“三部曲”和谐有序推进，确保家校联系育人工作突破物理空间和时间限制，实现育人“全天候”。

毕业典礼“春晖杯”颁奖

技术赋能，发展线上线下融合服务模式

学校搭建大数据云平台，利用学生基本信息绘制学生画像，挖掘不同地域、不同家庭环境等因素与学生产生问题的关联性，发现问题并解决问题，不断提升家校育人效率。依托“大数据”搭建全员育人“云成长”平台，运用“互联网+”推进全程育人信息化家访，建立家长基本信息库和畅通的联系渠

道，动态更新家长联系方式，确保第一时间取得有效联系。学校利用学科优势突破地域、民族、语言等瓶颈，扩大家访范围，依托互联网信息技术，推进信息化家访全过程、多形态、立体化运行。制作针对家长的调查问卷，调研、整理学生的个性优缺点和发展规划、家长需求、家长在大学教育中作用发挥的程度等几个方面的内容，开展数据统计分析，为后续育人共同体建设提供预测和政策咨询报告，推动家校联动教育的深度融合，做到精准施策、靶向服务。运用“雨课堂”软件，收集学生学习、生活困惑，为学业、交际、心理等方面有问题的学生提供及时有效的支持和帮助，构建即时、畅通的家校育人信息渠道，结合学生在校动态，通过电话访问、微信和 QQ 家长群、微博互动等形式更新家访数据，持续完善实时回访机制。采访高年级学生家长，制作面向低年级学生和家长的专业推介专题视频和微信推送，助力招生工作和学科建设工作的开展。学校以第七期“辅导员工作项目化建设工程”中“基于大数据学生画像分析的精准思政与智慧管理体系建设”项目为支撑，持续推进大数据精准思政理念落地落实，让大数据为立德树人把脉助力。以“一对一”“点对点”“面对面”“家长学堂”“致家长一封信”等多种形式开展家访工作，累计已开展十五期“家长学堂”，覆盖全部学生家庭，实现家庭教育联系 100% 覆盖。

站位全局，实现主体客体角色交互转换

深挖家长身上蕴含的思政资源，激发家长完成育人主体与客体转换，邀请家长作为行业专家、生涯发展规划专家、招生专家担任学生主题班会嘉宾、主讲人，录制宣传视频。疫情期间，开展“最美逆行者”家长专题报道，依托微信平台分 8 期从不同侧面讲述家长抗“疫”真实故事，成为鲜活的教育实例。发挥家长所在行业领域、专业优势，开展交流、座谈、讲座等，为学科、思政队伍建设贡献力量；发起“我与父母都是东大人”活动，挖掘家长中的校友力量，相约共聚百年校庆。

校园封闭管理期间，策划推出“心手相牵｜纸短情长，把我的心声说给你听”“家书｜‘爸妈请放心，我在学校挺好的’”“见字如面·见信如晤，道尽千般想念”家校联系系列主题活动，弘扬主旋律、传播正能量。从老师、家长、学生三方角度出发，老师以书信、三行短诗形式，传递对学生的关心关

怀，鼓励学生珍惜时光；学生以家书形式，讲述自己在封校期间学习、生活状态，让家长放心、让老师安心；家长们以回信形式表达对孩子成长成熟的欣慰，对孩子在校生活的殷殷叮嘱，以及对学校疫情防控工作的认可与感谢；学生静默管理期间，区分是否返校两类学生群体，建立群组，应用 QQ 同步助手功能一对一向学生家长发送短信，向返校学生家长反馈学生到校情况、介绍静默管理期间学校所提供的完善保障，请家长放心，对于因疫情未返校学生，采用线上同步授课方式，提醒家长关注孩子居家学习状态；重阳节，组织学生给家长手写一封信，开展感恩教育，弘扬中华优秀传统文化；在父亲节、母亲节，提醒学生向父母送上自己心底最真挚的祝福；收集家长视频素材，应用于成人礼、毕业典礼和元旦晚会，营造浓厚“孝”氛围。

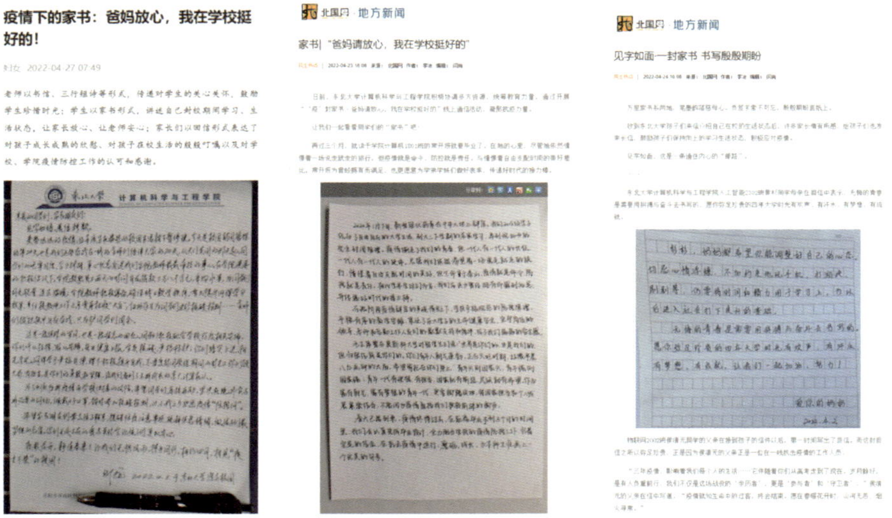
疫情下的家书：爸妈放心，我在学校挺好的！

2022-04-27 07:49

老师以书信、三行短诗等形式，传递对学生的关心关怀，鼓励学生珍惜时光；学生以家书形式，讲述自己封校期间学习、生活状态，让家长放心、让老师安心；家长们以回信形式表达了对孩子成长成熟的欣慰、对孩子在校生活的殷殷叮嘱以及对学校、学院疫情防控工作的认可和感谢。

北国网 · 地方新闻

家书|“爸妈请放心，我在学校挺好的”

2022-04-23

北国网 · 地方新闻

见字如面一封家书 书写殷殷期盼

多家媒体报道疫情期间家校联系工作

党家社校一体化协同育人体系运行三年来，整合各方资源和力量，为学生精准提供成长指导，让原有组织育人中学校单向度工作的局面变成现在的学校、家庭、社会组织相互联动、互相补位的“大思政格局”。未来，学校将持续加强家校共育机制建设，通过触手式家校一体化协同育人平台的建设，多途径、多角度地将家校协同育人渗透到每一个学生家庭中，全力打通思政育人的“最后一公里”，培养担当民族复兴大任的时代新人。

（文：梁媛、柳懿函）

立钢铁壮志　做强国脊梁

——东北大学冶金学院“钢铁脊梁”学风涵养工作室获评中国科协学风传承行动项目工作纪实

引言：东北大学冶金学科群的历史可追溯至建校伊始的采冶学系，具有浓厚的文化底蕴和鲜明的行业特色。长期以来，冶金学院继承东北大学爱国主义光荣传统，不断丰富“实干报国”文化内涵，聚焦青年师生和科技工作者群体，厚植师德涵养，弘扬使命担当，引领广大师生赓续红色血脉，汇聚奋斗新时代、开启新征程的科技强国力量。“钢铁脊梁”学风涵养工作室依托东北大学冶金学院组建，深入开展学风传承创建行动。

为深入学习宣传贯彻党的二十大精神，坚持科技是第一生产力、人才是第一资源、创新是第一动力，深入弘扬新时代科学家精神，传承东大人科技报国基因，冶金学院创新成立“钢铁脊梁”学风涵养工作室。该工作室于 2022 年 6 月成功入选“2022 年度学风传承行动项目立项名单”。

2022 年度学风传承行动项目是根据中国科协办公厅、教育部办公厅、共青团中央办公厅、中国科学院办公厅、中国工程院办公厅等 5 部门关于 2022 年“共和国的脊梁——科学大师名校宣传工程”工作安排，面向高校和科研院所开展的一项专门工作。“钢铁脊梁”学风涵养工作室聚焦弘扬科学家精神、建设优良学风，支持青年学生开展各种研究创作传播活动，让青年人真正成为学习主体、传播主体、实践主体，推动形成良好学风建设生态。

立足弘扬科学家精神，扎实推进学风建设

冶金学院“钢铁脊梁”学风涵养工作室获评中国科协“风启学林”社区“2022 年度活跃工作室”

“大家精神”促进学风建设。“钢铁脊梁”学风涵养工作室为青年学生创造与“大家”近距离接触的机会，建立青年学生与“大家”之间的桥梁纽带，依托网络信息技术优势，用生动的语言和形式讲述科学家故事、科学家精神，创作可传播的文化作品。

“新媒体矩阵”提升学风建设。“钢铁脊梁”学风涵养工作室构建“青·听”宣讲团、“青·思”阅读坊、“青·悟”分享汇三大“青”系列项目，制作网络微作品，展现科学家披荆斩棘、攻坚克难的精神以及为国家发展建设作出的突出贡献，激励广大青年学子投身科技事业、建设科技强国。

“文化载体”优化学风建设。“钢铁脊梁”学风涵养工作室建设“文化长廊”宣传先锋阵地，设置“百年峥嵘、历久弥新”“科研报国、勇攀高峰”“自信自强、守正创新、踔厉奋发、勇毅前行”三大主题板块，展现学院历史、科学家故事、优秀学生风采，营造文化氛围，提升工作室形象。

“团队建设”助推学风建设。“钢铁脊梁”学风涵养工作室形成“学术专家—青年教师—辅导员—青年学生”四级联动机制，人员组成有国家科学技术进步奖一等奖获得者、辽宁省教学名师等学术专家，有奋发有为、独当一面的

青年教师，有具有一定专业资质和工作经验的辅导员队伍，有朝气蓬勃、风华正茂的青年学生。

强化思想政治引领，彰显冶金文化特色

学术榜样指引方向。“钢铁脊梁”学风涵养工作室由党政干部、学术专家、德育教师、共青团干部和青年学生共同组成，学院党委书记参与工作指导和项目监督，两位学术带头人担任顾问指导。学术文化顾问姜周华教授，是国家科学技术进步奖一等奖获得者、全国先进工作者和辽宁杰出科技工作者，其带领的科研团队先后获得“全国高校黄大年式教师团队”“辽宁省劳模创新工作室”等称号。学风涵养顾问沈峰满教授，曾获得冶金科学技术奖一等奖、国家教学成果奖二等奖、辽宁省教学名师、辽宁省教学成果奖一等奖等。党政领导干部和学术专家顾问的加入，为工作室的建设提供了正确的政治方向和丰厚的资源保障。

样板队伍助力建设。冶金学院党委创新基层组织建设，将党支部建在团队，博士生纳入教工党支部，本硕学生联合建立党支部，全方位推进党建质量创优，领航学生全面发展。学院有色金属冶金系党支部获全国党建工作样板支部（首批），学院党委获辽宁省党建工作标杆院系（首批）、辽宁省校园先锋示范岗，学院学生工作办公室党支部获辽宁省样板党支部、红旗党支部等。工作室以党建为引领，创建兼具学科特色和大学生思政教育的系列品牌文化活动，营造良好的学风环境。

团学先锋保障覆盖。冶金学院团委和学生科协积极助力学生成长，先后获得“全国钢铁行业五四红旗团委”、教育部关工委“读懂中国”优秀微视频、学校五四先进团学组织、校园科技创新活动优秀学生组织、校园文化艺术节优秀组织单位等多项奖励，为工作室在青年学生当中开展学风涵养活动提供了有力保障。学院于 2015 年 12 月成立学生会全媒体中心，立足于育新人、兴文化、展形象，强化学院网络育人平台的建设，推动思想政治工作传统优势同信息技术不断融合。

厚植科研报国情怀，培育时代“钢铁脊梁”

冶金学院“钢铁脊梁”学风涵养工作室“青·听”宣讲团

打造了一支学风传承团队。“青·听”宣讲团成立两年以来，共计43名青年学生加入其中并承担宣讲任务，线上线下宣讲科学家故事、专业行业故事，由指导教师专门负责指导，不断修改打磨讲述主题、内容、形式，最终形成了一系列文化传播作品和主题宣讲活动。

创作了一组文化传播作品。组织青年学生录制宣传片《强国一代有我在》，展现青年学生学习党的二十大精神的浓厚氛围，录制《国家建设的急需就是我们的科研方向》《我靠炼铝以渡，也将奋斗不已》《行止无愧天地》讲述靳树梁、邱竹贤、陆钟武等老一辈科学家的故事，4部宣传片全部被中国科协“风启学林”社区转载发布，点击量超7万次，其中两部宣传片获评2022年度优秀传播作品，“钢铁脊梁”学风涵养工作室荣获“2022年度活跃工作室”。利用“青·思”阅读坊活动载体，组织青年学生讲述钢铁行业背后的故事，如《笔尖下的钢铁雄心》《钢铁脊梁撑起大国航空》《从百炼钢到绕指柔》等，制作音频文件，并持续在“东大冶金”公众号展播，增强学生行业自信。

冶金学院“钢铁脊梁”学风涵养工作室文化传播作品

开展了一类主题宣讲活动。组织“青·听”宣讲团走进学院团委、团支部、社团，围绕“奉献”“爱国”“创新”“育人”“求实”“协同”六个主题讲述一代代中国科学家的故事，其中包括张光斗院士《把一生献给祖国江河》的奉献故事、王希季院士《让中国星辰闪耀太空》的爱国故事以及吴仲华院士在我国燃气轮机发展历史上的创新故事等。学院本科生和研究生1000余人次参与宣讲活动，以更“接地气”的形式传递科学家精神。以“青·悟”分享汇活动为载体邀请行业内校友开展座谈交流。目前，已邀请建龙集团、鞍钢集团、日照钢铁等企业校友开展活动。

冶金学院“钢铁脊梁”学风涵养工作室“青·悟”分享汇活动

建设了一条主题文化长廊。在学院学生工作办公室设置主题文化长廊，“百年峥嵘、历久弥新”板块集中展示在学科发展过程中取得的重大成果和发展成就，“科研报国、勇攀高峰”板块重点展示为学科发展作出卓越贡献的科学家故事，“自信自强、守正创新、踔厉奋发、勇毅前行”板块突出展示优秀学生代表、国家奖学金获奖者、优秀毕业生代表、学生科技竞赛获奖等，“冶金文化精神”板块特色展示钒钛磁铁矿攻关精神和 73 钢精神，全面促进冶金精神的传承和发展，取得“环境育人”的卓越成效。

冶金学院“钢铁脊梁”学风涵养工作室文化长廊

达成了一种冶金文化共识。冶金学院专注于冶金工程领域的科技创新，冶金学科群为我国创建了第一座小高炉、开发了钒钛磁铁矿高炉冶炼新技术、构建了钢铁工业节能理论和技术、研制了第一块超级钢。先后获得国家科学技术进步奖特等奖、国家技术发明奖一等奖等在内的国家级奖励24项。2021年，冶金工程学科入选一流学科建设名单。依托学科发展过程中涌现出的科学家故事，“青”系列活动让青年学生从“大家精神”中学习冶金人、冶金情、冶金故事、冶金精神，凝练出“实干报国，求真笃实”的精神文化内核。

一代代东大冶金人致力于冶金工程领域的人才培养和科学研究，取得的卓越成绩提振师生信心、凝聚同心力量，师生踌躇满志、砥砺前行，继续弘扬老一辈冶金科学家实干报国、献身科技的爱国情怀。“钢铁脊梁”学风涵养工作室将不断加强建设，以优异成绩献礼百年东大。

（文：吕志娟、刘茵、陈旭东）

拒绝平庸　挑战极限

——东北大学 ACTION 机器人创新团队获评全国大学生“小平科技创新团队”工作纪实

引言：东北大学 ACTION 机器人创新团队连续 4 年作为中国唯一代表队出征亚太大学生机器人大赛，获 2 次亚军、1 次季军、3 次最佳技术奖，蝉联全国大学生机器人大赛 2016—2019 年总冠军。2015 年，沈阳艾克申机器人技术开发有限责任公司成立，一件件具有极高技术壁垒且前景可观的产品华丽问世，竞赛模块机器人进入俄罗斯、新加坡等国内外市场，下肢康复机器人已迭代三级，获行业赞誉。2017 年，该公司成为国家级高新技术企业。同年，ACTION 机器人创新团队获评全国大学生“小平科技创新团队”。

东北大学 ACTION 机器人创新团队是学校首批示范性学生创新团队，指导教师为东北大学工业智能与系统优化国家级前沿科学中心、智能工业数据解析与优化教育部重点实验室丛德宏教授。团队成立于 2002 年，前身是东北大学机器人队，2011 年更名为“ACTION 机器人创新团队”（以下简称 ACTION 团队）。2013 年经学校研究决定，授予 ACTION 团队“东北大学优秀学生创新团队”称号，团队连续 9 年获此殊荣。2014 年起，团队形成“竞赛—科研—产业化”完整成长链。队名叫“ACTION”，从来行动派；千钧一发的赛场，用默契化险为夷，用技术一招制敌，用拼搏造就奇迹，在这成绩的背后是通宵达旦的付出和努力，桂冠洗去失败的苦涩，胜利开启崭新的梦想！

背后故事：勤 + 智 = 王牌战队 ACTION

二十年间，ACTION 团队在比赛中获得的无数荣誉拥挤地摆放在实验室墙边的橱窗里，然而在实验室真正唱主角的不是这些奖杯，而是奖杯的“得主”——ACTION 团队自主研发的机器人和技术产品：可 270°旋转“手臂”，0.5 秒内反击接球的羽毛球陪练机器人；长得像坦克，拿手攀爬斜坡、楼梯、高障碍物的无缆越障救援机器人“终结者”；超强吸力、轮式行进，适用于大型船只罐体外表检查的“磁吸附机器人”；不管怎样旋转，都能保持镜头水平的“全方位移动云台机器人”……一项项专利在这里研发，“掠夺者”“超音速”“终结者”“小钢炮”“脊梁”“凤凰”等一个个智能炫酷的“机器人”在这里诞生并活跃，这个特殊的地方，东大人亲切地称为“机器人部落”。

部落的主人正是东北大学 ACTION 团队。这些“正青春”的大学生来自机械学院、信息学院、软件学院各年级的本科生，涉及计算机、自动化、机械工程、电子信息、测控技能等专业，他们年轻有朝气，平均年龄只有 20 岁。

一款竞技机器人的诞生，从初期的结构设计到软硬件控制系统，再到后期的调试完善，需要团队所有成员夜以继日的付出，因此，熟悉这个部落的人都知道，这里是座“不夜城”。

2022 年 ACTION 团队出征全国大学生机器人大赛总决赛

积累经验和成长的步伐从未停止，ACTION 团队成为东北大学首个优秀学生创新团队、国内外机器人赛事的实力强队，更成为无数人竖起大拇指的王牌战队！

利剑出鞘：“行云”“流水”为国而战

2016年，全国大学生机器人大赛冠军争夺之战，随着裁判一声令下，鼓舞人心的大赛背景音乐响起，将紧张的气氛推向高潮，每个人的呼吸都急促起来，屏气凝神地注视着这场争分夺秒、“稍纵即逝”的比赛。

东北大学出征的“战将”在场上热烈的呐喊中冷静沉着应战，冲上山坡、漂移过弯、跨越“河流”、安装螺旋桨，机器人“流水”以14.3秒（领先第二名3秒）的骄人成绩勇夺大赛冠军。裁判的哨声与ACTION团队队员的欢呼声同时响彻现场，ACTION团队队员们紧紧地拥抱在一起，还有很多已经毕业的ACTION老队员当天也来到决赛现场，狂欢呐喊后大家都忍不住流下激动的泪水，东北大学ACTION团队成功夺冠！

代表中国参加2016年亚太大学生机器人大赛

2016年，全国大学生机器人大赛以“清洁能源”为主题，每支参赛队伍的参赛队员需要综合多门学科知识，设计制作自动机器人。机器人借助机械产生的动能，完成预设任务和在风力发电区收集螺旋桨的任务。

代表东北大学出战的两个机器人分别是“行云”和“流水”。“行云”身高在0.8~0.9米，体重25千克，使用电力驱动。“流水”体重3千克，上面搭载着各种用来识别轨道的传感器，还有一面用来接收“行云”风力的帆。

大赛中共有来自武汉大学、西安交通大学、哈尔滨工业大学、北京航空航天大学、电子科技大学等60所国内知名高校的顶尖团队。指导教师丛德宏认为，ACTION团队能够战胜诸多传统强队，靠的是出发角度、转弯轨迹、动作设计上的三个独特优势。

这场全国大学生机器人大赛的赛跑，十年磨一剑，今朝终称王，并从此开启“拒绝平庸，挑战极限”的ACTION王朝时代！组队20年，参赛20次，15次跻身八强，季军4次，亚军2次，冠军4次，7000多个日夜，参赛机器人100多个……这份荣誉属于那群热血的小伙子们，那一届一届传承着“拒绝平庸，挑战极限”的东大ACTION团队——东北大学机器人王牌战队！

从2002年组队开始，ACTION团队经历了无数次比赛，团队成员每一次都用平常心去面对，用进取心去拼搏，用战斗心去突破。高峰低谷都经历过，成功失败都品尝过。一路风风雨雨，一路坎坎坷坷，无论遇到怎样的挫折和压力，他们从未放弃。失败只是成功与鲜花的小插曲。多年来，ACTION团队收获良多、荣誉颇丰。团队多次斩获国内各类机器人比赛的冠亚季军，也曾连续多年荣获“东北大学创新优秀团队”称号。

ACTION团队获2019年亚太大学生机器人大赛亚军

2016年，ACTION团队在亚太大学生机器人大赛中打败来自亚洲、大洋洲、非洲的16个国家和地区的16支战队获得大赛的亚军，被授予单项中的最高奖项———最佳技术奖；2017年，ACTION团队在日本获得第十六届亚太大学生机器人大赛最佳技术奖；2018年，在越南ACTION团队以“金戈铁马”机器人夺得第十七届亚太大学生机器人大赛亚军；2019年，在蒙古国ACTION团队以“脊梁”四足机器人夺得第十八届亚太大学生机器人大赛季军及最佳技术奖。

人才密码：“竞赛－科研－产业化”良性循环

目前，国内有大量需要下肢康复的患者，而下肢康复机器人的市场却存在巨大缺口。ACTION团队研发的足腿式下肢恢复训练机器人可以帮助很多下肢偏瘫、丧失步行能力的病患进行恢复训练。这款机器人依据大脑神经可塑性原理以及运动疗法，将病人脚部经过柔性机械脚与活动平板接触，模拟人正常行走进程，经过平板对脚、腿等运动神经的刺激，使病人“回想起”行走动作，恢复行走机能。机器人还可以依据人的身高、体宽进行调理。

通过大赛练兵、技术积累，创新的种子成长为创业的大树，为了让这个机器人从实验化走向产业化，2015年ACTION团队成员联合创办了沈阳艾克申机器人技术开发有限责任公司，注册资本100万元。公司目前已平稳度过起步期，技术和产品广受好评，全方位平面定位系统现已在国内外60多家公司和高校得到应用。足腿式下肢恢复训练机器人已打造出低于市场价一半的新产品，给下肢伤残患者带去新的希望。这恰恰印证了东北大学“竞赛积攒经验、科技成果转化、产业化反哺科研”的良性循环模式，响应国家“大众创业，万众创新”的号召，勇赴时代浪潮。

多年来，ACTION团队培育出500多名优秀科技创新人才，大多数队员毕业后进入具有高新技能的大型企业，比如美国PME、上海ABB、深圳DJI、长春一汽、深圳FANUC、北京华为、天津飞思卡尔、合肥联发科等，并成为核心成员；或前往清华、北大、浙大等国内高校继续深造；其间也有些成员远赴德国、瑞典、加拿大、澳大利亚、美国、日本等国留学进修，或留校持续从事科技创新方面的教学工作；还有的致力于自主创业。

ACTION团队将学习、应用、研究和创新有机融合，提高学以致用、发现问题、分析问题和解决问题的能力，培养过硬的心理素质、顽强的意志品质、严谨的科研态度和良好的团队合作意识，最终实现培养跨学科的科技创新型人才、造就未来科技创新领军人物的目标。

即使来自不同的学院，他们也毫无顾忌地讨论与分享、毫无保留地把自己所掌握的技术和经验传授给学弟学妹，所以，ACTION 团队的技术从未停滞或断档，人才永远非凡！

“中国智造”离不开人才，世界科技的发展离不开智力支持，作为东北大学创新性示范团队的代表，ACTION 团队不断输出高端人才，为机器人产业注入强劲动力，为科技进步注入新鲜血液。

（文：黄达、黄晓颖）

敢为人先　教书育人
心有大我　至诚报国

——东北大学电气自动化研究所教师团队获评首批“全国高校黄大年式教师团队”工作纪实

引言：东北大学电气自动化研究所教师团队自成立以来，全体教师在所长张化光教授带领下，深入学习贯彻习近平总书记系列重要讲话精神和治国理政新理念新思想新战略，落实习近平总书记关于争做“四有”好老师的要求，以献身党的教育事业为追求，以科技报国、教育报国为人生目标，弘扬“黄大年精神”，团结一致、开拓进取，已逐步成为创新人才培养模式的研究与实践基地。

多年来，电气自动化研究所教师团队始终把“心有大我，至诚报国”作为不变的信条，明确“培养层次更高、数量更多的科技人才，多出成果、出大成果、出好成果”的“两更三出”奋斗目标，秉承“创新、发展、严谨、求实”八字方针和“服务于学生，服务于教师，服务于教学，服务于科研，服务于社会”的服务宗旨，积极投身到国民经济主战场第一线，向着最前沿的科技执着攻关，在重大科研项目实践中培养拔尖创新人才，承担了30余个创新项目，取得了丰硕成果，获得国家级科技奖励3项，先后入选首批“全国高校黄大年式教师团队”、首批全国高校“双带头人”教师党支部书记工作室。

落实立德树人根本任务，勇担教书育人使命

团队高度注重全程育人、全方位育人，及时将最新科研成果融入教学，围绕科研项目和学生实践活动组织开展教学方法研究、学生创新能力研究、管理创新、科学研究、学术交流等活动，探索创新理念，不断提升高级应用人才培养质量。

为适应新形势的需要，团队带头人张化光教授带领全体成员率先在学校成立了电类创新实验区，该创新实验区依托国家级电工电子实验教学中心，旨在培养电类应用型人才。创新实验区面向全校学生开放，为学有余力的学生提供自主制作、自主开发、自主课题研究的工作平台。其宗旨是创造科技创新环境，推动创新教育，培养创新思维能力，提高实践操作水平，培训基本工程素质。

东北大学电气自动化研究所教师团队

目前，该创新实验区已经建成“基础训练—技术综合—创新实践”的循序渐进的三个硬件平台，为高级应用型人才培养奠定了坚实的基础，在人员、设备、经费统一调配的基础上，探讨“尊重个性化，全方位开放性，管理多样化，以有利于培养主动性”的运行管理体制，在整体上做到教学育人、管理育人、服务育人、环境育人，营造出人才成长的最佳生态，促进应用型人才的健康和谐发展。

胸怀国之大者，推进关键核心技术攻关

在张化光教授的带领下，电气自动化研究所教师团队聚焦国家重大战略和东北地区经济社会发展，注重科研成果转化，积极承担国家及地方重点科研项目，并在科学研究领域不断开拓创新，取得了一系列原创性的成果，团队凝聚力和向心力大大增强。

张化光教授和他的团队在做实验

近年来，团队完成“973 计划”项目 1 项，“863 计划”重大 / 探索专项 4 项，国家重点基金 4 项，国家自然科学基金杰出青年基金 2 项，国家自然科学基金面上 / 青年项目 26 项，辽宁省科技攻关和国家电网公司、中海油等省部级和央企等科研课题 50 余项；以第一获奖单位获得国家技术发明奖二等奖 1 项、国家科学技术进步奖二等奖 1 项、国家自然科学奖二等奖 1 项，获省部级科技奖一等奖 6 项；承担国家重点研发计划“变革性技术关键科学问题”重点专项——“分布式信息能源系统的智能进化机理和设计”项目，中央财政经费 2627 万元。

团队撰写的论文还荣获国际权威期刊 IEEE TNN 2012 年度唯一最佳论文奖（每年仅评选 1 篇），是首支获此殊荣的大陆学者团队；2015 年荣获 IEEE SMC 学会 *Andrew P. Sage* 汇刊最佳论文奖，这是从 IEEE SMC 学会旗下的 4 个权威期刊前两年出版的千余篇高质量论文中匿名评选出的最优秀论文，是 IEEE SMC 学会对智能领域的研究学者所授予的最高学术荣誉。张化光教授连

续 9 年入选科睿唯安“全球高被引科学家”。高被引论文即发表的论文在所属领域中前 1% 的高引用论文，反映了科学家及其团队所具有的世界顶级科学思维及其研究成果对该领域的杰出贡献。这些荣誉充分显示出电气自动化研究所教师团队在其研究领域取得的稳定长足发展和世界级影响力。

加强产学研用合作，促进科技成果转化

电气自动化研究所教师团队高度重视基础研究和高技术开发及科研成果转化工作，研发的流体输送管网的高精度泄漏检测定位技术和复杂配电网监测控制系统，已经大规模推广应用，创造了显著的经济效益，对企业自动化水平、生产效率的提高和相关技术的科技进步产生了积极、深远的影响，提升了我国在故障诊断、容错和监测控制领域的技术水平和国际地位。

2015 年 12 月，以刘金海、冯健、汪刚等青年教师为核心组成的研发团队承担了中海油公司“十二五”期间重大科技攻关课题“海底管道漏磁内检测器研制”，合同总金额 1196 万元，是东北大学信息科学与工程学院第一个研发经费超千万元的科研项目。经过 4 年的科研攻关，团队成功攻克海底管道漏磁内检测一系列技术难题，开发出实用系统，超预期指标完成了各项研发计划，圆满地完成了研发任务。这套由东北大学负责总体设计的海底管道漏磁内检测器是我国第一套适用于海底管道的内检测器，负责完成的数据分析系统是我国首套能够实现自动分析和缺陷尺寸精确量化的管道缺陷分析系统，解决了大数据下缺陷的快速自动检测、缺陷尺寸精确反演等关键理论与技术难题。中央电视台、新华社、科技日报、人民网等媒体对海底管道验收试验全程跟踪并进行了报道，该项目的顺利完成标志着电气自动化研究所独立科研能力再上新的台阶。

团队探索多渠道利用社会力量建设实验室，与国内外一流企业合作，联合建立高水平教学研究型实验室。目前，电气自动化研究所已和 Intel、ALTERA、Altium、Mentor Graphics、TI、ADI、Freescale、Winbond、施耐德电气、罗克韦尔、三菱等十余家国际著名公司建立了先进技术联合实验室，在培养本科生工程实践能力上发挥了重要作用。自 2007 年以来，研究所已接待了清华大学、哈尔滨工业大学、大连理工大学等近百所大学的参观，还接待了

教育部教学指导委员会自动化分会全体委员的访问。

协同团结协作，打造高水平创新团队

团队秉承“人人有项目、人人出成果、人人创效益”的工作理念，面向国民经济主战场的第一线，向着最前沿的技术执着攻关，涌现出一批“能征善战”的创新尖兵，有荣获沈阳市“五四奖章”的冯健，全国百篇优秀博士论文提名奖获得者王占山，入选教育部“新世纪优秀人才支持计划”的杨东升、孙秋野……这支团队不断成长壮大，成为创建“全国高校黄大年式教师团队”的重要支撑。

红船初心 专刊

（总第1109期）

落实立德树人根本任务
勇当东北振兴科技引擎
——东北大学深入学习宣传贯彻党的二十大精神

学深务实，汇聚教学创新强大合力

师生携手，推进党的最新理论入脑入心

知行合一，奋力谱写科技报国新篇章

为中国式现代化建设作出新的贡献

“向着最前沿的科技执着攻关”

首批“全国高校黄大年式教师团队”带头人、东北大学教授张化光接受光明日报专访

近年来，团队解放思想，鼓励青年教师独立承担和负责科研项目，积累实战经验，并提供充足的力量支持，推动有潜力的青年教师更快更好地成长为独

当一面的骨干力量。通过“引进来”的方式，着力搭建教师“走出去”的平台，聘请国内外高层次专家学者到学校进行讲学、项目探讨、合作科研等，以世界一流的学术研究带动教学和人才培养为特色，指导青年教师和硕博研究生的学术研究，拓宽了广大师生的学术视野，提升了学校电气工程学科的学术水平，使电气所学术创新能力不断攀登新的高峰；通过举办“教师讲座”，给大家提供相互学习的平台，交流与分享新思想、新业务、新知识、新经验，力争做到政治理论深学、修身知识常学、急需知识先学、专业知识精学；通过学习培训，加强组织管理，提高青年教师的工作积极性，带动并激发全体教师的工作热情，推动各项工作的全面发展，培养青年教师立足本职、刻苦学习、积极进取、奋发向上的精神。

（文：刘剑）

立德树人 无私奉献 敢为人先 科技报国

——东北大学特殊钢冶金技术教师团队获评第二批“全国高校黄大年式教师团队”工作纪实

引言：东北大学姜周华教授带领的特殊钢冶金技术教师团队作为第二批“全国高校黄大年式教师团队”，始终谨记习近平总书记殷切嘱托，不忘立德树人教育初心，牢记育人育才崇高使命，肩负把我国建设成为钢铁强国的重要职责。团队瞄准国际科技前沿和国家重大需求，取得了一批具有国际一流水平的原创性科研成果，为我国重大装备研制了系列“卡脖子”特殊钢材料，打造了一支国际一流的技术创新队伍，培养了一批高水平冶金人才，为我国特钢技术发展和冶金行业人才培养作出了卓越贡献。

东北大学特殊钢冶金技术教师团队深入贯彻落实习近平总书记关于教育的重要论述，坚定理想信念，培养道德情操，练就扎实学识，常怀仁爱之心，以“四有”和“四个相统一”为标准锤炼自身素养，以“四个引路人”践行新时代教师的初心使命。团队聚焦国家重大需求，以“想国家所想，急国家所急，忧国家所忧”的思政教育理念，“严”“仁”治学，躬亲力行，知行合一，致力于将学生培养成"爱党爱国爱人类"的"同路人"、科技报国的"赶路人"、早日实现中华民族伟大复兴的中国梦的"追梦人"。

为党育人、为国育才，积极投身国家教育事业

团队始终以习近平新时代中国特色社会主义思想为指导，把师德师风作为评价教师队伍素质的第一标准。在负责人姜周华教授的带领下，团队成员坚持以"四有"好老师、"四个引路人"、"四个相统一"等新时代好老师标准严格要求自己，努力成为塑造学生品格、品行、品味的"大先生"。目前，团队已培养博士生近百人、硕士生三百余人，多篇论文获得辽宁省优秀硕士学位论文，毕业生中涌现出一批国家科学技术进步奖一等奖获得者、国家和省部级人才等先进模范人物。近年来，团队被评为辽宁省首届优秀研究生导师团队，团队所在党支部多次被评为辽宁省高校红旗党支部和东北大学先进党支部；团队负责人姜周华教授荣获全国先进工作者、全国创新争先奖、杰出工程师奖、东北大学师德标兵和优秀教职工党员等荣誉称号；团队成员多次荣获辽宁省教学名师、东北大学"三育人"先进个人、东北大学优秀教师、东北大学"研究生心目中的好导师"等称号。

特殊钢冶金技术教师团队

无私奉献、教书育人，时刻践行立德树人初心

团队以党的教育方针为引领，落实立德树人根本任务，不忘作为共产党员和高校教师的初心，时刻践行为国家培养德才兼备高端人才的崇高使命。在加强人才培养过程中，注重引导学生树立正确的世界观、人生观和价值观，培养学生专业兴趣，引导学生爱国奉献，增强学生投身冶金专业与国家建设的积极性。

为提升教学质量，团队鼓励教师将科研成果及时融入教学内容并进行线上推广，建设了“冶金学”和“冶金资源综合利用与环境保护”2 门国家级精品课程，形成了“课堂授课 + 前沿讲座 + 企业实践”的“三合一”教学方法。为培养具有国际视野的创新型专业人才，团队先后多次召开全国特种冶金技术学术会议，邀请本领域国际知名专家、学者等来校访问、讲学，并与美国麻省理工学院、英国华威大学等国际高校开展交流合作，举办“东北大学无界课堂讲座”19 场，邀请俄罗斯、乌克兰、日本和韩国等国学者授课，累计有 1900 余名学生参加，大批冶金同行也参加交流。这既提升了团队研究生的学术水平，也极大地增强了我国冶金学科的国际影响力。在助推学生学业发展的同时，团队注重在生活上对学生给予关心和照顾，并积极关注、投身教育脱贫攻坚事业，以团队和个人名义多次资助贫困学生，资助金额累计达 30 余万元，团队成员多次获得“爱心助学楷模”等荣誉称号。

为培养能够适应新时代行业发展需求的高质量人才，团队以培养学生创新精神和实践能力为目标，踏实做好学生就业创业工作，为本科生开设“工程概论与职业发展规划”“冶金创新实验及实训操作”“毕业生就业指导”等系列成长发展指导类课程，组织学生参加就业创业讲座、报告等系列活动，丰富学生参与就业创业活动的知识储备，增强学生职业规划能力，培养本科生动手实践能力。通过“国拨经费 + 自筹经费资助”等多种形式，鼓励学生积极投身创新创业活动。团队成员指导学生获第一届全国大学生冶金科技竞赛国家级一等奖、第二届冶金青年创新创意大赛特等奖、“创青春”全国大学生创业大赛二等奖等奖项；团队多名成员获得“大学生创新创业计划”优秀指导教师和“人才培养工作先进个人”等荣誉称号。

团队科学难题攻关讨论

敢为人先、开拓创新，勇攀世界特殊钢科技高峰

大国有重器，百炼淬成钢。团队始终坚定理想信念，聚焦国际行业发展前沿，紧密围绕国家重大需求，以推动高水平科技自立自强、强化国家战略科技力量为目标，传承靳树梁、李殷泰、杜鹤桂等老一辈冶金科学家数十载勇攀钒钛磁铁矿冶炼世界高峰的精神，将“为国担当、艰苦奋斗、开拓创新”作风根植教师心灵，形成了实现钢铁强国、助推东北振兴的团队文化氛围。团队深入开展产学研用合作，主持“十三五”重点研发计划、“863 计划”、国家自然科学基金重点项目等 350 余项国家、军工和企业科研项目，获国家科学技术进步奖一等奖 1 项、二等奖 2 项、省部级科技奖 20 余项，制定国际标准 2 项、国家标准 3 项，为中国首获“IEC1906”国际标准奖。授权发明专利 300 余件，美国专利 5 件，发表学术论文 1000 余篇，出版教材、专著 18 部。

团队研发的大量成果在国内数十家钢铁企业中应用，为企业创造了数百亿元的经济效益；具有自主知识产权的炼钢成套中试生产线在 20 多家钢铁企业推广应用，显著地提升了我国钢铁企业的自主创新能力。团队提出了高端特殊钢电渣重熔技术的 2 个新理论，取得了一系列具有国际领先或先进水平的原创性科研成果，制定了 2 项国际标准，项目获国家科学技术进步奖一等奖 1 项，省部级科技进步奖一等奖 2 项，实现我国电渣技术从“跟跑”“并跑”到“领跑”的历史性跨越，解决了我国重大装备所需高端特殊钢材料制备的系列“卡脖子”技术难题，为 C919 大飞机、载人航天、探月工程、特大型水电、新一代核电等国家重大工程建设提供了重要支持。

电渣重熔技术现场

作为特殊钢领域的领军团队，团队成员积极服务行业发展和东北振兴，举办钢铁企业技术咨询、技术培训数十场；承担了多项教育服务东北振兴军民融合项目，多个项目入选教育部“教育服务东北振兴产学研用合作重点项目”；支撑建龙北满特钢高端轴承钢达到国际先进水平，有力推动东北老工业基地全面振兴；助力抚钢开发国产电渣炉新设备，用于生产航空航天、军工国防等高科技领域使用的特殊钢材料，实现了国产替代进口。

目前，团队已成为具有国内领先、国际一流水平的特殊钢冶金工艺和装备研发中心，在特殊钢冶金理论、工艺和装备全创新链和全产业链上实现了创新和突破。

团结协作、持续发展，打造一流团队与平台

姜周华教授时刻以为国家培养高端钢铁人才和打造国际一流的创新团队为己任。目前，团队成员已达 200 多名，包括教职工 17 名和工程师 12 名，博士研究生和硕士研究生 140 余名。

团队将人才作为第一资源。团队定期开展科研教学等交流活动，分享经验，提升工作效率和能力。多次举办和参与国际冶金过程青年学者研讨会等国

际会议，促进成员国内外交流。团队成员入选中国科协青年人才托举工程，获国家优秀青年科学基金。多名成员获美国材料学会“银质奖章”，美国矿物、金属与材料学会“青年教授奖”，中国金属学会“冶金青年科技奖”，“辽宁杰出科技工作者”等荣誉，入选日本学术振兴会“邀请研究员”、英国皇家工程院“创新领军人才”、兴辽英才计划杰出人才、领军人才。

团队把平台作为发展根基。先后组建了特殊钢先进冶金工艺和装备教育部工程研究中心、辽宁省特殊钢电冶金专业技术创新中心、高端金属材料冶金与加工技术创新引智基地和辽宁省沈抚改革创新示范区东大工业技术研究院，建成了国际一流的特殊钢冶金中试平台。团队获评“辽宁省高校创新团队”和“东北大学创新团队”，两次荣获东北大学“青年文明号”称号，获批“辽宁省劳模创新工作室”。

（文：耿鑫）

第四章

同向同行
汇聚思想政治工作之“力”

深化“四个结合”
着力培养新时代“青年思想家”

——东北大学马克思主义学院学生思想政治教育工作纪实

引言：马克思主义学院自2014年9月成立以来，始终立足学院特色、发挥学科特长，经过不断的探索与实践，逐步构建和形成了马克思主义学院青年思想家“12345”学生工作体系；在具体工作中，注重打牢学生的学业根基，不断深化以“学”为本，“学信结合、学思结合、学说结合、学做结合”的“四结合”育人模式。通过相对科学的体系构建，并以“四个结合”为主要抓手，着力培养符合马克思主义学院学生成长成才特点的新时代“青年思想家”。

为深入学习贯彻习近平新时代中国特色社会主义思想，全方位践行“马院姓马，在马言马”的马克思主义学院人才培养工作任务，肩负起“举旗帜、聚民心、育新人、兴文化、展形象”的神圣使命，力促马院学子增强“四个意识”、坚定“四个自信”、做到“两个维护”，马克思主义学院自建院以来就将培养德智体美劳全面发展、同时具备“学思想、懂思想、有思想、会思想”的新时代“青年思想家”作为大学生思想政治教育工作的核心理念，并在具体工作中不断探索实践，逐步构建并形成了马克思主义学院青年思想家“12345”学生工作体系和“四结合”育人模式，为确保学院大学生思想政治教育工作行稳致远奠定了基础。

抓住特色发挥特长，科学构建马克思主义学院青年思想家“12345”学生工作体系

在挖掘特色特长中探寻学院大学生思想政治教育工作的目标方向。马克思主义学院是学习、研究和传播马克思主义理论和习近平新时代中国特色社会主义思想的主阵地，马克思主义学院是为国家培养从事马克思主义理论、党的建设等相关领域研究、宣传、教学、管理等专业人才的摇篮，马克思主义学院人才培养工作也肩负着建设具有中国特色、中国风格、中国气派的哲学社会科学的重要使命，这是马克思主义学院的特色和特长所在。基于此，培养“学思想、懂思想、有思想、会思想”的一代又一代“青年思想家”，成为马克思主义学院深入开展大学生思想政治教育工作的根本旨归。

在思考与探索中构建符合学院实际的学生工作体系。究竟如何才能更好地培养出新时代的“青年思想家”？特色特长与培养目标相统一，工作思考与实践探索相结合，马克思主义学院青年思想家“12345”学生工作体系逐步形成。“1”是一个中心，即坚持“立德树人”这一根本任务，这是中国特色社会主义大学的神圣使命；“2”是两翼延展，即精心打造青年思想家“沃苗”计划与“菁才”计划，通过两项计划，既要培育好新苗，又要助力学生更好地成长成才；“3”是三个平台，即搭建“启智阁”文化社区、理论研习矩阵、书僮线上阵地三大平台；“4”是四大工程，即打造“强基”“先锋”“强音”“知行”四大工程；“5”是五种能力，即培养学生“听、说、读、写、行”五种核心能力。这一体系的逐步完善，为马克思主义学院系统、全面地培养新时代“青年思想家”提供了路线指引。

把握规律注重实效，不断深化“四结合”育人模式

在探索和构建马克思主义学院青年思想家“12345”学生工作体系的基础上，如何进一步紧密结合学生成长成才的规律并确保工作实效？以“学”为本，“学信结合、学思结合、学说结合、学做结合”的“四结合”育人模式成

为实现这一目标的有效途径。

学信结合，探索全方位培育青年“大思政”模式。“心有所信，方能行远。”马克思主义学院结合学生特点夯实理想信念之基，培养学生大爱大德大情怀，发挥学科优势，担好立德树人之责。以扎实的党建强化大学生理想信念教育，以“三会一课”、“党支部立项”、新党员的培养发展等为着力点，做好学生党支部的规范化建设；结合本科生党支部特点创新性建立“本－研”贯通式党支部建设模式，本科生党支部联合思想政治教育系党支部开展的“五月书香，十月书韵”以“读经典，强信仰”为目标，已经成为学院乃至学校的一个党建工作品牌；将学生党支部打造成战斗堡垒，学生党员在疫情防控等重要工作中身先士卒担当志愿者，发挥榜样引领作用。践行“党建带团建，党团共发展”理念，党员下沉团支部密切联系青年，团支部以主题团日和各类思想教育类活动为抓手，不断强化对新时代青年的思想引领。依托东北大学“一五一十”思政文化育人一体化平台，开展“学党史　守初心　担使命”党史青年荟万人竞赛活动，率先在辽宁省高校中掀起“四史”学习热潮，并作为典型案例在教育部思政网等部省级平台推送，获得广泛好评；承办首站“读党史知初心”——辽宁百所高校党史诵读会，4 万余人线上线下共上一堂思政大课。以“研习社”为组织抓手，深入推动党的二十大精神与习近平新时代中国特色社会主义思想学思践悟，开展“专家辅学会”“领学先行荟”等理论研习活动。开展“青马工程”系列培训、“先锋”党团学习实践春令营、“新苗”业余党校，让思想引领常态化体系化；创新性开展“年度德育测评”，辅导员、班导师、优秀学长作为观察员做到对学生的一对一发展指导。

东北大学“学党史　守初心　担使命”党史青年荟

学思结合，促进创新型文科人才“软实力”提升。用明德引领风尚，以创新培育新人。马克思主义学院依托“启智阁”文化社区，精心培育和打造以创新引领为牵引的“青字号”品牌。以低年级夯实学业基础—高年级提升学术水平为思路，建设青年“创行”院级创新创业基地，培育多支国家级创新创业实践团队，指导学子参与“创青春”“挑战杯”“互联网 +”等国家级创新创业比赛项目，强化科研创新、团队协作能力和勇攀高峰的挑战意识；以“青年学术论坛”为大平台，印制近 10 万字的《青年文荟》(5 册)，组织开展“思享”学术沙龙、“青声”研思会、“菁思”悦读会等拓展研究生系列学术创新活动，打造学生学术创新交流高地，累计邀请专家学者近 100 人次，参与学生近万人次，成为学生成长发展的“学术大餐”；建设青年研究中心，依托院内外优质的理论研究资源，面向思政工作热点难题组织学生课题立项 156 项，形成一大批较高质量的大学生思想政治工作学术成果；开展青年“思享”分享汇系列活动，邀请高年级优秀学子分享创新创业参赛经验、夏令营与考研准备经验等，用朋辈引领助力学子起航。

马克思主义学院第四届青年学术论坛

学说结合，做好新时代发展成就“青年化”阐释。发挥学科背景优势，深入学习、宣传马克思主义和习近平新时代中国特色社会主义思想。作为“千马廿行”全国高校马克思主义学院青年学子联学联讲党的二十大精神联学共建单位，组建“学习党的二十大精神”学生宣讲团，深入支部、社区扎实开展理论宣讲活动。开展《“战疫”——静态校园里的生动大思政课》微视频、《沈阳家书》等各类思想政治主题教育 45 项，一系列活动先后被人民网、中新网、光明日报、人民日报、北国网、国际在线、今日头条、北斗融媒、沈阳发布、东北大学相关部门公众号等新闻媒体平台报道。举办校级理论宣讲比赛与大学生讲思政课竞赛，以赛促训，以赛育人。着力打造宣讲能力提升长效培育机制，师生积极参与学校团委组织的“青春告白祖国”活动，3 年共 4 人次登台，宣讲受众 2 万余人；2 人次登台“大学声”成长计划成果汇报会，宣讲受众 5000 余人。每年选派大学生理论宣讲员加入“学习报国”青年讲师团，赴辽宁省委党校、兄弟院校、基层社区、校内各学院进行理论宣讲，传递青春正能量，传播理论最强音。

研习社宣讲员万人宣讲在辽宁卫视转播

学做结合，构建高层次校园文化“品牌性”格局。搭建典礼育人新发展格局，多年来，马克思主义学院入学礼、毕业礼、谢师礼与“格致”青年奖章贯穿马院学子成长发展全过程，用榜样力量、朋辈力量激励学子向上向善。为推动以文育人多元化平台建设，拓宽实践育人途径，马克思主义学院积极联系社会资源，挖掘辽宁省图书馆、沈阳工业博物馆等实践育人基地，同时积极安排部署社会实践工作，结合学院学科背景优势，联合专业课教师开展“三下乡”“理论之光”等专项社会实践活动，均获得校级优秀社会实践组织单位，学生及教师参与率在全校各学院中处于领先水平。培养学生关爱他人、奉献社会的志愿服务精神，帮助学生树立起社会责任与担当意识，建立了以马克思主义学院志愿者协会为依托，以“星愿课堂”支教计划为特色，以“智慧社区”项目为重点，以“温暖省图”“校园义工”等多志愿服务项目并重的志愿服务体系。依托智慧社区项目，深入糖厂子社区，形成理论宣讲、文化、科普进社区的“三进”志愿服务思路。依托学院实践中心开展辽宁省图书馆项目“温暖省图，手语世界”、校图书馆项目“书香校图，书海纵横”等一批具有特色的志愿服务活动，志愿服务项目覆盖本科各年级，为辽宁省图书馆提供了大量优秀的志愿者，部分志愿者被评为辽宁省图书馆星级文化志愿者。

辽宁省图书馆实践教育基地揭牌仪式现场

马克思主义学院成立以来，大学生思想政治教育工作取得了较好的成效。学生党支部建设成绩斐然，获评辽宁省示范主题党日一等奖、辽宁省样板党支部（全校唯一的学生党支部）等多项荣誉。团支部建设成效显著，1 个团支部获评“全国钢铁行业五四红旗团支部标兵”称号，多个团支部的示范团日受到学习强国、央视多家媒体的宣传报道，学院团支部主题团日校优数占支部比例高达 133%。社会实践成果突出，近年来学院有 4 支团队获评“三下乡”社会实践国家级优秀团队以及辽宁省“三下乡”社会实践省级先进团队，研习社理论宣讲社会实践团荣获辽宁省“三下乡”社会实践“习近平新时代中国特色社会主义思想”宣讲交流专项行动的省级优秀成果等。人才培养质量优良，本科生升学率持续保持在 50% 以上，其中最高达到 75%，多名学生投身“大学生志愿服务西部计划”，让青春在国家最需要的地方发光发热。在今后的工作中，马克思主义学院将以习近平新时代中国特色社会主义思想为统领，突出马院特色，把握工作重点，坚持守正创新，为培养德智体美劳全面发展、具有扎实马克思主义理论和哲学功底的新时代“青年思想家”而奋勇向前。

（文：吕晌光）

以“一三五七”模式推动党建公寓化

——东北大学工商管理学院学生公寓党建创新工作纪实

引言：工商管理学院坚持以党的二十大精神为指导，落实教育部关于“一站式”学生社区综合管理模式改革的工作要求，通过形式与内容、延续与发展、部分与整体、步骤与目标四层关系来推进大学生党员教育工作，实现组织载体形式从原来的“院系—年级—班级”延伸到“宿舍楼—寝室”。将学生公寓作为党建思政引领作用发挥的重要着眼点和落脚点，以党员服务及信息管理平台为基础构建党员公寓化立体网格，建立“一三五七”公寓化党建实施机制，充分发挥大学生党员在“学生公寓”中的先锋模范作用。通过将党建活动辐射至学生公寓建设的最基层，在实践中锻造出一批坚强有力的学生公寓基层党组织，形成了学院与学生公寓协同联动的良好机制。

与班级相比，公寓是学生学习生活中所处的更小、更稳定，也更亲密的集体。“一三五七”公寓化党建实施机制以一个学生党总支为领导，以“党建为民、智慧为民、服务为民”三个“为”为工作目标，从思想引领、服务师生、困难帮扶、信息反馈、责任担当五个主题入手，实现了“树立一面旗帜、尽到一份责任、化解一个矛盾、办好一件实事、奉献一片爱心、带好一批同学、营造一个氛围”的七个强大功能。工商管理学院的党建工作充分发挥公寓党组织的战斗堡垒作用，发挥学生党员、干部和入党积极分子的模范带头作用，创新探索“公寓＋党建”立德树人模式，成立公寓党建组织，以公寓化党建为依托，创新教育组织载体，调整党组织格局。目前，学院已建立公寓区临时党支部 25 个，实现学生公寓全覆盖，引领服务在校学生 2500 余人。

以公寓阵地建设为基，让党建力量强起来

学院党总支把思想政治工作贯穿始终，围绕庆祝中国共产党成立 100 周年、党的二十大胜利召开等重大主题，开展党史学习教育、同上一堂党课、党的二十大专项学习等十余项教育活动，严格落实“三会一课”制度，提倡坚持学习强国每日打卡，组织开展主题党日活动等。

以 2022 年为例，在“同上一堂党课”总计 7 学时的系列课程中，全院本硕博 590 余名学生党员，共 1964 人次参与在线学习专家解读和支部内部学习交流，全面系统地学习习近平总书记在十九届六中全会上的重要讲话精神和《中共中央关于党的百年奋斗重大成就和历史经验的决议》。在“踔厉奋发创佳绩　勠力同心迎盛会”党的二十大专项学习中，各支部结合自身支部特点，以“一次回顾＋一次学习交流”为主要形式内容，开展丰富多彩的特色学习活动。通过寝室组团学等各种形式持续推进思想政治教育走深走实，引导学生党员在学思践悟中汲取智慧和力量，筑牢思想阵地，坚定正确政治方向，在新时代展现新作为。此外，学院党总支开展党支部书记、纪检委员等支委、发展对象、新党员、新转入学院的党员等集中培训 10 次，召开基层党支部规范化建设研讨会 6 次，通过理论与实践学习，坚定党员理想信念，提高政治站位。同时，重宣传，防舆情，利用校内各平台宣传学院学生党建工作 20 余次，建立党员、入党积极分子网络舆情联动机制，规范自媒体管理。

在学生社区内开展党史学习教育

以模范作用发挥为要，让党员形象亮起来

在疫情防控期间，尤其是在校园封闭管理后，涵盖了从大一新生到博士研究生全体学生的由党员、入党积极分子、学生干部组成的“党员公寓化”立体网格发挥了重要作用。学院以班级、寝室楼层划分责任区，党员与入党积极分子在疫情防控信息统计、教育宣传、静默管理期间分发物资、督促学生线上上课并检查学生线上上课效果、发现和疏导心理问题、寝室安全排查、学生健康状况监测、公寓环境卫生维护等方面发挥着重要作用。特别是在因疫情封寝期间，党员与入党积极分子主动担当、勇于奉献，报名成为送餐员、网格员、搬

运员，配合学校疫情防控和后勤保障工作，全力做好封寝期间学生心理疏导和寝室文明工作，充分体现了学生党支部的战斗堡垒作用和党员的先锋模范作用。

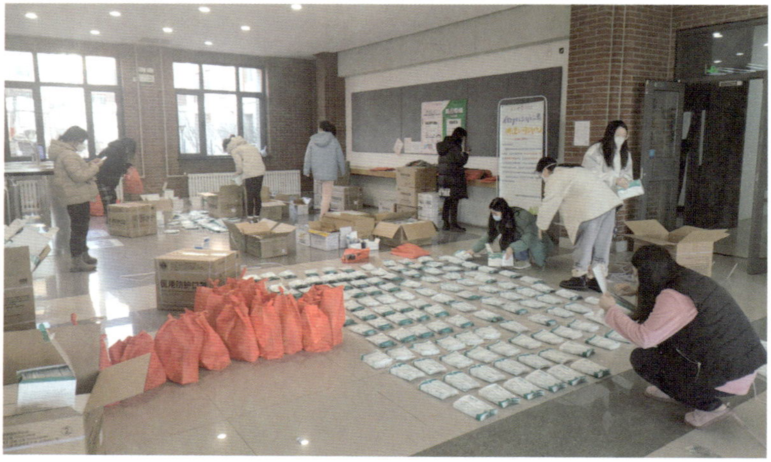

学生党员志愿者防疫物资准备工作现场

在思想引领方面，工商管理学院充分利用宿舍内党员活动室以及其他活动室，实现“三会一课”走入学生公寓，为学生公寓建设提供坚强的政治保障。依托学生公寓楼内走廊，学院构建了以院史陈列为基础、融合学院党建和思政育人元素、极具学院特色的多主题育人长廊。在对学生的“沉浸式”教育过程中，增进思政文化育人实效。

在服务师生方面，学院党总支向全体学生党员发出“‘疫’常时期，寝室卫生‘不掉线’”的倡议，深入开展寝室及自习室安全卫生大扫除活动，切实提升学生公寓卫生质量，营造良好的学习生活环境。

在困难帮扶方面，开展党员结对帮扶、心理疏导、建立朋辈互助小组、党员一对一帮扶未返校新生等活动，解决学生的日常生活困难，营造学生公寓的良好生活氛围。

在信息反馈方面，尤其是在校园封闭管理期间，每名网格员每天汇报一次网格安全动态，每周对网格内宿舍至少走访一次，以实际行动践行全心全意为同学服务的宗旨。

开学时设立学生党员服务站

在责任担当方面，在学生公寓张贴党员寝室、党员床位贴，所有党员寝室统一进行挂牌，进行身份展示，构建党员寝室责任分工网络，实行党员寝室包干，落实到位，责任到人。既实现党员接受广大同学的监督，又督促党员带头发挥先锋模范作用，促使党员及入党积极分子踊跃参与各项志愿服务活动，凸显责任与担当。

宿舍楼内学生党员亮身份

以创新制度机制为助，让支部管理活起来

学院通过党员服务及信息管理平台记录公寓学生党员、干部和入党积极分子的基本信息，为公寓化党建工作提供基础依据。结合学生宿舍实际，考虑年级、班级、党员和入党积极分子分布，以3~4个宿舍为一个网格单元，将学生宿舍划分为160个网格，构建党员公寓化立体网格。网格设置横向到边、纵向到底，无缝隙、无交叉，实现了工作全覆盖。公寓网格作为学生党员的“责任田”，为学生党员发挥率先垂范作用、密切与广大青年学生的联系搭建了有效平台。学院把网格化管理工作成效作为学生党员和入党积极分子的重要考核依据，以学生党员和入党积极分子为抓手，创新学生党建工作模式。

在党员公寓化立体网格管理上，学院党总支设立网格管理中心，由各级党支部负责人担任主任，每个班级构成两个网格组，设网格组长各一名，每个网格指定一名党员或入党积极分子担任网格员，形成了以党员为领头人、入党积极分子为主力的三级网格管理体系。一方面，以网格为单位，让学生党员和入党积极分子把责任“担”起来，准确把握学生的思想动态，对网格内存在的安全隐患做到早发现、早报告、早控制、早解决，做好学生安全稳定工作。另一方面，将学生思想政治教育、学风建设、宿舍文化建设等工作下沉到网格中，为学生提供个性化服务和教育引导，打造学生教育管理服务新模式。

党员活动室是思想政治教育和党建工作的新阵地。学院依托学生公寓成立“党员活动室”，活动室办公室设在公寓楼内部，并挂牌。工作站设站长，对工作站整体建设提出指导意见，配合学院辅导员，具体负责学生公寓党建等相关工作，负责指导本楼学生公寓自我管理委员会中的学生党员、学生干部开展具体工作。各年级分布在公寓楼内的学生党员作为本楼党员活动室的成员，带领入党积极分子开展具体活动。党员活动室作为公寓文化活动的主阵地，配齐基础设施，如桌椅、书籍报刊、红色影片等，定期组织党员开展观影、读书分享会等活动。在公寓内的党建活动扩大了党支部的影响，让非党员了解到党员的组织生活，拉近其与党的距离。为深入贯彻党的二十大精神，进一步弘扬爱国主义精神，增强党员的历史使命感和民族自豪感，学院党员活动室组织主题党日观影活动，学生党员集中观看学习了电影《天渠》等。通过观看融媒体纪实片《红色印记——百件革命文物的声音档案》等系列影片，党员活动室进一步

凝聚了大学生党员的正能量，提振了士气，增强了信心，助推学院党建工作进公寓不断向前迈进。在春招和秋招期间，党员同志还充分利用党员活动室，为大家搭建良好的面试环境，将公寓打造为管理科学、开放式的党建阵地。

党员活动室内举行党日活动

此外，学院党总支还搭建学生公寓党建工作网络平台，充分发挥新媒体的传播优势，创建公寓内党员、积极分子的微信群、QQ 群，通过多媒体平台进行党员活动室的工作宣传和政治时事的学习。同时，加强学生公寓自我管理委员会建设，充分发挥学生公寓自我管理委员会的作用，做好宿舍安全管理工作，及时汇报学生的思想动态，与“党员活动室”形成联动，配合党员活动室开展公寓党建、思想政治教育、心理健康教育以及文化建设等活动。同时，开展支部书记工作能力展示、工作经验分享会等，进一步加强学生党支部标准化规范化建设，帮助新晋党支部书记厘清基层学生党支部工作，推进硕士新生党支部工作，同时促进各年级学生党支部书记之间的交流。

（文：严立宁）

构建教学团队育人新格局
让数值分析课程绽放思政之花

——东北大学理学院数值分析课程教学团队课程思政典型案例工作纪实

引言：课程思政的理念缘起于习近平总书记2016年在全国高校思想政治工作会议上的重要讲话。历经7年的探索与实践，课程思政建设不断深化，在全国高校中取得了丰硕成果。习近平总书记在党的二十大报告中特别强调要“办好人民满意的教育”，对“全面贯彻党的教育方针，落实立德树人根本任务，培养德智体美劳全面发展的社会主义建设者和接班人”提出更高的要求。东北大学理学院数值分析课程教学团队以党的二十大精神为指引，强化精准思维，坚持问题导向，直面课程思政教学实践中的新挑战，构建课程思政育人的新格局，不断推动数学学科课程思政建设进入新阶段，引领东北大学课程思政建设再上新台阶。

挥舞粉笔的三尺讲台，修改论文的办公桌前，指导学生的讨论班里，收获喜悦的领奖台上，到处都有他们年轻的身影。他们，就是东北大学理学院数值分析课程思政教学团队。团队有教师6人，其中教授2人，副教授1人，讲师3人，全部为中共党员。在课程负责人邵新慧教授的带领下，团队教师将立德树人贯穿课堂教学全过程、全方位，覆盖全员，努力实现知识体系教育与思想政治教育的有机融合发展，不断推动专业课程教学与思政理论课同向同行。团队秉承“做学生知识的传授者，人生的引路人”这一理念，充分挖掘数值分析课程的育人功能，坚持以学生为中心，坚持教书育人，积极打造有温度的课堂，积极践行有情怀的教育。团队结合专业，讲学科历史、科学精神；结合疫情，讲奉献品格、民族精神；结合时事，讲时代精神、使命担当……温暖人心的交流、打动心灵的课堂既感染了学生，也提升了教学技能和授课水平。

经过五年多的改革创新，通过制度驱动、示范带动、项目推进，数值分析课程教学团队开发了大量深受学生喜爱的课程思政案例和精品课程资源。数值分析课程思政正在成为“知识传授、能力培养与价值塑造相融合”的重要载体、“三全育人”合力的主要支撑。

数值分析课程教学团队召开教学研讨交流会

注重业务水平和政治修养两手抓两手硬，建设实力型教学团队

团队始终坚持“以学生为中心，育人是根本”的教学理念，植根讲台，对学生充满热情，对工作充满激情。疫情期间，团队出于对学生在线学习对知识理解不透的担忧，深知学生的疑问会相应增多，轮流给学生全天候在线答疑解惑，坚持“宁可让自己工作到深夜，也不能让学生们的疑问过了夜”，全天候

备战“线上讲台”。

教师扎实的业务能力和深厚的政治理论修养是开展课程思政教育教学改革的前提。邵新慧教授作为课程负责人和数学系党支部书记，政治素质过硬、教学经验丰富、教学水平精湛，多次荣获“东北大学本科教学标兵”“东北大学我最喜爱的老师”等荣誉称号，是“东北地区微课教学基本功竞赛一等奖”获得者，被学生亲切地称呼为“亲妈”。团队其他成员都是教学骨干，在邵新慧教授的带领下，团队的政治素养日益增强，教学质量稳步提高，教学效果明显提升，为课程思政的实施打下了坚实的基础。

课程负责人邵新慧讲授数值分析

注重课程思政元素的挖掘与精选，建设“从一到六”课程思政建设模式，做到因事而化、因势而新

数值分析课程思政建设遵循“从一到六”模式。以“一条主线”即“立德树人”为贯穿主线，将“两种教育”即“专业教育”和“思政教育”有机融合，交叉采用“线下授课”“线上互动”“混合式教学”三种渠道，在“课程绪论”“数值代数”“数值逼近”“微分方程数值解”等四个模块上深挖思政元素，通过“典型案例法”“问题探究法”“思维导图法”“类比对比法”“互动启发法”

等形成“五位一体”融入策略深化改革教学方法，在“坚定理想信念、厚植爱国情怀、加强品德修养、增长知识见识、培养奋斗精神、增强综合素养”等六个方面上下足功夫，形成可执行的课程思政教学方案设计，在具体实施中不断完善。

因事而化，团队将鲜活生动的实践作为教学资源，寓理于事、教化于心。例如，在引入误差的概念时，提到港珠澳大桥沉管隧道顺利合龙时的偏差测量结果由 16 厘米精调到 2.5 毫米的过程，阐明我国工程技术正在飞速发展，进而提到港珠澳大桥上的大量高性能绿色桥梁钢板由东北大学提供技术支撑的故事。从这些典型人和事中提炼思政元素，激发学生的求知欲、爱国情、报国志。

因势而新，团队把思政元素聚焦于学生普遍关注、正在发生的热点事件。例如，在介绍数值算法收敛速度的时候，提到代表“中国速度”的火神山、雷神山医院的修建，进而谈及当前世界疫情的发展，以及中国抗疫工作取得的巨大成就。

注重课程思政教学模式和评价体系教学改革，取得“如春在花、如盐化水”的效果

在课程思政元素与数学文化融合方面，团队教师始终把数学文化教学作为厚植爱国主义情怀和科学精神的重要载体。例如，在教学中引入华罗庚的事迹：他 1950 年放弃美国优越的生活条件和良好的研究环境，克服重重困难回到祖国怀抱，投身我国数学科研事业，为中国数学事业发展作出了杰出的贡献，被誉为“人民的数学家”。在学习欧拉公式的时候，引入欧拉的事迹：他对科学有孜孜不倦的追求，他在双目失明后的几十年里，仍凭借惊人的毅力发表了数百篇高水平论文。这些与数学密切相关的人和事，给正在攀登科学高峰的学生们照亮了前进的道路。

教学团队教师冯男在讲述华罗庚事迹

在完善深化内涵、拓展外延、融合创新的数值分析教育教学体系中，团队教师勇于开拓创新，建立了“课堂讲授＋学生报告＋小组讨论”的混合式教学模式，创新了“课程论文＋慕课测试＋讨论式报告＋自主评价”的课程多元评价体系。在充分互动的新型教学模式下，通过课堂质疑、线上线下多渠道交流，培养学生的自主学习能力和批判性思维，润物无声地将思政元素融入课堂，促进学生全面发展。

课程思政不是简单的说教，也不是对思想政治理论课的替代，更不是在专业课教育中或每一堂课中留出一定的时间进行专门的思想政治教学，而是通过专业课教师的言传身教将思想政治教育元素与专业知识有机融合，在专业课教学中用渗透性的方式使学生在耳濡目染中受教育。近几年的课程思政实践，让邵新慧教授担纲授课的数值分析课程深受学生欢迎，也启发她和整个教学团队从新时代科技创新、学术道德培养与数学人才品德培养等角度进行更深入的思考。

注重发挥课程思政示范课头雁作用，引领数学类课程教学改革取得丰硕成果

在邵新慧教授的带领下，经过教学团队的共同努力，数值分析课程思政建设取得了良好的效果，课堂气氛热烈，学生学习热情高涨，好评不断。基于多年的建设实践，数值分析课程先后入围国家精品在线开放课程、国家一流本科课程、辽宁省一流本科课程和东北大学首批课程思政示范课程和标杆课程，荣获辽宁省本科教学成果奖二等奖、辽宁省研究生教学成果奖二等奖和东北大学本科教学成果奖一等奖，充分显现了课程思政在数学学科乃至理工学科中融合发展的巨大潜力。邵新慧教授充分发挥数学系党支部宣传群众有力的作用，组织团队成员在数学系多次与其他老师分享课程思政实践的经验和体会。在她的号召、鼓励和帮助下，数学系已经有多名教师在多个学科课堂上大力开展课程思政工作。

溶盐于水，精准滴灌，深挖课程中的思政精髓，把深奥的数学课上成风景，实现思政教育与科学知识传授的有机融合，这一切，源自党建和教学工作在基层的有机融合给课程思政提供的生根、发芽和茁壮成长的沃土，源自团队教师对教育事业的热爱和对学生培养无私的奉献。他们正用一件件小事、一点一滴行动，以及独特的授课魅力感染更多的学生，履行着教师的使命和责任，培育着更优秀的人才。数值分析课程思政建设的深入开展，必将带动学院乃至学校课程思政之花永久绽放。

（文：邵新慧）

深挖学院特色文化　激活文化育人原动力

——东北大学资源与土木工程学院“文化 +”育人工作纪实

引言：资源与土木工程学院深入贯彻习近平总书记关于教育和文化建设的重要论述精神，深挖学院办学历程中的“54 煤”精神和“可可托海的东大人”精神，凝练“资土精神”，打造“朝阳文化”品牌，同时注重发挥优秀文化在基层党建、人才培养、教学科研、师德师风等建设中原动力的作用，以一流文化制度推动一流学院建设发展。近年来，学院在特色文化的凝聚和感召下，各项工作取得长足进步和丰硕成果，学院文化育人体系在加强内涵建设、领航一流发展方面作用不断彰显。

资源与土木工程学院党委始终以习近平新时代中国特色社会主义思想为指导，深入贯彻新时代党的建设总要求，落实立德树人根本任务，深挖学院办学历程中形成的特色文化，凝练了以“54 煤”精神、“可可托海的东大人”精神和“资土精神”为核心的学院特色文化精神谱系。在此基础上，学院不断创新党员教育形式，逐步构建了学院特有的文化建设和党建教育体系，切实提升先进文化引领一流发展的育人实效。

挖掘并弘扬“可可托海的东大人”精神，激活文化育人原动力

1952—1982年，以孙传尧、林开华、王宗泗等为代表的44位东大校友（不完全统计）响应国家号召到自然条件恶劣、气候寒冷的可可托海工作。由于国防事业的需要，有几十年的时间里，在中国地图上找不到可可托海的名字。

在东北大学爱国主义光荣传统的影响下，在那段鲜为人知的岁月里，“可可托海的东大人”积极响应国家号召，到祖国最需要的地方，扎根基层、百炼成钢、不畏艰难、顽强拼搏，在这个条件艰苦的边陲小镇，攻破了一个个生产技术难题，把精选的各类稀有金属矿石源源不断地送往祖国各地，把可可托海矿脉精选的铍、锂、铯、钽、铌等稀有金属材料应用于“两弹一星”“大国重器”上。大家也通过不懈努力，纷纷成长为国家的科技栋梁、兴业英才，在民族复兴的征程上奋斗一生、奉献一生。

“可可托海的东大人”把最好的青春年华都贡献给了可可托海，为可可托海的建设、为我国稀有金属工业的发展、为“两弹一星”事业作出了突出的贡献，谱写了为捍卫国家主权和民族尊严奋斗不止的奉献长歌。他们战严寒、抗饥饿，用信念和智慧、用汗水和鲜血书写了“吃苦耐劳、艰苦奋斗、无私奉献、为国争光”的可可托海精神，传承了“自强不息、知行合一”的校训精神和“实干、报国、创新、卓越”的东大品格，诠释了与祖国同呼吸共命运的精神风骨和助力中华民族伟大复兴的历史担当。

文化是一个国家、一个民族的灵魂。为弘扬“可可托海的东大人”精神，落实立德树人根本任务，引导广大教职工践行“为党育人、为国育才”的初心使命，在学院党委书记艾国生牵头推动下，资土学院组建了“可可托海的东大人”宣讲团，为10余个学院的师生作了20余场“可可托海的东大人”报告，听众近万人次。此外，学院还邀请“可可托海的东大人”、1968届校友孙传尧院士和肖柏阳、朱瀛波教授为师生作报告。“可可托海的东大人”编排入校庆祝建党百年文艺汇演，获妙笔流声诗歌散文大赛一等奖、“我爱中国共产党”主题影像季优秀作品奖。“可可托海的东大人”被多家媒体争相报道，累计浏览量超过35万次。

开展“可可托海的东大人”精神宣传教育活动

弘扬“54煤”精神，搭建“德以怀远　学以精工”的精神谱系

除“可可托海的东大人”精神以外，学院还有一个宝贵的精神财富，那就是“54煤”精神。1950年，新中国刚成立，“国家百废待兴，但必须地质、采矿先行！否则其他的什么行业都干不了。”于是，东北工学院一百多名爱祖国胜于爱自己专业的学生毅然“为国转系”，选择了采煤这个“艰苦专业”。“向祖国汇报成绩，绝不允许任何一名同学掉队”，他们勤奋好学蔚然成风，德智体美劳全面发展，成为学校最好的班级，也因此受到学校通令嘉奖。他们就是著名的“54煤”。

据统计，“54煤”这个集体共培养出1位中国工程院院士、37位大学教授（教授级高工）、31位副教授（高级工程师），为国家煤炭事业发展作出了巨大贡献。构建世界领先“砌体梁”力学模型的钱鸣高院士、倡建岩石破碎新学科的徐小荷教授、发明岩石基本质量公式的林韵梅教授……他们只是“54煤”精神的一个缩影，而“54煤”也只是东大人敢为人先、实干报国的一个缩影。

学院注重院史的继承与发展，将“54煤”精神和“可可托海的东大人”精神与学院发展相结合，逐步积淀形成了以“坚定的理想信念，执着的钻研精神，突出的业务能力，踏实的工作作风”为内涵的“资土精神”，并逐步确定了“德以怀远　学以精工”的院训精神和象征着蒸蒸日上、永葆活力的院徽标识，赢得了学院师生的高度认同，引导新时代资土人传承历史、续写传奇，弘扬“54煤”精神和“可可托海的东大人”精神，投身国家发展和民族振兴的伟大事业中，重振资土雄风。

1954年4月，东北工学院召开表彰大会宣读《关于介绍54采煤甲乙两班学习经验的通令》

开展理论和实践研究，全方位扩大影响范围

为进一步扩大学院特色文化影响力，强化文化在思政教育中的涵养作用，学院开展文化理论和实践研究，打造文化产品和文化精品活动。

一是打造全方位文化产品。学院出版了多部文化图书，目前已出版《五四煤春秋》《忆》《足迹与情怀》，筹备出版《54煤》《可可托海的东大人》；制作《己土·流光溢彩20年》《巍巍高山·历久弥坚》等多部文化宣传片；创作舞台剧《五四煤春秋》、诗歌《永不凋谢的情怀》等经典演绎作品，全面发挥红色基因育人铸魂作用，营造传承红色经典、繁荣学院文化的浓厚氛围。

二是形成贯穿第一课堂和第二课堂的立体育人场域。举办“院士报告会”“喜迎百年校庆·共话东大情愫”“红砖大讲堂”等品牌教育活动，邀请钱七虎、孙传尧、冯夏庭、邵安林等多名院士、专家、学者作思政报告。积极谋划思政建设新体系、新格局、新思路、新办法，与雷锋学院签署党员培训协议，编写《课程思政建设思政元素选编》系列图书，土木工程专业课程思政研究虚拟教研室入选教育部首批虚拟教研室建设试点。此外，构建校企合作育人机制，利用朝阳东大矿冶研究院等实践基地，深化产教融合，让学生通过深入现场完成方案设计、亲自动手做试验，激发学生在专业领域实现人生价值的理想追求。

学院系列文化产品和文化活动

学院举办“院士报告会”和专家学者讲坛

三是创新应用“朝阳文化”思政品牌。开展少数民族学生“四个自信、五个认同”教育管理提升行动等精品活动，将学生思政教育、生涯指导、创新创业教育与学院党团工作融合起来。“朝阳资土”已成为全校师生熟知的特色标识，党团联建成效显著。培育品牌实践项目“雨露计划”，引领在国家资助下实现大学梦的高校困难学生回归家乡、反哺社会，该项目获评全国青年志愿服务大赛金奖，入围全国青年志愿服务优秀项目库第一批入库项目。

工作成效和下一步做法

近四年来，学院在特色文化的凝聚和感召下，各项工作取得长足进步和丰硕成果。

基层党建成效显著，学院党委获批创建“全国党建标杆院系”，通过“辽宁省党建标杆院系”验收，培育出“全国党建工作样板支部”“全国高校百个研究生样板党支部”各 1 个，“全省党建工作样板支部”3 个，“辽宁省先进基层党组织”1 个，“辽宁省研究生样板党支部”1 个；培育出“全国五四红旗团支部”“全国钢铁行业五四红旗团支部标兵”“辽宁省五四红旗团支部”各 1 个。

学科科研创新突破，面向国家战略性矿产资源绿色开发利用、土木、测绘及安全、环境等领域的重大需求进行理论与关键技术研究，取得多项国际领先科研成果，为我国战略性矿产资源的安全、高效、绿色开发提供了坚实的技术支撑。主持重点研发计划项目 8 项，获批国家自然科学基金 95 项，其中重点 4 项，联合基金 3 项，优青 3 项。获各类科技奖励 59 项，其中国家科学技术进步奖 3 项。科研进款连续 4 年突破亿元大关，2022 年科研进款达 2.4 亿元。

学院获国家科学技术进步奖二等奖 3 项

人才队伍逐渐壮大。新增全职院士 1 人，入选国家级人才计划 11 人、青年托举工程 2 人。补充教师 51 人，晋升教授（教授级高工）14 人。

科教基地不断拓展。学院相继获批建设“国地联合工程研究中心”、辽宁省难采选铁矿石高效开发利用工程实验室，先后成立“朝阳东大矿冶研究院”“东北大学智慧矿山研究中心”“中金乌山产学研教学科研基地”“长春黄金

设计院有限公司 – 东北大学产学研协同创新中心”等一批科教基地。

人才培养再谱新篇。近四年 4 个专业通过工程教育认证，获批国家级新工科项目 2 项、一流课程 4 门、一流专业建设点 6 个；新增国家级教学名师 1 人、省级教学名师 3 人；学生创新创业团队获“互联网 +”大学生创新创业大赛金奖 1 项、银奖 1 项、铜奖 3 项，辽宁省“互联网 +”大赛金奖 7 项，“创青春”中国青年创新创业大赛银奖 1 项。研究生获国际罗哈奖 1 项，实现学校历史性突破。

未来，学院将继续贯彻“围绕中心抓党建，抓好党建促发展”的党建工作原则，把学院文化建设与中心工作相结合，加强思想引领、价值引领和文化引领，打造文化、党建精品活动，切实激发文化育人效能，推动学院全面发展。相信学院师生在学院文化的感召下，携手并进、久久为功，必将在“特色鲜明、优势集成、国内一流的研究型学院”“国内一流、国际领先的一流学科”的建设征程中再立新功，以优异成绩迎接东大建校百年！

（文：王延邦）

以“求真”为内核
推动学院学科高质量发展

——东北大学材料科学与工程学院教职工“求真”发展主题思想政治教育工作纪实

引言：材料科学与工程学院党委坚持以习近平新时代中国特色社会主义思想和党的二十大精神为指导，全面推进高质量教师队伍建设，夯实教职工思想政治教育，设计开展以“信念真坚定、师德真高尚、育人真功夫、科研真创新、为人真清廉、身心真健康、集体真团结、成果真丰硕”为主题的“求真”发展思想政治教育活动，引导广大教师争做“四有”好老师、成为“大先生”，为党育人、为国育才。

为深入学习贯彻习近平新时代中国特色社会主义思想和党的二十大精神，扎实落实习近平总书记关于教育的重要论述和全国教育大会精神，努力建设一流学科发展需要的一流师资队伍，引导广大教师在实现第二个百年奋斗目标新征程上，坚定为党育人、为国育才初心使命，争做“四有”好老师，努力成为“大先生”，把为学、为事、为人统一起来，学院党委围绕教职工工作、生活中面临的“信念、师德、育人、科研、廉洁、健康、集体、成果”八个方面主要发展问题，设计开展以“信念真坚定、师德真高尚、育人真功夫、科研真创新、为人真清廉、身心真健康、集体真团结、成果真丰硕”为主题的“求真”发展教育活动，构建学院教职工日常思想政治教育体系，全面提升教职工思想政治素质和工作水平，夯实教师师德师风建设，为学院各项事业高质量发展汇聚人才力量。

以“求真”为内核，全面推进高质量教师队伍建设

习近平总书记指出：“有高质量的教师，才会有高质量的教育。”“立德树人是教育的根本任务，是高校的立身之本，是高校工作的中心环节”。学院党委围绕“十项准则”和“四有”好老师标准，细化教职工思想政治教育、师德师风培训、业务能力提升等教育内容，以“求真”为内核，求人的思想道德发展规律之真，求思想政治教育规律之真，求思想政治教育价值之真，全面构建高质量的师资队伍。

信念真坚定，引导教职工树立正确的理想信念，坚持以习近平新时代中国特色社会主义思想为指导，拥护中国共产党的领导，贯彻党的教育方针，始终同党和人民站在一起，自觉做中国特色社会主义的坚定信仰者、忠实实践者和积极传播者。

师德真高尚，引导教职工不断培养良好的道德情操和仁爱之心，忠于祖国，忠于人民，恪守宪法原则，遵守法律法规，依法履行教师职责，为人师表，以身作则，举止文明，作风正派，自重自爱，承担起立德树人的重任。

育人真功夫，引导教职工遵循教育规律和学生成长规律，因材施教，教学相长，不断学习创新，以扎实的知识功底、过硬的教学能力、勤勉的教学态度、科学的教学方法全面提升育人能力。

科研真创新，引导教职工瞄准国际科技前沿和国家重大战略需求，面向国家、行业及东北地区发展需要，积极开展交流合作，潜心问道，勇于探索，全面提升科研创新能力，真做科研、做真科研。

为人真清廉，引导教职工加强对廉洁教育有关政策的学习，坚持原则，严于律己，处事公道，光明磊落，为人正直，积极践行廉洁从教、廉洁从研。

身心真健康，引导教职工树立“健康是一切美好生活和工作的基础”积极的健康观，严慈相济，诲人不倦，真心关爱学生，严格要求学生，做学生的良

师益友，健康工作，幸福生活。

集体真团结，引导教职工积极参与集体建设，团结协作，交流互助，严谨治学，力戒浮躁，坚守学术良知，打造有凝聚力和战斗力的团队和集体。

成果真丰硕，引导教职工积极投入育人、科研和学院发展的各项工作中，履行社会责任，贡献聪明才智，树立正确义利观，建立多元的、科学的成果评价机制，为教职工的成长、一流学科建设和学院的发展汇聚丰硕成果。

以发展为目标，扎实推进学院学科建设

“求真”发展系列主题活动采取集中和分散相结合的方式，与学校各项工作充分融合，分布在全年内实施完成。学院党委作为活动推进的主体，以集中方式开展各类教育培训和团体活动，各党支部、基层学术组织、工会小组作为教育培训的抓手，结合时政热点、单位工作需要、教职工需求灵活设计，分散组织日常教育活动。

信念真坚定，学院党委每年开展理论学习中心组学习 10 余次，依托教职工双周政治学习举办“学习贯彻党的二十大精神　深入推进新时代高校基层党建工作”“新时代新征程的思想旗帜和行动指南”等专题讲座，组织教职工赴中国工业博物馆、沈阳劳模纪念馆等参观学习，组织开展主题党日、“点赞祖国、爱我东大”材料师生同唱一首歌等活动，引导教职工坚定理想信念，切实把思想和行动统一到习近平新时代中国特色社会主义思想上来。

师德真高尚，系统梳理学院“教师职业行为规范”与“师德失范行为负面清单”，帮助教师规范行为，以身作则。依托党支部立项认真组织开展“引领・提升・共进”“1+1”专项活动，强化教职工师德师风培训。学院工会围绕青年教职工“四个一”活动等载体，拓展教职工教育培训和日常文化建设。

“点赞祖国、爱我东大”材料师生同唱一首歌活动

育人真功夫，举办育人真功夫教学基本功大赛，强化“以本为本”，回归课堂。举办“梦想·起航”新入职青年教职工培训活动，帮助青年教职工有效开展职业生涯规划，提升专业素养。制订学院课程思政建设方案，推进课程改革和实践，努力取得建好专业课程、融入思政元素、弘扬师德师风、强化育人效果的建设效果。

课程思政建设工作研讨会

科研真创新，依托青年俱乐部定期组织开展知行论坛、青年学者学术沙龙、无界课堂，促进学者思维碰撞，拓展知识层面、资料储备和科研资源，提升研究水平，帮助多名青年教师在学科顶级期刊发表高水平论文。

为人真清廉，学院每年召开全面从严治党会议，组织学习《中国共产党纪律处分条例》，开展师德师风警示教育，层层传导压力。强化日常监督，加强对学院职称评聘、绩效分配、研究生招生等重点工作的监督和风险防范，促使全体教师认真贯彻监督执纪“四种形态”、中央八项规定精神。

全面从严治党工作会议

身心真健康，举办“身心真健康”教职工趣味篮球赛、羽毛球赛、乒乓球赛、健步行等活动，鼓励教职工，特别是知名学者、学术骨干走出实验室，走出办公室，走向运动场，促进教职工提升强身健体意识、培养体育锻炼习惯、塑造健康生活方式。

教职工健步行活动

集体真团结，以“凝练大方向、组建大团队、产出大成果”为目标，学院推进基层学术组织改革，出台学院科研团队建设管理办法，构建“五个中心—两个系”的科研布局，部署“团队建设—党组织建设—课程建设”协同发展格局，突显科研成果、育人成效和党组织功能。

学院成立科研团队

成果真丰硕，广大教职工能积极主动投入教学、科研、育人和学院发展各项工作中，学院实现了人才培养质量过硬、科学研究成果丰硕、师资队伍实力增强、实验平台安全高效、交流合作广泛开展等高质量发展态势。

以“一五八”体系为保障，学院各项事业取得高质量发展

学院党委创新打造“一五八”工作体系，制定了《材料学院师德师风建设实施办法》等一套制度；党政工青合作，纪委加强监督，协同“五位一体”推动师德师风建设工作有效落实；坚持打造“信念、师德、育人、科研、廉洁、健康、集体、成果”等八个方面“求真”发展主题教育系列活动载体，构建全方位教师思想政治教育体系。

学院党委以主题鲜明、形式多样的系列活动为抓手，使得教职工日常思想政治工作能够全覆盖、多维度推进实施；通过聚焦教职工日常参与教学、科研

等工作中的实际需要和重要节点，开展专项培训座谈和专题学习教育，突显主题教育针对性；从教职工自身实际需求出发，切实解决了教职工成长发展过程中遇到的重难点问题，大大提升了活动的实效性，为学院和材料学科的发展奠定了坚实基础，为努力建设一流学科发展需要的一流师资队伍保驾护航。

近年来，学院各项事业取得突出成果。学院党委获批辽宁省高等学校先进基层党组织、辽宁省党建标杆院系、东北大学先进分党委，学院团委获全国钢铁行业五四红旗团委标兵。学院目前 3 个本科专业均获批国家一流专业建设点，2 个工科专业通过工程教育认证；获批国家级一流课程 1 门，获评辽宁省教学名师 1 人。2021—2022 年度，获批国家重点研发计划项目 2 项、国家自然科学基金重点项目 1 项、国防重点项目 2 项，获省部级一等奖 5 项，秦高梧教授团队荣获中国有色金属创新争先计划团队。材料学科 ESI 排名进入全球前 1‰。

（文：关录奎）

直挂云帆济沧海　化作春泥更护花

——东北大学机械工程与自动化学院"东大智慧人的故事"闻邦椿院士工作纪实

引言：努力奋斗的他，领衔主编了机械工程领域最具权威和最具影响力的功勋大型工具书《机械设计手册》；年届90的他，完成了自己的第100部著作。他，就是东北大学机械工程与自动化学院教授、中国科学院院士、我国振动利用工程学科主要奠基者、机械工程和振动工程领域国际著名学者闻邦椿院士。20世纪50年代以后，当他认识到国家在振动领域仍有大片空白，便将目光锁定"振动机械的理论及应用"，心无旁骛开展科研；20世纪七八十年代以后，他抱着为祖国建设事业奋斗的决心，在产品设计及振动两大学术方向狠下功夫；20世纪以后，他积淀一生所学，深入系统地提出科学方法论体系，帮助学生获取成功高效做事的"金钥匙"。

闻邦椿院士的一生，潜心工作，忠诚奋斗，是一部波澜壮阔的厚重书卷。虽已近期颐之年，仍不忘初心，亲制教学材料，卓著百部著作，推广大众方法论体系规则，倡议成立"全局形态普适性方法论及智慧人"研究会。

潜心工作，忠诚奋斗一生，倾心浇铸两大学术方向

根据多年的研究经验，闻邦椿院士在国际上首次提出了产品设计理论与方法的新体系，建立了产品设计的新模型。这是一种基于系统工程的产品深层次的综合设计方法，它是以产品功能设计、性能设计和质量检验、评估为基本目标，将产品设计过程分为含 3I 调研阶段、7D 规划阶段、1+3+X 综合设计实施阶段和含 3A 检验的设计质量检验阶段为基本要点的完整体系。该方法已经在我国许多机械产品（如高速列车动车、大型离心压缩机等）中成功应用，并获重大社会效益和经济效益。闻邦椿院士领衔主编的恢宏巨著《机械设计手册》中，对该设计方法作了系统论述。该综合设计方法对我国大型、复杂、现代化机械产品的设计具有重要的指导和示范作用。

闻邦椿院士和他的“百部著作”

经过 20 多年的研究，闻邦椿院士最早在国际上提出“振动利用工程”的新概念，构建起“振动利用工程”新学科的理论框架，为振动利用工程学科的某些分支提供了设计与计算的理论。在这一学术方向上，他发表了 400 余篇学术论文，撰写了《振动机械的理论及应用》《振动给料机、振动输送机和振动筛的设计与调试》《振动机械的理论与动态设计方法》《振动利用工程》等四部著作。除提出“振动利用工程”新概念外，闻邦椿院士也在国际上最早将“非

线性振动”拓展为“工程非线性振动”，完善了“工程非线性振动”新学科的理论。他在这一方向的研究中发表了百余篇学术论文，撰写了专著《非线性振动理论中解析方法及工程应用》《机械振动学》《工程非线性振动》，结合工程应用，提出了20多个非线性振动的工程应用的动力学新模型，发展了非线性振动工程应用的理论。

闻邦椿院士常说：“在科学的道路上，是没有一条平坦的大道可走的，只有那在崎岖小路的攀登上，不畏劳苦的人，才有希望达到光辉的顶点。”

心系学子，亲制教学材料，引导学生确立科学人生方向

青年学生是中国特色社会主义事业的接力者、继承者，他们能否坚定中国特色社会主义道路自信、理论自信、制度自信、文化自信，直接关系中国特色社会主义事业的未来。一直在教学一线的东北大学闻邦椿院士始终诱掖后进，他在研究机械产品综合设计方法论的过程中，认识到人的一生也需要一定的方法论作理论指导。从2010年左右开始，闻邦椿院士陆续撰写了20余部关于科学方法论方面的著作，如《成功做事方法学——现代成功学浅论》《科技创新方法论浅析》等。特别是在其针对本科院校学生的《谈做人和做事——方法论细读》一书中，他提出了可以指导大学生个体和集体科学做事的科学方法论体系，提出了基本体系规则的基本公式，以3大做事要素（目的、内容、方法）为核心，充分发挥4项主观潜能、3对客观影响因素、2对动态因素和1个正确指导思想作指导。

为了让学生能及早掌握人生哲学方法论的相关知识，闻邦椿院士在学院的支持下，在本科生培养计划中以通识必选课形式开设人生哲学方法论课程，由专业教师授课，将“三全育人”“课程思政”建设工作落到了实处。从2018年起已执行6年，得到了广大学生的普遍认可，多数学生反映这门课对后续学业有很大的帮助。此外，该课程对加强学生思想政治教育，对学生确立正确的世界观、人生观、价值观也产生了积极的作用。

闻邦椿院士和学生们在一起

志在千里，卓著百部著作，用智慧思想影响世代做好智慧人

在《百部著作诞生记》一书中，闻邦椿院士这样写自己撰写百部著作的理论意义和实际价值：“书籍是人类进步的阶梯，书籍是人生奋斗的灯塔，书籍是抚慰心灵的鸡汤。以上三句话给了我很大的启迪，所以要坚持写书。”那么为什么要写一百部书呢？据闻邦椿院士调查，在国内外理工科学者中，百部著作创写书纪录。

然而，对于理工科学者来说，要想完成一百部著作是相当困难的，因为理工科学者要写一部著作，必须要积累丰富的材料，不能抄袭别人的成果，没有素材写不了著作。撰写这么多的著作无疑需要花费大量的时间和精力，这就需要在繁忙的工作之余，争分夺秒地抢时间，在一般人不可思议中著书立说，以飨后人。闻邦椿院士经过长期的艰苦努力，终于完成了百部著作的撰写。

书籍可以指导人们正确及高效做事，书籍可以引导人们走向成功，书籍可以指导整个社会的科学技术和经济得到快速的发展，书籍在一个社会的物质文明和精神文明建设中发挥着举足轻重的作用。书籍是科学工作者的思想和经验的总结及归宿，人类社会迫切需要能出版更多更好的著作。以完成百部著作为契机，闻邦椿院士构想尽最大努力将科学方法论推广和普及到全社会，让更多人能掌握和运用科学方法论的体系和规则来指导学习、工作和生活，提高其成功概率和效益，进而为国家创造出更多的财富。闻邦椿院士建议将科学方法论的体系和规则作为共性核心知识融入智能处理系统的知识库中，这可为智能处理系统的有效应用提供强有力的支持，还会加快智能处理系统在我国的推广应用，进而加速经济发展的进程。闻邦椿院士已利用科学方法论体系和规则及智能处理系统创建了服务中心，协助一些企事业单位及个人，使他们进入良性发展轨道并向最优方向转化，以及创建以智能处理系统为内涵的人工智能决策系统，协助有关部门提供最优决策。

亲身教授，辗转各处会场，讲述大众方法论体系规则

闻邦椿院士认为，大众方法论是一把开启成功的钥匙，更是成功做事的密码。学习与运用大众方法论有利于提高做事的成功概率，并获取最高效率和效益，还有利于做人做事进入具有“智能”特征的良性循环，使人们步入以大众方法论为依托的“智慧人生”的生活轨迹。要做好大众方法论的宣传推广，发挥其在教学、科研、人才培养以及创建新产业和新事业中的突出价值。

基于此，闻邦椿院士在多个场合系统阐述大众方法论的基本内容及具体应用、学习大众方法论的意义及方法等内容，带领广大师生系统地学习大众方法论的概念由来、发展历程及具体应用，并结合实例介绍将大众方法论融入做人、做事、做学问全过程中的实践经验。同时勉励大家科学运用大众方法论，全身心投入学习实践，在不懈奋斗、不停积累、不断总结中走向成才和成功。社会上的任何人只要认真学习、牢固掌握、灵活运用闻邦椿院士提出的科学方法论的体系和规则，就可以在做人、做事、做学问过程中，实现正确做事并获取最高的效益和效率，这对我国社会的精神文明及物质文明建设会产生积极的影响，对促进我国科学技术和经济的发展会产生积极的作用。

闻邦椿院士在为年轻人传授如何运用大众方法论

把握规律，创建新型研究会，推广全局形态普适型方法论及智慧人理念

闻邦椿院士经过长期实践总结出一套基于系统工程的、对做人做事具有较大适应性的“全局形态普适性方法论”。该方法论具有思想性、全面性、科学性、普适性、有效性的特点。另外，人类社会正大踏步地向智能化方向发展，闻邦椿院士又在方法论研究的基础上，提出“学好方法论、争做智慧人”的理念。所谓“智慧人”，是指能掌握和运用辩证唯物主义的世界观和方法论，能很好地学习和运用现代科学技术成果来指导做人和做事。

全局形态的普适型的科学方法论是任何个人和集体成功做事和高效做事的前提条件，该理论既能提高做事的成功概率，又能大大提高做事的效率和效益，这对整个社会的发展都十分有利。该种科学方法论的普及，将会大大加快我国科学技术和经济建设的速度。在教学及人才培养方面，推行方法论将会取得巨大成效。实践指出，学好科学方法论并向“智慧人”转变，可显著提高做事的成功概率及其效率和效益 10%~30%，甚至成倍地提高。深入研究及推广“全局形态普适型方法论”，以及倡导由“社会人”向“智慧人”方向转变、由一般学校向智慧学校转变、由一般企业向智慧企业转变、由一般集体向智慧集体转变，这对于任何个人、集体及国家来说，都具有十分重要的意义。因此，闻邦椿院士提出倡议在全国范围内成立“全局形态普适型方法论及智慧人”研究会。目前，已有200多名教师和科技工作者都愿意申请参加这个研究会，他们建议尽快按照国家所规定的程序制定有关条例向国家有关领导部门申请批准，为国家科学技术经济的发展作出应有的贡献。

闻邦椿院士在“百部著作”品读交流与赠书大会上发出
《关于成立“全局形态普适型方法论及智慧人”研究会的倡议书》

闻邦椿院士经过长期实践，深刻体会到科学方法论在做人和做事过程中的重要作用，特提出在思想政治教育中将科学方法论的教育融入其中，这既提高了受教育者的思想政治水平，也会使受教育者掌握做事的科学方法，更多地向智慧人转化，进而可以提高他们做事的成功概率及其效率和效益。闻邦椿院士以涓滴之水，汇聚成江海，教育并激励着广大师生深入学习科学方法论，争做智慧人，点亮智慧人生。

（文：孙坤）

弘扬科学家精神　引领高质量发展

——东北大学信息科学与工程学院以科学家精神助推“双一流”建设工作纪实

引言：一流大学建设需要一流文化的引领，也需要一流人才的支撑。信息学院坚持以习近平新时代中国特色社会主义思想为指导，以“打造文化建设品牌、深化文化建设内涵、助力学院改革发展”为出发点，自2015年开始启动实施“东信楷模”典型选树工作，充分挖掘典型人物和事迹的内涵，切实提升思想政治教育实效，形成了“有利于人才成长，有利于科学家精神弘扬”的工作体系，为推动学院改革发展营造了良好的文化环境。

近年来，东北大学信息学院深入学习贯彻习近平总书记关于科技创新的重要指示批示精神，全面贯彻落实《关于进一步弘扬科学家精神加强作风和学风建设的意见》，通过实施思想领航工程、以文化人工程、铸魂育人工程、队伍建设工程，激励学院广大师生大力弘扬以爱国、创新、求实、奉献、协同、育人为内核的科学家精神，勇做重大科研成果的创造者、建设科技强国的奉献者、崇高思想品格的践行者、良好社会风尚的引领者，以实际行动助推“双一流”建设。

实施思想领航工程，筑牢思想根基

信息学院深入学习贯彻习近平总书记系列重要讲话精神，特别是习近平总书记在科学家座谈会上的重要讲话精神，习近平总书记在中国科学院第二十次院士大会、中国工程院第十五次院士大会、中国科协第十次全国代表大会上的重要讲话精神，以及《关于进一步弘扬科学家精神加强作风和学风建设的意见》，通过“三会一课”“主题党日”等形式加强理论学习，筑牢思想根基。

信息科学与工程学院 2019 年度总结表彰大会暨弘扬科学家精神故事分享会活动现场

开展一流大学文化传承创新之“楷模工程”建设立项工作，大力弘扬楷模精神、深入挖掘楷模人物、充分发挥楷模示范作用，不断加强教师队伍建设，孕育一流人才，为加快推进一流大学与一流学科建设提供强大的思想保证和精神动力；组织开展“提升科技创新能力，推动‘十四五’高质量发展”主题党日、“传承科学家精神　向张嗣瀛院士学习”主题党日等，号召全院广大师生学习张嗣瀛院士的先进事迹，学习他爱党爱国、甘于奉献的崇高精神，崇尚科学、追求卓越的崇高理想，爱岗敬业、献身教育的优秀品质，严谨笃学、精益求精的治学态度，爱生如子、潜心育才的道德情怀；举办专题读书会，以学习《弘扬爱国奋斗精神　建功立业新时代》一书中的30位中国知识分子的家国情怀和奉献精神为契机，引导师生弘扬楷模精神、树立报国之志；发起“凝心聚力 攻坚克难 自主创新 勇攀高峰”倡议，号召广大师生真抓实干、做社会进步的推动者，矢志报国、做民族复兴的奉献者，勇于创新、做科研攻关的开拓者，追求卓越、做道德风尚的引领者，以老一辈科学家和新时代优秀科技工作者为榜样，争做新时代的奋斗者和追梦人；开展“弘扬楷模精神”专题党课，引导师生潜心钻研学术，弘扬楷模精神，锐意进取、开拓创新，助力学校、学院改革发展，为国家富强、民族复兴不懈奋斗。

实施以文化人工程，加强文化引领

信息学院注重强化内容供给，不断创新工作载体，营造育人新生态，持续推进“老科学家精神传承”“学术人生”“学在东信”“弘德工程”等品牌建设。

启动老科学家精神传承计划，邀请老科学家、老教授作专题报告，举办张嗣瀛院士、谢绪恺教授等学术大家报告会，引导和激励学生向老科学家学习，在新时代发展建设中建功立业；以控制科学与工程学科带头人群体郎世俊、张嗣瀛、柴天佑的科研与教学事迹为原型，编排学科舞台剧《能不奋勉乎吾曹》，增强新一代学子建设一流学科的信心与担当。

近百位知名学者相继走上“学术人生”讲坛，畅谈学术人生成长经历，分享学术人生成长感悟，通过榜样的力量引导学生做好学术生涯规划、激发科技创新潜质；成立学生成长发展工作室，围绕大学生不同年级、不同阶段的成长需要和侧重点，提供课内课外、校内校外的全方位发展指导。

持续深化“学在东信”理念，开展“学在东信”系列教育活动，强化教风学风，从学科、学术、学人、学风、学业、学养六个方面，构建22项专项工作内容，全面提升全程育人质量。经过几年的探索与实践，“学字当头”的优良教风学风已深入人心并持久发力。

启动“弘德工程”建设工作，认真贯彻落实“师德建设是教师队伍建设的第一要务，师德师风是评价教师队伍第一标准”的工作要求，通过系统梳理《高等学校教师职业道德规范》《教育部关于建立健全高校师德建设长效机制的意见》《新时代高校教师职业行为十项准则》等文件编印《修师德·正师风·铸师魂——师德师风文件汇编》，确保每名教师人手一册，促使师德规范成为学院广大教师普遍认同和自觉践行的行为准则；举办“‘数’师德、‘画’师风”师德师风建设专题展览、“我和我的学生们”主题摄影，制作师德师风建设主题文化产品，举办“修师德、正师风、铸师魂，助推一流大学建设”主题党日活动，开展集中大学习、大讨论，引导广大教师以德立身、以德立学、以德施教、以德育德，做党和人民满意的好老师。

信息学院学科舞台剧《能不奋勉乎吾曹》

实施铸魂育人工程，培养时代新人

信息学院以一流学科建设为统领，进一步深化课程体系改革，落实人才培养根本任务，切实提升课程育人实效。以课程思政为突破口，深度挖掘各课程蕴含的思政元素和所承载的思想政治教育功能，以专业课“先锋课堂”暨“课程思政”建设为载体，把价值引领贯穿到专业课教学与实践中。面对专业课程中育人元素的挖掘存在简单嫁接、思想政治教育内容呈碎片化倾向，在遵循思想政治工作规律、教书育人规律、学生成长规律的基础上，学院着眼于提升课程育人质量，在全校率先推动课程思政专业内涵建设工作，全面修订教学大纲，积极培育和选树课程思政典型案例和示范课堂，全力打造课程思政“金课”，推进课程思政建设全覆盖。

目前，学院自动化、测控技术与仪器、电气工程及其自动化、电子科学与技术等 4 个专业获批东北大学课程思政示范专业，建有 74 门校、院两级课程思政建设课程，其中包括东北大学课程思政标杆课程 1 门、示范课程 21 门，涵盖本科生、研究生各专业及一级学科，包括国家级精品课、国家级精品资源共享课、国家精品在线开放课程、国家级一流本科课程等核心专业课，授课教师百余名。1个团队获评教育部课程思政教学名师和团队，1个课程获评教育部课程思政示范课程，2项以“课程思政建设探索”为题的项目获批辽宁省普通高等教育本科教学改革研究项目。

全国高等学校“精彩一课”一等奖获得者高宏亮在“微机原理及单片机应用技术”课中注重弘扬科学家精神，为学生生动讲述新中国“两弹一星”科技工作者用算盘计算原子弹理论模型，以惊人速度研发“东方红”卫星的故事，动情之处，学生们热泪盈眶。

疫情防控期间，学院党委充分发挥教育教学协同作用，将“讲好中国故事、培育家国情怀”作为年度课程思政教育主题，发出《关于疫情防控期间积极推进课程思政建设倡议书》，学院教师将线上课堂与抗疫故事相结合，赋予课程思政广度与厚度。校课程思政标杆课程“电力系统分析”授课教师孙秋野教授以“火神山”和“雷神山”供电系统为例，讲授在防疫战线上的中国速度与中国态度，瞬间点燃了学生们在线学习的热度。

信息学院首批专业课“先锋课堂”暨“课程思政”示范课程展示研讨会

实施队伍建设工程，孕育一流人才

信息学院大力加强教师队伍建设，坚持政治素养、专业素养、职业素养、人格素养一体化发展，引导广大教师以德立身、以德立学、以德施教、以德育德，大批科技人才茁壮成长。

控制科学与工程学科主要奠基人郎世俊、张嗣瀛、李华天、谢绪恺等老一辈学术带头人，培养出柴天佑、刘积仁、唐立新、张化光等一大批优秀控制科学技术人才，相继创办东软集团以及国家冶金自动化工程技术研究中心，形成了东北大学最具标志性的产学研办学特色，为我国控制科学与工程领域发展作出了突出的贡献。

信息学院现有中国工程院院士 2 人，国务院学科评议组成员 2 人，全国先进工作者 3 人，高被引科学家 3 人，IEEE 会士 4 人，国家杰出青年科学基金获得者 7 人，国家优秀青年科学基金获得者 2 人，“百千万人才工程”国家级人选 3 人，具有国家级人才称号教师 44 人；国家自然科学基金委创新群体 4 个，“全国高校黄大年式教师团队”1 个、全国“双带头人”党支部书记工作室 1 个、全国样板党支部 1 个，辽宁省劳模工作室 1 个。获得国家自然科学奖二等奖 2 项、国家技术发明奖二等奖 5 项、国家科学技术进步奖二等奖 11 项；组建出多个独具特色、强而有力的科研团队，持续取得重大研究成果，获批多项“千万级”国家重点专项、国家重点研发计划项目以及国家自然科学基金重大重点项目，为国家解决战略性、基础性、前瞻性重大科学问题，持续推出重大共性关键技术和产品。承担各类横向科研项目 1500 余项，为国民经济和社会发展主要领域提供持续性的支撑和引领。

信息学院坚持以科学家精神为引领，通过精准实施“四大工程”，引导全院师生大力弘扬以爱国、创新、求实、奉献、协同、育人为内核的科学家精神，营造了尊重知识、崇尚创新、尊重人才、热爱科学、献身科学的浓厚氛围，为推动学院高质量发展提供了坚强思想保证和有力精神支撑！

（文：刘剑）

“五育并举”推动建立高水平人才培养体系

——东北大学软件学院“大思政”育人体系建设工作纪实

引言：习近平总书记强调，要“培养德智体美劳全面发展的社会主义建设者和接班人”，并对德智体美劳教育的内容提出了明确要求。立德树人、五育并举自此成为全体教育人的共同目标。德智体美劳“五育并举”既是将党的教育方针政策向教育改革实践落实的有效方法，也是培育德智体美劳全面发展的时代新人的必由之路，软件学院党委落实立德树人根本任务，在“德育铸魂”“智育固本”“体育强健”“美育浸润”“劳育淬炼”深度融合方面进行了积极探索，在推进“五育并举”上不断创新尝试。

思想政治工作是学校各项工作的生命线。党的十八大以来，软件学院党委认真学习贯彻习近平总书记关于教育的重要论述，全面落实立德树人根本任务，坚持不懈加强和改进思政工作，构建“五育并举”育人体系，努力培养德智体美劳全面发展的社会主义建设者和接班人。

以“德育铸魂”引领成长

坚持全面覆盖，立体学习成效凸显。学院党委坚决落实“党的理论创新每前进一步，理论武装就要跟进一步”的要求，党委理论学习中心组、教职工双周政治理论学习、“三会一课”、班会团日等理论学习机制不断健全，中心组集中研讨学、师生融合业务学、专家学者辅导学、线上线下结合学等立体化理论学习架构趋于完善。建立了党委委员、领导班子、学科带头人、学生等多个层次的理论宣讲团队，坚持把学习贯彻新时代党的创新理论作为师生学习的首要课题，用党的科学理论武装师生头脑，用党的初心使命感召赤子之心，引领全体师生品德润身、公德善心、大德铸魂。

注重常态长效，理想信念教育不断强化。党的十八大以来，党的群众路线教育实践活动、“两学一做”学习教育、“不忘初心、牢记使命”主题教育、党史学习教育深入开展、成效显著，学院党委始终把读原著、学原文、悟原理作为基础，把教育报国作为最鲜明的特色、最明确的指向，坚定师生教育强国、教育报国的信念。学院党委先后举办了读书班、专题党课、实地研学和各类网络培训等，分层分类对师生进行轮训，培训党员超过 10000 人次，达到了锤炼政治品格、提升党性修养、转变工作作风、提高工作能力的目的。

软件学院党委开展德育活动

用好红色资源，党建品牌建设有声有色。学院党委充分用好爱国主义教育基地的阵地作用、宣教功能，让旧址遗迹成为现场课堂、教育基地。学院师生追寻红色记忆的足迹遍布北京、上海、浙江、深圳、延安、井冈山、大庆、抚顺、丹东等红色圣地，教育引导师生从党史中传承红色革命精神，汲取不断前行的精神力量。发挥专业优势，创建“VR 党建”项目，开发“VR 校史馆”“VR 十九大展馆”，建成以中国共产党历史展览馆为蓝图的 VR 党史馆，为一站式社区筹备云端“VR 知行社区”建设。

以“智育固本”夯实基础

坚持守正创新，课程思政提质增效。学院党委积极落实《教育部高等学校课程思政建设指导纲要》要求，首创“一条主线、两个基础、三套体系、N 项任务”的课程思政教育体系，从专业思政建设、课程思政覆盖、课程思政案例教材编写、思政实践特色等方面引领学院教师深入课程思政的探索应用，并取得了一系列成果。学院 3 个专业均为校级课程思政示范专业，现有 19 门校级示范课程、4 门培育课程。

强化师德涵育，教书育人能力增强。出台《软件学院关于进一步建立健全师德师风建设长效机制的实施细则》《软件学院教师学术道德规范》《软件学院教师教学工作规范》《软件学院人才引进政治把关工作实施细则》制度，成立引进人才政治把关工作小组，不断健全教育、宣传、考核、监督、奖惩联动贯通的师德建设体系和机制，着力筑牢引领立德树人风向标。广泛组织高层次人才、海外归国教师、青年教师赴红色教育基地学习实践，开展教职工荣休暨师德文化传承活动。落实《新时代教师职业行为十项准则》，严格执行师德“一票否决制”，加大师德失范行为查处力度，使师德失范惩戒机制更为健全。

优化学科建设，人才培养质量提升。学院紧跟国家战略，持续深化人才培养模式改革，立足学生综合素质全面发展和跨学科交叉能力培养，实施人才培养模式改革，开设“互联网 + 金融”实验班，实现了学校首个跨学院、跨学科培养高端交叉复合型人才模式。重视实践教学育人作用，建成国家级实验教学示范中心、国家级工程实践教育中心、辽宁省虚拟仿真实验教学中心、辽宁省专业学位研究生联合培养示范基地、辽宁省研究生创新与学术交流中心。先后获得国家教学成果奖二等奖 1 项、辽宁省教学成果奖一等奖 2 项，获批国家级精品在线开放课程 1 门、国家级教改项目 1 项、国家级规划教材 1 部、省级教改项目 6 项。

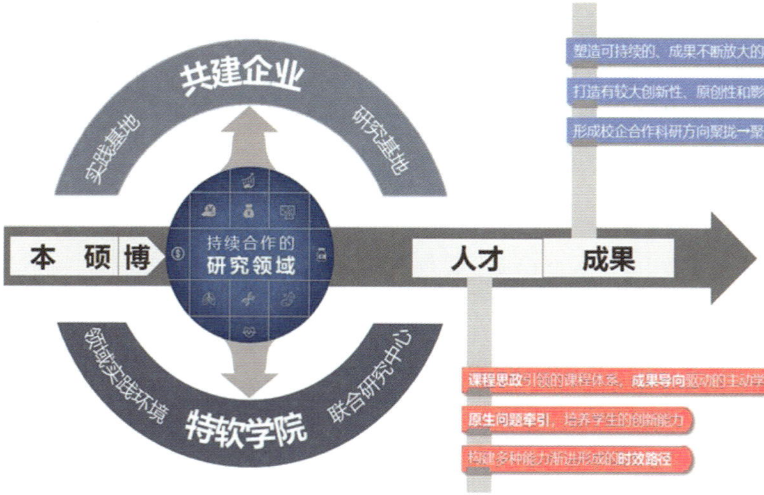

特色软件人才培养方案

以“体育强健”厚筑保障

学院党委坚持“健康第一”的教育理念，通过日常教育和主题活动相结合的方式指导师生科学锻炼。面向学生广泛开展体育活动，举办“悠然五一，回味童年”等趣味性强、参与度高的运动项目；寒暑假举行“居家也精彩·线上运动会”，鼓励居家健身锻炼，学生线上打卡 700 余人次；组织开展学生篮球、羽毛球、乒乓球等比赛竞赛，鼓励学生主动参与体育竞技活动。面向全校教职工举办“软件杯”羽毛球赛，现已连续举办十五届，厚植涵养了阳光健康、拼搏向上的体育文化，引导教职工用更加强健的体魄和更好的精神风貌投身教育事业。

“软件杯”教职工羽毛球比赛与学院趣味运动会

以“美育浸润”升华境界

聚焦重点发力，文化建设成效显著。学院党委以开展学院 20 周年院庆系列活动为契机，创新性地开展了文化建设、宣传工作、校友工作、学术活动、庆典活动等系列工作和活动组织，全面梳理总结学院 20 年办学经验和办学特色，上线院庆专题网站，创作院歌 1 首，召开学术报告 3 场，举行“院庆杯”校园文化艺术节，涵盖 20 项子活动，累计参与 1000 余人次，充分发挥学院特色文化在团结凝聚师生中的重要作用，在学院内部营造良好的文化育人氛围，进一步激发了广大师生校友爱院荣院的自豪感。

软件学院 20 周年院庆系列活动

注重以美育人，核心价值深入人心。学院党委在浑南校区信息学馆四楼、五楼和学生第二宿舍大力建设文化墙，涵盖学院建设历程、党的建设、学科专业、学生工作、国际交流、科技创新、文化展示等多项内容，着力打造独具人文关怀的文化长廊。

以“劳育淬炼”砥砺心智

志愿服务先行，助力乡村全面振兴。学院党委作为东北大学与云南省昌宁县“党建对接”工作的三个分党委之一，创新扶助模式，组建“少年强国”创新团队，致力于解决贫困儿童、留守儿童教育资源落后的问题，联系企业向昌宁捐款 20 万元，组织学院师生累计捐款近 10 万元、捐赠书包 1000 个。目前“少年强国”项目已在辽宁彰武县、云南昌宁县、河北蔚县等地进行了实地应用，有 500 余名师生志愿者参与其中，志愿服务时长累计近 3000 个小时，惠及 10 余所小学 540 余名留守儿童。开展暑期公益支教实践活动，面向昌宁县下辖 6 个镇，开设 15 场暑期课程，受益儿童达 500 余人。

优化“双创”生态，培植人才成长沃土。学院党委主动把创新创业教育纳入学院改革发展事业的全局中，积极做好创新创业教育的整体规划和顶层设计，党的十八大以来，学生科技竞赛获得国家国际级奖项 1862 人次、省部级奖项 1440 人次。通过打通“创意—创新—创业”链条，建成集成果展示、应用体验、技术交流于一体的学生创新创业成果体验中心，现首批 8 个项目已完成入驻。

创新创业成果体验中心与少年强国项目

习近平总书记在党的二十大报告中明确指出，“完善思想政治工作体系”，站在新的历史起点，软件学院党委将进一步加强对思政工作的全面领导，抓好教师和学生两个关键，始终把思政工作贯穿于办学治院全过程、融入立德树人各环节，着力增强思政工作针对性、实效性和亲和力、感染力，为高质量发展汇集强大力量，书写铸魂育人的奋进篇章。

（文：彭亮、马犇）

思政引领　铸魂育人
构建中外合作办学人才培养新格局

——东北大学医学与生物信息工程学院“大思政”格局建设工作纪实

引言：多元文化背景下，中外合作办学思想政治教育工作需要引导学生树立正确的世界观、人生观和价值观，提高辨别是非的能力，自觉防范和抵制各种错误思潮的侵蚀，建立起内化于心、外化于行的中华优秀历史文化背景下共同遵循的价值观念和行为准则，自觉成为国家建设的有用之才。因此，医工学院党委坚持以习近平新时代中国特色社会主义思想为指导，认真贯彻党的二十大精神，以立德树人为根本，以理想信念教育为核心，以社会主义核心价值观为引领，以“大思政”理念推进工作思路、内容形式、方法手段不断创新，紧密结合新时代国际化背景，创新工作理念，挖掘思政教育资源和元素，优化思想政治教育话语载体和传播途径，不断完善学院思想政治教育工作体系，并取得一定成效。

以榜样引领为抓手，注重思政文化浸润

医工学院围绕“培养什么人、怎样培养人、为谁培养人”的中心任务，推出“星榜样”优秀学生评选活动，每两年举办一次，通过挖掘和表彰学院在理想信念、责任担当、创新创业、国际交流、学术研究、服务同学、综合发展、服务社会等方面表现突出的在校生及杰出校友的方式，树立优秀典型，发挥榜样效力，用大视野、小切口、全方位去感受每一名优秀学子的求学发展故事，展现医工学院的学生风貌；除此之外，学院还定期开展青马工程培训、先锋党员培训等活动，充分发挥学生骨干和学生党员在加强学生思政教育工作中的引领模范作用；通过举办高年级优秀学生经验分享会、优秀校友经验分享会，充分发挥先进典型的示范激励作用，鼓励学生树立正确的成才观念，更好地掌握知识技能，合理规划未来就业方向。

医工学院“星榜样”表彰晚会

医工学院“青马工程”开班仪式

以创新实践为平台，促进思政知行合一

学院的“第二课堂”进一步扩大思政范围，注重发挥志愿服务、实践实习基地、创新创业平台作用，培养学生善于发现问题、分析问题和解决问题的实践能力，勇于探索的创新精神，严谨求真的科研素养，在社会生活中讲好“大思政课”。在抗击新冠肺炎疫情斗争中，学院学生发挥自身专业优势，积极参与翻译、医疗引导、心理疏导等服务，协助学校、街道、社区构筑疫情防线，志愿总时长超过3000小时，充分展现了当代大学生的奉献和担当精神。学院还结合学院学生发展特点，搭建以毕业去向为导向的“幸福就业”“幸福升学”工程，提高实践课堂对不同年级的针对性：大一、大二年级侧重认知中国、体会社会，通过开展班团会的方式，让学生对党史国情、专业方向和自身未来发展有初步了解；大三年级侧重综合能力提升，通过开展党课团课，组织丰富多彩的能力提升活动，结合医工学科特点，开阔学生眼界，提升学生生涯发展与职业规划能力，精准化服务学生成长；大四年级则分工作、留学、考研三项进行精准提升，引导学生以积极的心态面对就业挑战，助力学生更高质量择业、就业。学院通过充分发挥“第二课堂”效力，把思政小课堂同社会大课堂紧密结合起来，结合时代背景、立足生动实践，找准切入点、把握兴奋点，引导学生在明确自身定位、发展好自身优势的同时，深刻体悟党和人民进行的不懈奋斗，因势利导进行教育和引导，筑牢信仰根基。

医工学院先锋党员培训

以国际交流为渠道，凸显思政品牌特色

学院充分发挥中外合作办学优势和特点，充分利用国际合作平台，鼓励学生熟练掌握外语，帮助学生深入了解各国社会与文化，全面提高学生跨文化交流能力，开阔国际视野，引导学生逐步形成世界胸怀。开展“生物医学工程（中英项目）开学典礼”“暑期海外游学”活动，营造国际化学习氛围；举办“优秀传统文化月”“一五一十之党史国史微诵读”等活动，引导学生“站在中国看世界、站在世界看中国”，深入了解我们党带领人民取得新的重大成就，在中外社会文化思潮的碰撞和比较中更加坚定中国特色社会主义道路自信、理论自信、制度自信、文化自信，从而“立大志、明大德、成大才、担大任”。

生物医学工程（中英项目）2022 级学生开学典礼

以全面发展为目的，体现思政育人成果

在不断探索和努力下，近年来，医工学院育人成效显著提升。毕业生归国后积极响应国家发展需要，投身国家重点科研院所、公益医疗事业单位的学生人数逐年上升，为国家医工技术融合事业贡献东大青年学子力量。学院学生培养成果喜人，生物医学工程 1803 班两次荣获东北大学先进班集体标兵称号，全研寝室 4 个，班级成员分别被录取至清华大学、浙江大学、华中科技大学、

美国杜克大学、新加坡国立大学、伦敦帝国理工学院等国内外顶尖高校和知名科研院所，奖学金覆盖率 67%，31 名学生，24 人成功升学，升学率达 77.4%；“学霸寝室”三舍 B651 寝室平均学分绩点 4.1358，累计获得各级各类奖学金超过 15 次，寝室全员发表论文累计 7 篇，获得“十佳”悦居寝室称号两次，寝室成员均保研至国内知名院校；2018 级本科生李奕昕获得东北大学第七届学生创新创业“校长奖章”，并被保送至清华大学脑科学研究课题组深造，被学校官微转发个人事迹……学生培养成绩的取得，与学院长期深入落实立德树人根本任务，加强和改进全员全过程全方位育人，大力提升思想政治工作质量是分不开的，也进一步鼓励学院继续积极探索中外合作办学思政建设工作路径，为学生成长成才提供更高质量的保障。

（文：王帅）

创新培养模式　培育一流人才

——东北大学生命科学与健康学院“三全育人”工作纪实

引言：生命科学与健康学院坚持以习近平新时代中国特色社会主义思想为指导，深入学习贯彻落实党的二十大精神，围绕立德树人根本任务，培养学生的创新能力，提升创新创业教育水平，着力构建“三全育人”工作体系，推动党建与事业发展深度融合，把培养创新人才作为重要的办学目标。

生命科学与健康学院党委深入挖掘思想引领与教育资源，全面推进“一站式”学生社区建设，进一步完善以“全程导师制”为主线，以“红色基因计划”“学风引领计划”“科研育英计划”“栋梁助力计划”为内容的本科生思政育人工作载体，深挖教育要素，完善育人机制，建立起具有生命学院特色的充分体现“三全育人”综合改革思想的递进式、立体化、全方位创新人才培养模式。

齐心合力，共建全员育人新机制

全过程培育，思想引领育人有方向。生命科学与健康学院深入研究中国特色社会主义新时代大背景下二级学院思政育人工作的特点，立足于学院学科实际特点和学生成长发展需要，发挥集机制体制、教学改革、实施载体、实践平台、导师队伍于一体的工作保障体系作用，增强思政育人的精准性，充分体现学院学科育人特色，将思政育人融入学生培养的全过程，坚持“五育”并举，促进学生全面发展。全面推进“一站式”学生社区建设。优化研究生思想教育工作方式。进一步完善以“红色基因计划”“学风引领计划”“科研育英计划”“栋梁助力计划”为内容的本科生思政育人工作载体，深挖教育要素，完善育人机制。学院创新开展“思政1小时”学生专题交流、“抗疫情，忆初心，共就业”毕业生党员就业分享，精心组织“构筑青春堡垒，共同守护东大”学生党员抗疫专题会议，邀请辽宁援鄂医疗队队员、辽宁战“疫”英雄王圣治为全体师生党员分享奋战抗疫一线的亲身经历和感受，邀请丁辰教授作科技报国讲座，弘扬科学家精神，加强思想引领。疫情期间，学院师生在申报课题和参加各类竞赛过程中，均结合学科特点，以战胜疫情为出发点，凸显科研人员的责任与担当。

生命学院党委精准思政系列活动

“全程导师制”，润物无声育人有园丁。生命科学与健康学院面向所有本科生实行“全程导师制”，即从大一开始，每个阶段都为学生配备相应的指导教师，对学生进行有针对性的指导，做好学生在本科学习期间的创新思维启蒙和引导工作。大一有班导师，大二有思政导师，大三有科技导师，大四有就业导师，“全程导师制”工作的开展为全员育人提供了机制保障，使所有学生在大学期间均有机会参与到科学研究活动中，为创新思维的培养和创新能力的提高，以及今后的研究生学习和工作打下良好的专业基础。近年来，专业教师 100% 参与学院全程导师制体系下的学生培养环节，毕设导师参与率 100%，“全程导师制”作用得到充分发挥。

全部门参与，春风化雨育人有氛围。在创新人才培养模式探索和实践过程中，生命科学与健康学院的各部门通过职能融合、工作结合、力量整合，打造责任引领体系，强化教师责任担当，强化思想和行为自觉。学院以“十四五”规划、新一轮“双一流”建设和“生命健康培育工程”的细化和实施为推动，通过各种会议、座谈、研讨，做好全体教工的思想发动，找准发展瓶颈，提升工作认识，形成工作导向，促进资源整合，强化开放交融、合作共享的理念，形成积极、和谐的创新人才培养环境和氛围。学生管理部门负责学生的创新团队组建工作和科技创新活动的组织宣传；教学管理部门负责组织专家组完成各种创新活动或竞赛的项目评审组织工作，把优秀的创新项目和表现突出的学生筛选出来；各个研究所全力配合学院的各种活动组织，负责创新实践基地子平台的建设和选派优秀的专业教师担任活动评委或创新实验系列项目指导教师；实验教学中心负责实验教学中有关创新实验项目的改革和创新实践基地的整体建设，为学院创新人才的培养提供必要的空间和实验设备。近年来，在学院各部门的共同努力下，学院生物学在第五轮学科评估中提升一档，获批国家一流本科专业示范建设点 1 个，获批国家级一流本科课程 1 项，成功获批“辽宁省生物资源开发利用重点实验室”，获批两个平台建设、共计 5800 万元经费的支持，并顺利完成 66 台设备的招标采购工作，这些成绩为培育创新人才提供了各类软硬件条件支持。

创新形式，共建全过程育人新平台

完善大学生创新实践基地。为培养适应创新型国家建设需要、适应生命科学领域发展需要的高素质复合型创新人才，以及德智体美劳全面发展的社会主义建设者和接班人，学院组建东北大学“大学生生命科学创新实验基地”，激发学生创新潜能，提高学生科研兴趣。针对“国家大学生创新实验计划”和学生的创新需求，坚持“资源整合、实践导向、项目牵动、多维保障”的原则，以学院各个研究所为依托搭建科技创新子平台，强化学生的实践动手能力，对学生进行劳育教育，实现课内与课外的有机结合，促进和支持学生的科学研究、发明创造及创新实践活动，充分发挥学生的创造潜能。学院还积极倡导和鼓励学生在科研立项、双创选题等过程中发挥专业优势，加强基础研究，以实际行动助力学院发展。此外，学院教师依托学校“大视野”素质提升讲座、开设“学术道德与论文写作”课程、组织开展双创活动，宣传科学家精神，完善创新实践基地。

生态园学生实践基地

落实创新创业培育计划。生命科学与健康学院在学校现有的创新创业培养计划基础上，挖掘专业特色和优势，推行本科生分阶段、分年级、分层次的创新创业培育计划，即大一年级开展“播种计划”，大二年级开展“育苗计划”，大三年级开展“青林计划”，引导入学新生逐步接触、了解并热衷于创新项目。通过以上计划的实施和开展，让更多的学生有机会参与创新实验，为实现学生本科期间发表高水平论文的创新型人才培养目标奠定了坚实的基础。近年来，本科生和研究生以第一作者身份发表高水平论文共 154 篇，影响因子最高达 18.939。学院每年开展国内外专业学术讲座和各种科创活动 20 余次，累计参与人数达 1000 余人。学院获得 2022 年挑战杯辽宁省大学生创业计划竞赛金奖、辽宁省“互联网 +”大学生创新创业大赛一等奖等奖项 60 余项。学生创新团队获得创新创业国家级奖项 6 项、省级奖项 12 项。学生获评校级及以上各类集体和个人荣誉称号 400 余项。

攻坚克难，共谋全方位育人真成效

进一步完善各类学生培养方案。根据生命科学与健康学院人才培养目标的要求，即培养“专业基础扎实、专业技能过硬、有创新精神的生物工程专门人才”，学院在制订生物工程专业培养方案时，增设了“创新技能训练”“科研技能训练”两门实践课程，增加了创新学分，逐步完善了专业人才培养模式，取得了良好的效果，学生的综合素质和创新能力不断提高，专业能力、实践动手能力、理论与实际相结合的能力、独立学习及工作能力、创新开拓的意识、创造思维能力等不断加强，社会和用人单位对东北大学生物工程专业毕业学生的评价也在不断提高。围绕立德树人的根本目标，学院在现有课程基础上加大课程思政培育力度，以点带面，把专业知识和立德树人有机结合，做好课程的申报、评选与推荐，1 个专业和 7 门课程分获学校示范专业和示范课程。

进一步拓宽学生的国际化视野。为了与培养人才国际化的目标接轨，提高学生的国际学术竞争力和创新能力，学院坚持开放办学，积极与美国、加拿大、日本、瑞典等国家和清华大学、中国科学院等海内外著名高校或研究机构开展广泛的合作，举办绿谷生命论坛、无界课堂、外专项目等，邀请知名学者来院进行学术交流，组织开展与外方联合指导研究生和互派学生交流等国际化合作。学院成功策划并组织参加了国际遗传工程机器设计竞赛（iGEM），从来自世界各地高校的几百支队伍中脱颖而出，近年来获得国际比赛金奖、银奖、铜奖数项，实现了东北大学本科生参加生命科学领域国际比赛新的突破。所有参加创新创业活动的学生都热情高涨，这些活动对于激发他们的学习兴趣、创业精神及创新开拓意识起到了极大的作用。

参加 iGEM 国际比赛和举办无界课堂讲座

伴随着生命学科蓬勃发展，对创新型人才的要求与需求也不断提高，良好的人才培养模式是最基础也是最重要的保障。生命科学与健康学院把培养创新型人才作为重要的专业办学目标，并在教学实践、学科发展、学生课外活动组织、大学生创新实践基地建设、学生学业指导等诸多方面进行不断的实践和探索，加强对学生的专业基础、实践创新能力以及综合素质素养的培养。

生命科学与健康学院始终坚持“全员、全过程、全方位”的创新人才培养模式的探索和实践，为生命学科领域培养了优秀的创新人才，为专业与人才发展提供了强有力的保障与动力，对生物工程专业和生物学相关专业具有很强的针对性和系统性，在创新人才培养方面迈出了重要步伐，取得很好的人才培养效果，有力地推动了创新人才模式的发展，促进了本科学生人才培养质量的提高，有普遍推广价值，值得其他学院借鉴与参考。

（文：黄丽媛）

用感恩教育凝心聚力
以传统文化铸魂育人

——东北大学江河建筑学院毕业生谢师礼工作纪实

引言：江河建筑学院坚持以习近平新时代中国特色社会主义思想为指导，以感恩教育为基点，以传统文化为载体，在传承中创新，在创新中发展，凝心聚力，铸魂育人。学院连续7年开展“一路芳华　感恩前行”毕业生谢师礼，连续3年承办学校浑南校区“饮水思源　感恩前行”毕业生谢师礼，着力提升学生的人文修养和思想道德素质，推进校容校貌建设，获得校内外及广大师生一致好评。

为深入学习贯彻习近平新时代中国特色社会主义思想主题教育，全面贯彻落实党的教育方针，扎实推进东北大学“一五一十”思政文化育人一体化平台建设，江河建筑学院精心打造“一路芳华　感恩前行”及浑南校区“饮水思源　感恩前行”毕业生谢师礼，以获奖表彰、节目展示和行谢师礼等形式展现学生的感恩之心和赤子之情，传承与弘扬中华优秀传统文化，营造尊师尚学、爱校荣校的良好氛围。

悟尊师重道，育时代新人

尊师重道是中华民族的传统美德，周代已有释奠尊师之礼，后孔子说“自行束脩以上者，吾未尝无诲焉”，谢师礼由此而来。它是学子在学成之际对老师的谆谆教诲表达感谢的礼仪，在引导学生对老师心怀感激、心存敬意，塑造良好品格的教育实践中具有重要意义。为强化广大青年学生的感恩意识，学校面向浑南校区开展“饮水思源　感恩前行”毕业生谢师礼，面向学院开展“一路芳华　感恩前行”毕业生谢师礼，全面营造尊师尚学的良好氛围，弘扬优良师德师风，形成“全员、全过程、全方位育人”的教育新常态。

毕业生谢师礼是东北大学“一五一十”思政文化育人一体化平台建设的重要项目，以感恩奉献、爱校荣校为核心，厚植感恩教育根基，涵养母校家国情怀。强化担当，以行践知，在感恩教育实践中着力培养学生的责任感和使命感；提高站位，以知促行，在献礼谢师过程中深度陶染学生的感恩之心、知恩之情，切实提升学生的人文修养和思想道德素质。

浑南校区“饮水思源　感恩前行”毕业生谢师礼氛围营造“光阴的故事”剪影长廊

承传统美德，兴东大文化

毕业生谢师礼采取新颖的表现形式，阐述中华优秀传统文化“谢师”内涵，将感恩教育与活动实践有机融合，推进学生对“饮水思源”感恩教育意义的接受和内化。学院“一路芳华　感恩前行”毕业生谢师礼包含毕业生各类获奖表彰、学生献花行谢师礼、师生互赠纪念品、师生代表和知名校友寄语等环节；浑南校区“饮水思源　感恩前行”毕业生谢师礼在学院谢师礼的基础上，进一步创新教育载体、优化实施路径，对典礼活动设计内容和开展过程进行了扩展和完善，用三个篇章将过去、现在和将来串联起来，分别表达对过去美好大学时光的怀念、对当下离别之际的珍重以及对未来发展的无限憧憬和展望，篇章之间有机联动、内容主旨层层递进。

例如，浑南校区“饮水思源　感恩前行”2021届毕业生谢师礼共分为“青青子衿　吟咏我心”“长亭谢别　师风润心”“薪火相传　家国归心”三个篇章，毕业生身着汉服，以节目展示、行谢师礼等多种方式表达对老师的感恩之情和对母校的不舍之情，在校教师以寄语、赠礼等方式表达对学生的衷心祝愿。

第一篇章的主题为“青青子衿　吟咏我心”。为契合主题，活动以毕业生成长记录视频开场，师生共同回顾过去的大学生活。其后，浑南校区9个学院毕业生代表进行诗朗诵《饮水思源　逐梦远航》，真挚表达学生对母校的深切留恋、对恩师的感激之情、对未来的美好希冀。与会领导代表学校向毕业生赠予纪念折扇，折扇在中华民族传统文化中，是古往今来表喻友情别意的重要载体，赠予毕业生的折扇上印有东北大学的文化印记，激励广大毕业生在传承中华优秀传统文化的同时，不忘东大精神、不失东大风骨。

第二篇章的主题为“长亭谢别　师风润心”。活动邀请毕业班班导师、“最想见到的专业教师”、毕业生辅导员、宿舍管理员等教职工代表出席、参礼。受邀教师代表马克思主义学院任鹏老师寄语毕业生，希望毕业生真诚守望东大时光、真情讲述东大故事、真心坚守东大信念，用“自强不息、知行合一”的精神追逐远大梦想、肩负时代使命、实现民族复兴。毕业生代表身着汉服，依次向参礼老师行奉茶礼、三拜礼和束脩六礼三种形式谢师礼，致谢恩师，言不舍之情（奉茶礼：表达能遵师之嘱，敬师之劳，念师之恩；三拜礼：一拜感谢老师悉心培养，二拜勤奋努力、学业有成，三拜携手共进，共创佳绩；束脩六礼：以六种礼物寓意敬谢师恩、业精于勤、启窍生智、苦心教育、早日高中、宏图大展）。

毕业生代表向“最想见到的专业教师”行奉茶礼

毕业生代表向班导师行束脩六礼

毕业生代表向辅导员行三拜礼

第三篇章的主题为“薪火相传　家国归心”。与会领导教师共同开启“饮水思源　致敬百年”献礼百年校庆活动启动仪式，向全体师生员工和海内外校友征集百年校庆献礼方案，激励广大毕业生勤耕不辍、精业笃行，以鸿鹄之志献礼母校、为国筑梦。校长冯夏庭出席典礼并表示，希望广大教师继续秉承为师情怀，做育人楷模、学术典范，做品格高尚、行为示范及塑造学生品格、品行、品味的“大先生”，希望同学们要感恩伟大的时代，感恩优秀的文化，感恩奋斗的自己，希望所有毕业生都能够通过谢师礼仪式，感师恩、明师理，弘扬尊师重道、知恩报恩的中华优秀传统文化。最后，谢师礼活动在全体师生嘹亮的《东北大学校歌》合唱声中圆满结束。

“饮水思源　致敬百年”献礼百年校庆活动启动仪式

为营造浓厚的毕业季氛围，除活动当天现场流程设置安排外，还特别制作了“饮水思源　感恩前行”毕业生谢师礼活动预告展板，摆放于浑南校区学生活动中心北侧，欢迎广大学子到场参加。此外，还在校园内设置“加油！向未来！”展板、“师恩难忘”展板、“汉服合影”展板等打卡点，营造温暖愉悦的毕业气氛，激发毕业生荣校爱校情怀。在活动场地附近设置毕业生成长剪影长廊，长廊中的照片由工作人员前期精选收集，内容包括毕业生在校期间的学习生活场景、活动精彩瞬间等，展现出毕业生大学时光的点点滴滴，指引学生回顾感悟青春韶华，为后续活动的有效开展做铺垫。

谱百年新篇，展自信形象

百年老校底蕴深厚，传统文化润物无声。东北大学浑南校区“饮水思源　感恩前行”毕业生谢师礼、江河建筑学院“一路芳华　感恩前行”毕业生谢师礼，以感恩奉献、爱校荣校教育为核心，着力培养学生的责任感和使命感，其新颖、开放、温暖的形式得到了校友、家长、老师、毕业生及在校生的一致好评，感染力强，反响较好。谢师礼着重表现了毕业生对专业教师、班导师、辅导员等学生成长成才路上的引路人的感激和不舍，也表达了学校对毕业生的美好祝愿和期盼。

谢师礼是中华民族传统美德的一种表现形式，弘扬优良师德师风，着重强调师恩永存，所有活动紧紧围绕主题进行设计。活动整体既保证了重要环节的严肃庄重，又兼顾了整体环节的趣味性与故事性；活动流程安排合理、井然有序，在同类型活动的基础上增加新意，使其更具有特殊性与仪式感；活动整体流程严明有序、主题突出，前期氛围渲染以及工作准备较为完善，保证了后续活动的有序进行。除了常规的节目展示、谢师献礼环节，在汉服等文化元素的引入、谢师内容的具体细化等方面的活动设置也体现了其创新性，增加了活动的内涵和吸引力。

毕业生谢师礼作为东北大学“一五一十”思政文化育人一体化平台建设的重要项目，秉持“举旗帜、聚民心、育新人、兴文化、展形象”的精神使命，坚持筑文化之基、以文化为源，持续丰富主题教育内容，激发校园文化创新创造活力，不断发挥辐射带动作用，以新时代感恩教育为基点，引导广大毕业生将爱国情、强国志、报国行自觉融入实现中华民族伟大复兴的奋斗之中，力争在新起点、新征程上展现新气象、新作为，努力成为实干、报国、创新、卓越的新时代东大人。同时，在活动的开展过程中注重加强文化传播能力建设，以繁荣东大文化助推文化强国建设，通过号召和引导毕业生讲好新时代百年东大故事，向全国乃至世界展现自信自强的东大形象，提高东大文化的软实力、影响力和认同感，不断汇聚更多资源力量，开创百年华诞全新局面。

（文：刘诚悦）

弘扬中华体育精神
为构建“大思政”育人格局贡献力量

——东北大学体育部推进体育文化育人新模式工作纪实

引言：在东北大学爱国主义传统和自强不息精神的滋养下，东大体育始终传承爱国主义基因、弘扬奋斗拼搏精神，培养出“中国奥运第一人”刘长春等一大批为国争光、为校增彩的体育学子，形成了独具一格的体育文化精神。长期以来，体育部坚持发挥体育专业优势，将中华体育精神融入思想政治工作和事业发展之中，厚植师生爱国主义情怀，强化思政工作服务立德树人根本任务的顶层设计，打造高水平的“刘长春杯”校园体育系列赛事品牌，完善构建“大思政”育人格局。

“为国争光、无私奉献、科学求实、遵纪守法、团结协作、顽强拼搏”的中华体育精神是中华民族在体育实践活动中形成的宝贵精神财富，是中国体育的精髓和灵魂，是中华民族走向伟大复兴的强大精神力量。东北大学自1923年建校以来，始终高度重视体育工作，营造了浓厚的体育文化氛围，涵育了丰富的体育精神底蕴。高校思想政治工作要取得实实在在的效果，必须坚持扎根校园、贴近师生，将思政工作与大学文化建设紧密结合、深度融合，在“思政引领、文化铸魂”上下足功夫、做足文章。体育部坚持发挥体育专业优势，丰富学校体育文化精神内涵，将中华体育精神融入思想政治工作和事业发展之中，厚植师生爱国主义情怀，强化思政工作服务立德树人根本任务的顶层设计，打造高水平的“刘长春杯”校园体育系列赛事品牌，打造东北大学体育名片，形成体育部思政工作特色，不断完善构建“大思政”育人格局。

发挥校园体育品牌赛事的健体铸魂作用

刘长春雕像

刘长春是我国著名的短跑名将，1927年至1932年就读于东北大学体育系，爱国体育家。在民国时期满目疮痍、动荡不安的环境下，他凭借自己超人的体育天赋和顽强的意志，创造了轰动一时的短跑成绩，有效地促进了民国时期体育运动的发展，为体育救亡运动作出了突出贡献。更重要的是，刘长春是我国参加奥运会的第一人，他凭借满腔爱国情怀远渡重洋参加奥运会的义举，点燃了当时社会的爱国热情，有力地粉碎了日本帝国主义扶植伪满的险恶用心，在国际社会上引起了强烈反响，为民族独立和抗日救亡作出了重要贡献。刘长春顽强拼搏的精神及其具有特殊意义的运动经历，在每个东大人心中根深蒂固，更是东大学子的骄傲。

体育部充分发掘爱国爱校、拼搏进取的东大体育基因，为东大师生赋予体育新内容、丰富健康新形式、激发育人新活力，打造独具特色的东大体育健康文化，帮助学生在竞技赛事和体育锻炼中享受乐趣、增强体质、健全人格、锤炼意志。“刘长春杯”校园体育系列赛事所承载的不仅是一场比赛的输赢、一项专长的培养，也是学生百折不挠的坚强意志、永无止境的运动精神和陪伴一生的健康生活方式的培养，更是爱国爱校精神的传承和发扬。

2019年首届“刘长春杯”迷你马拉松（接力）赛在东北大学南湖校区举行，东北大学精心打造的“刘长春杯”校园体育系列赛事正式拉开帷幕，受到学校师生的广泛关注和积极参与。随着时间推移和不断探索，“刘长春杯”校园体育系列赛事不断丰富和完善，目前已设计并举办“刘长春杯”篮球赛、排球赛、气排球比赛、冰上趣味运动会、攀岩挑战赛、羽毛球赛、乒乓球赛、武术比赛等10余类竞赛项目，参与学生达到数万人次，引领着学校体育运动健康发展，体育精神在师生中不断发扬光大。体育部举全部之力高质量筹备和举办各项体育赛事，在赛事方案设计、赛事组织、裁判和志愿服务工作等方面做到精益求精，以实际行动做体育精神的传承者和践行者。

东北大学首届“刘长春杯”迷你马拉松（接力）赛

此外，体育部还积极承办中国大学生篮球赛辽宁赛区决赛、中国大学生3×3篮球联赛、中国大学生校园路跑接力赛、辽宁省青少年田径锦标赛、辽宁省高中男子篮球联赛决赛、沈阳地区高校大学生田径运动会等多个高水平体育赛事，为广大师生带来一场场体育文化盛宴。同时，注重加强日常体育运动训练，组织学生参加各级体育竞赛，学生们在篮球、滑雪、田径、武术、乒乓球、网球、健美操、啦啦操、羽毛球等多个体育项目比赛中取得佳绩。在浓厚的争先创优竞技氛围的浸润下，引领培养全校学生强身健体、收获终身体育技能的自觉性，养成团结协作、努力拼搏的精神，切实发挥体育的育人作用。

打造中华体育精神滋养下的文化育人新模式

体育部高度重视“三全育人”综合改革试点建设工作，形成了以党总支书记和主任为组长的“三全育人”领导架构，充分发挥体育部在全校体育育人工作中的主力军作用，以“大思政”概念为引领，以育人为核心，以问题为导向，以项目为载体，将全员育人、全过程育人、全方位育人深度融入师生的工作和学习生活之中。围绕学校中心工作，积极推进落实“五育并举”要求，制定《东北大学进一步加强和改进新时代大学生体育工作的实施方案》，厚植“以体载德”“以体育美”“以体促劳”“以体筑智”的育人观念，引导学生养成终身锻炼的良好习惯，实现全面发展。

“爱在校园，携手星儿”关爱孤独症儿童主题活动

以党建为引领，深化思想政治工作取得新成效。积极打造体育部“健康校园党员行”党建特色品牌，坚持将发挥党员先锋模范作用与体育部师生员工的专业优势相结合，主动对接师生健康需求，积极传播健康理念，弘扬体育精神。大球教研中心党支部联合沈阳市残疾人联合会开展“爱在校园，携手星儿”关爱孤独症儿童活动，通过趣味足球赛、趣味运动会，用体育游戏干预治

疗的方式，培养孤独症儿童的行为技能，用体育精神引导孤独症儿童获得存在感和自豪感，对孤独症儿童健康成长发挥有效作用，产生了较好的社会影响，参与活动的师生也受益良多；小球教研中心党支部面向师生开展“小球飞舞无边界”技术指导活动，提升运动技能、普及健康知识；学生党支部联合其他学院学生党支部开展“全民健身、你我同行”体育专项技能指导活动，传播体育技能和健康理念；综合冰水党支部与理学院物理系党支部发挥各自优势开展联建工作，促进学术交流和健康交流，使全民健康意识在师生中得到广泛传播和固化。

2022 年，11 名东大体育教师参加了北京冬奥会执裁工作。在北京冬奥会的 1 个多月时间里，他们及时汇报思想和工作感受，充分发挥党员的先锋模范作用，体现了奉献、服务、担当的精神，用实际行动诠释东大“自强不息、知行合一”的校训精神和“更快、更高、更强——更团结”的奥林匹克格言。以此为契机，体育部把“传承冬奥精神，讲好中国故事”列为年度思想政治工作重点，将弘扬北京冬奥精神贯穿到师生思想教育中，通过专题讲座和主题分享会等形式，组织 11 名教师用亲身的经历、见闻和感悟讲述北京冬奥会上的中国故事，分享冬奥会精彩瞬间，传递北京冬奥精神；同时还组织体育部各党支部聚焦主题，开展“汇聚冰雪冬奥情，共筑体育强国梦”系列活动，这些活动的举办对大力弘扬北京冬奥精神、培养爱国主义情怀、增强师生党员责任感和使命感具有重要意义。

“汇聚冰雪冬奥情，共筑体育强国梦”主题活动

爱国荣校的精神、团结协作的意识、运动健康的理念和顽强拼搏的斗志已

经在潜移默化中浇筑在师生的神经里、融化在血液中，学校体育文化氛围焕然一新，以体育人，五育并举，思政引领，文化润心，在中华体育精神的滋养下，“更快、更高、更强——更团结”的奥林匹克格言不断传递，刘长春浓浓的爱国主义情怀深深融入东大人血脉，浸润着校园里的师生。

（文：陈昊）

培根铸魂
构建继续教育思政协同育人体系

——东北大学继续教育学院学生思想政治教育工作纪实

引言：东北大学继续教育学院始终坚持以习近平新时代中国特色社会主义思想为指导，全面贯彻党的教育方针，落实立德树人根本任务，遵循继续教育人才培养规律，把握继续教育学生特点，利用办学优势，通过构建学院、学习中心、学生单位和社会四方协同互动、支撑互补、开放共享的“三全育人”新格局，建立校内外联动、线上和线下结合、日常教育与主题教育相结合的多维学生思政教育体系，继承和发扬东北大学爱国主义光荣传统，培育践行社会主义核心价值观，实现继续教育学生思想政治引领，做到为党育人、为国育才，办好人民满意的继续教育。

继续教育学院坚持以服务国家战略需求、服务区域经济和社会发展、服务行业企业人才和产业升级、服务学校“双一流”建设为导向，紧密围绕“关爱学生、服务学生、一切为了学生”的工作理念，根据非学历培训、成人、网络及自学考试等多类型教育对象特点，创新思政教育模式，探索育人途径，促进新媒体传播与网络育人深度融合，通过建设网络思政教育平台、丰富网上思政建设资源、打造品牌、传承经典、创新特色活动等提升思政教育效能，持续增强继续教育思政工作的时代感、实效性，为思想政治教育创造了良好的生态环境和氛围。

共享开放，形成思政教育“合力”

继续教育思想政治教育工作的难点在于以下几个方面：一是学生数量较多，高峰时达到 10 万人，并分布在全国各地各行各业；二是因学生所在区域的经济发展状况各有不同，学生的价值取向有所差别；三是受不同地域文化影响，学生思想状况具有差异性；四是因受从事行业和工作环境影响，学习需求有所差异；五是因受教育程度不同，学生的学习认知能力不同；六是以线上教学为主、以面授为辅的教育教学模式，导致学生缺乏与母校的共鸣。因此，继续教育学院思想政治工作若只局限于统一的教育模式和内容，则鞭长莫及，不能完全适应和满足继续教育学院思想政治工作的要求。只有结合教育对象的实际，立足于共性发展差异化服务的角度，通过构建以学院为主体，学习中心、学生单位和社会协同互动，思政资源开放共享的思政教育工作体系，才能使继续教育思政教育落地落实。

为突破继续教育学生思政的工作瓶颈，学院进行积极探索和实践，充分发挥网络教育教学优势，以学校思政教育为主体，依托和指导校外教学点，协同学生单位和社会，充分整合共享各方思政资源。学院建立健全“校内外联动、垂直落实”的思政工作机制，完善《东北大学继续教育学院学生思想政治教育工作实施意见》《东北大学继续教育学院学生思想政治教育工作制度》等规章制度，不断优化和完善继续教育学生思政工作体系，同时通过创建“东北大学继续教育学生思想政治工作群”、走访调研校外教学点、与学生单位电话交流等多种方式，深入了解和挖掘继续教育思政工作需求、动态及资源，准确把握思政教育工作重点和方向，实现了继续教育领域全员育人、全程育人、全方位育人，开创了符合继续教育实际、具有继续教育特色的学生思想政治教育新局面。

建强平台，增强思政教育“张力”

为充分发挥融合传播教育优势，依托学院官方网站、官方微信、线上直播、网络教育学习平台以及东北大学教育培训平台等，搭建了完整的融媒体传播平台。

学院官方网站专设“校园文化”板块，承担学生日常思政教育任务，以宣传校院动态、传播校园文化建设为主线，使在母校之外的学生可以消除时空限制，及时了解学校的重要事件、重大成果等，加强学生校园生活的代入感、融入感；开设“继续教育在线思政大课堂”专栏，进行网络专题思政教育，上传《东北大学宣传片》《继续教育学院宣传片》《中华优秀传统文化》等优质育人资源，以润物细无声的方式将社会主义核心价值观与东大精神自然融入日常教育。通过官方微信平台推出各类“有益、有趣、有品质”的原创文章，推出“东北大学‘云’母校行”“抗‘疫’手抄报系列活动”等系列题材，为弘扬校园正能量提升了宣传效能。东北大学教育培训平台面向继续教育师生提供了“学习党的二十大精神”专题学习教育课件30余学时，为师生提供了良好的思政教育资源；东北大学网络学习平台实现了新增课程思政全覆盖，紧紧把握住学生课程思政教学的重要环节，通过建强融媒体平台，为继续教育学生多渠道开展思政教育工作提供了有力的支撑。

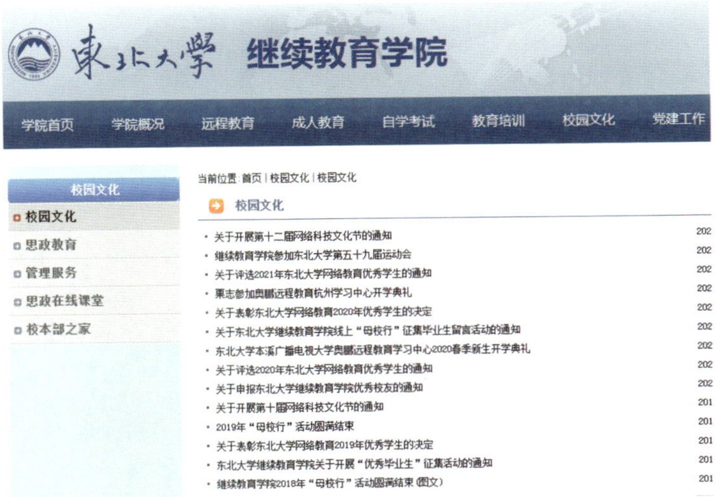

建强学院官网、培训平台、官方微信平台、网络学习平台等融媒体思政宣传教育平台

丰富载体，提高思政教育“渗透力”

学院坚持“经典与品牌、特色与创新”的思政教育理念，以开展“有高度、有温度”的学生活动作为思政教育载体。已举办十二届的“东北大学网络科技文化节”线上活动，是被师生誉为共同参与的经典活动之一，活动选择师生关心、社会关注的热点问题作为参赛主题，旨在激发师生的创作潜能，充分发挥正确思想引领作用，自举办以来评选优秀作品300余件。“东北大学母校行活动”已连续举办十四届，是学院的品牌性主题实践活动，迄今有900余人次返回母校，其中通过“参观东大校史馆”“参观校园”“校史知识答题”“座谈交流”等场景化参观、讲解和互动，以强大的渗透力深植学生们的爱国、爱校情怀，坚定学生们与学校同向同行的信念。

学院为使新同学上好“开学思政第一课”，了解学校的校史、校训、治学精神，采用直播的形式举行“东北大学网络教育开学典礼”，并应校外教学点需求，派出人员支持校外教学点举办的“开学典礼”“毕业典礼”等活动，完善差异化和精准化共同发展的思政工作机制。为进一步延伸思政教育功能，学院通过现场和直播同时进行的方式组织校内外继续教育学生，举办“‘爱国、爱家乡、爱母校’主题教育系列活动”专题报告会等，每个场次线上线下参加师生近500人次，收到良好的教育宣传效果。

学院坚持抓住思政课教学主渠道，每年划拨专项经费强化思政课程建设，设立“继续教育学院思政课程建设课题”，并发挥学院课件录制优势，不断增加和优化思政课程，仅两年时间，改造课程19门次，丰富了教育教学思政资源，打通了校外教学点思政教育教学“最后一公里”，做到思政资源的共建共享。

开展“有高度、有温度”的学生活动作为思政教育载体

树立典型，赋能思政教育“引领力”

为培养新时代继续教育合格人才，增强学生的社会责任感，学院注重挖掘学生中的典型人物和先进事迹，在疫情期间，涌现出大量战斗在各行各业的典型人物和事迹，学院在官方公众号对突出人物事迹进行连续四期宣传报道，部分学生事迹被市级以上官方媒体报道，其中抗疫典型樊家树同学得到了央视新闻、今日头条等媒体的追踪报道。他们作为继续教育学生，在平凡工作中的不平凡表现，为更多继续教育学生增强了实现远大理想的信念和信心，为学生树立正确的人生观起到积极引领作用。

在人才培养过程中，学院遵循“以评促优”的原则，坚持每年开展“东北大学网络教育优秀学生评选”活动，累计表彰优秀学生近 4000 人次，在网络试点高校 20 周年时，东北大学 4 名学生被评为“全国现代远程教育试点 20 周年优秀学生”。学院树立的优秀学生典范颜燕，66 岁时获得东北大学学士学位，以“活到老、学到老”的精神，投身于公益事业的无私行为，得到师生赞誉，辽沈晚报等多家媒体对此进行了宣传报道。通过宣传学习典型和先进人物事迹，激发继续教育学子面对困难迎难而上的决心。这些人物事迹贴近继续教育学生群体，为思政教育赋予更多的亲和力和说服力，提升了思政工作的导向价值、激励价值与文化价值。

为帮孤残儿童克服厌学 66岁的她考取学士学位

最感人的励志故事也不过如此

“只要有梦想，什么时候扬帆起航都不算晚”

白天照顾孩子 深夜学习到凌晨

媒体报道东北大学网络教育 2015 级学生颜燕 66 岁取得学士学位

政治引领，涵育思政教育“领航力”

学院始终将政治引领放在思政教育第一位，坚定政治信仰是“铸魂育人”的首要任务，坚持借助校外“红色文化”资源，探索与实践拓宽育人途径。在国家重大节日或重要节点，适时组织学生参观抚顺市雷锋纪念馆、“九·一八”历史博物馆等爱国主义教育实践基地，并通过现场“讲红色故事”“唱红色歌曲”“宣誓仪式”等多元化情景教育，感知在中国共产党领导下中国革命的艰辛历程，以激发学生的爱党爱国情怀。通过参观中国工业博物馆、辽宁省博物馆等活动，学生能了解新中国发展历史，增强民族自豪感，强化社会担当意识。

借助校外“红色文化”资源，探索与实践拓宽育人途径

继续教育学院面对不断深化的继续教育改革和学习型社会建设新形势，在继续教育学生思政工作中也在不断探索和实践，努力在工作中不断创新、进取和发展，真正将学生思政工作落到实处，坚持为党育人、为国育才，办好人民满意的继续教育。

（文：何玉龙）

用扎实思想政治工作
助力初创型学院人才培养

——东北大学机器人科学与工程学院实施“机·智未来”育人计划工作纪实

引言：作为东北大学最年轻的学院，机器人学院成立以来，牢记立德树人根本任务，扎实推进思想政治工作，助力学院人才培养目标的达成，系统化开展了“机·智未来”育人计划。学院求真务实，为党育人、为国育才，人才培养工作喜报频传，首届60名本科毕业生国内外升学率达70%，5个寝室全员读研，曾被央视网等媒体报道。目前，学院正在机器人与人工智能这一面向未来的战略性新兴领域为国家不断输出研究与应用的有生力量。

学院运行之初，深入学习贯彻习近平总书记在全国高校思想政治工作会议上的重要讲话精神，根据《高校思想政治工作质量提升工程实施纲要》有关要求，制定了《机器人学院加强思想政治工作的决定》，从5个方面对学院思想政治工作进行了顶层设计。在“不忘初心、牢记使命”主题教育中，学院开展专项调研，为顺应新的工作形势，启动了“机·智未来”育人计划。几年来，学院编印了《机器人学院育人工作手册》，制订了《机器人学院“五育并举”第二课堂建设方案》，逐步形成“第一课堂与第二课堂相融合，教学工作与学生工作相协同，以实践创新教育为重要抓手，围绕学生全员育人”的工作模式。

学院人才培养成果被央视网新闻报道

“三全育人”，加强学院工作队伍建设

学院按照“加强党的领导，打造全员育人新机制”的思路，在上级党委和班子的领导下，从学院班子、师生党支部和辅导员队伍三个层面着力构建了党委领导下的专兼结合的育人工作队伍组织结构，辅导员、研究生导师直接接触学生，班导师和班子成员对接各个班级，大家共同关心学生的成长，全面实施全员育人，深入实施三项工程。

一是班子育人“头雁工程”，带头推进学院“三全育人”。学院制定了《机器人学院班子成员联系本科生班级制度》，每位领导联系一个年级。班子成员以个体谈话、座谈交流、主题报告等方式，深入学生当中，宣传党的路线方针政策和国家发展成就，定期“面对面”或“键对键”和学生联系交流，倾听诉求、疏导情绪，解决思想、心理、生活、就业等实际问题。2022 年，在校园封闭管理期间，常务副院长付俊教授带领学院 6 名驻校老师坚守一线，全天候给予学生关心与守候，并为学生带来开学第一课。

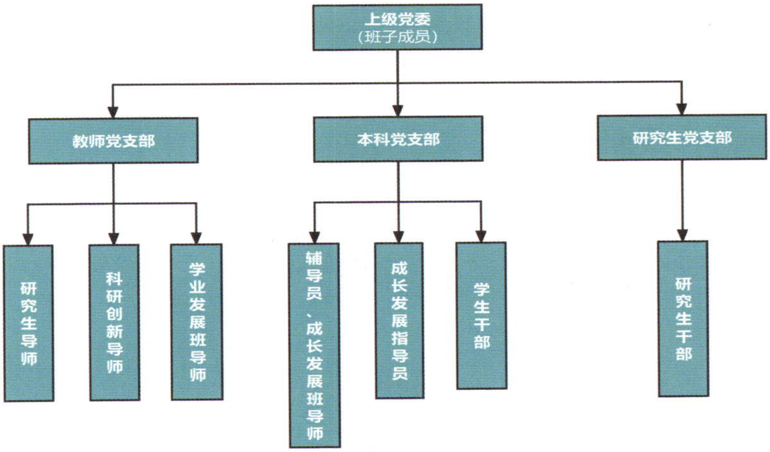

党委领导下专兼结合的育人工作队伍体系

二是党支部组织力提升工程，在育人工作中发挥战斗堡垒作用。学生党支部通过“三会一课”、党日活动等，党建带团建，加强学生骨干队伍建设，党员亮明身份，将正能量、好风气传递下去。党支部打扫布置3间“圆梦屋”考研线上复试专用教室，为学院考研同学做好服务与支持，各位党员在校园封闭期间主动开展志愿扫雪活动。

教师党支部组织广大班导师积极参与班级活动，发挥学识、资源优势，开阔学生成长视野，引导学生树立学业目标，促进形成优秀班风。校园封闭期间，全体班导师响应学院号召，在云端为学生送去了温暖与关爱。班导师还积极推进思政工作与专业建设融合，11门课程入选学校课程思政示范课程。

三是辅导员队伍建设“三养”打造工程，促进辅导员自身的成长。党性修养层面，主管领导以学院接受巡察整改和党史学习教育等为契机，带领辅导员深入思考工作的意义和努力的方向，增强历史责任感和时间紧迫感。教师涵养方面，带领辅导员整理情绪词汇，提高觉知水平，开阔视野和格局，调适工作状态。职业素养方面，通过举行“机·智”育人工作室专项研讨会，鼓励大家将个人的职业生涯规划融入学院发展，通过举办面对疫情防控工作的办公技能培训，打造追求卓越、一次到位的职业精神，使全体辅导员的系统化思维和认知水平得到了进一步提升。

“机·智”育人工作室工作研讨会

“五育”并举，深化学院育人体系改革

学院努力推进全人教育，不仅注重通过第一课堂帮助学生掌握扎实的专业知识，也努力通过第二课堂拓展学生的人文、人格、社会责任感、团队精神、沟通和交流等方面素质和能力。学院从教育供给侧的角度实施了分年级教育计划与第二课堂培养计划融合工程，打造了“机·智”成长社区活动品牌，给学生提供各种体验式学习的机会，帮助他们在大学期间就能得到职业精神的锻炼，助力其实现职业理想，成为“想要的自己”。

2022 年，学院又按照“五育”并举的思路重新设计了第二课堂培养计划，通过设置贯通全年的德智体美劳五类课程模块，构建第二课堂育人体系，大力推动精准育人。德育方面，号召学院全体团员共同观看“青春心向党，建功新时代”五四主题团日直播，开展母亲节为母亲写一封家信、教师节组织“老师，我想对您说”活动；智育方面，坚持传承以“学业工作坊”为主题开展的“九思学堂”“机·智大讲堂”“互助学习小组”“答疑堂”等精品活动和网络育人项目；体育方面，成功举行了六届“吕尚杯”师生篮球赛，发起“以体健心·阳光心晴”运动倡议，举行“智赢未来”首届智力运动会；美育方面，举办了商务礼仪培训，毕业文化衫、画册设计；劳动教育方面，组织学生春日寝室大清扫，举行学生助理聘任仪式。学院坚持德育抓方向、智育重能力、体育推普及、美育强形式、劳育见探索，通过爱国爱校教育、安全教育、校规校纪教育、专业生涯教育、诚信教育、励志教育、心理教育、就业观教育等系列活动，不断促进青年学生全面健康发展。

“两翼发力”，努力培养未来创新创业人才

机器人是人工智能最好的载体。学院发挥机器人行业特色和学科优势，一直把创新创业教育作为践行“五育”并举理念的重要途径，依托“机·智”育人机器人创新创业基地，先后建成了“智能汽车”“舞指芯创”“ROBOCUP 机器人世界杯”“水下机器人”四大实验室，大学生创新创业“梦工场”形成雏形。学院结合专业特色，组建了跨学科、跨学院、跨年级的优秀团队，积极参与高水平竞赛，4 支突出的创新实践团队不断获得各项佳绩：“海洋之心”队代表东北大学荣获 2020 年全国水下机器人（湛江）大赛冠军；NEU_ 吾曹团队在 2021 RoboCup 机器人世界杯中国赛三个项目中分获全国一、二、三等奖；学院智能车团队获得第十六届全国大学生智能汽车竞赛航天智慧物流组全国冠军，时隔 13 年再获全国大学生智能车竞赛特等奖；“舞指科技”团队在第七届中国国际“互联网 +”大学生创新创业大赛上获得金奖、最具商业价值单项奖。

东大时隔 12 年再获“挑战杯”金奖，首次捧得“优胜杯”

2022 年，学院以和未来技术学院合署办公为契机，将未来教育与双创教育相融合，成立了未来技术学院—机器人学院“机・智未来”挑战课题创新实践基地。基地建立以来，加强未来科创空间建设、硬件建设、软件建设，持续打造科研育人平台，推进实施了“机・智未来”挑战课题导师培训工程，开展未来创新创业体验式学习，营造“生创师导、创教融合”良好生态，为青年学生实现学以致用、用以促学、学用相长提供了广阔的舞台。

通过引导和鼓励学生面向国家重大需求、面向人民生命健康，开展科研训练，学院帮助众多学子找到了能使自己充满价值感和意义感的事业方向，一大批积极服务社会、德智体美劳全面发展的优秀学生不断涌现。水下机器人团队两次出行参与失踪人员“搜救”行动，毕业生曾振创立科技公司造福听障人士，获得第十三届中国青少年科技创新奖，入选福布斯中国 2022 年度 30 Under 30 榜单。

通过实施“机・智未来”育人计划，几年来，机器人学院的育人文化得到进一步凝练，学生归属感不断提升。迈进新征程，随着思想政治工作深度融入教育教学全过程，学院将继续学习贯彻习近平总书记在全国高校思想政治工作会议上的重要讲话精神，巩固“凝聚校内外育人力量、整合课内外育人资源”的合力育人机制，把学生第二课堂建设更加紧密地嵌入专业人才培养体系，面向未来致力科技自立自强，培养一批又一批具有创新精神、担当民族复兴大任的社会主义建设者和接班人。

（文：严志刚）